RIESGO ELÉCTRICO

Prof. Ing. Alberto Luis Farina

Egresado de la entonces Escuela Industrial Superior de la Nación General José de San Martín, hoy Instituto Politécnico Superior del mismo nombre de Rosario, inició su carrera laboral en el ámbito fabril como Electrotécnico Nacional.

Luego comienza sus estudios en la Facultad Regional Rosario de la Universidad Tecnológica Nacional, culminándolos cuando recibe el título de Ingeniero Electricista, a partir de lo cual desarrolló su carrera profesional trabajando en los distintos aspectos que hacen a la especialidad pero centrando su accionar en las instalaciones eléctricas destinadas a la fuerza motriz, control e iluminación. Ha realizado trabajos en sistemas de alta, media y baja tensión, con lo cual se ha convertido a los largo de los años, en un experto en estos temas, actuando también como perito judicial y consultor.

Así es como se desempeñó y continua haciéndolo, a través de los servicios que presta en las más importantes empresas de nuestro país y del exterior.

Paralelamente a su actuación profesional, ha desarrollado la carrera de Docente en la misma Facultad en que se graduó, así como también en colegios técnicos. Es en estos ámbitos por donde transita los distintos cargos docentes y directivos hasta llegar a ser Profesor Titular Ordinario de las siguientes cátedras: Instalaciones Eléctricas y Luminotecnia, Seguridad, Riesgo Eléctrico y Medio Ambiente y en Integración Eléctrica 1.

También ha dictado cursos de grado y posgrado en la Universidad Católica Argentina, Facultad Rosario. Actividades docentes y profesionales que también lo llevan al dictado de conferencias y cursos sobre diversos temas relacionados.

En cuanto a la redacción, se inició como columnista en la editorial Editores SRL, continuando con otras hasta nuestros días en que *Avance Eléctrico* e *Ingeniería Eléctrica* lo cuentan en su staff desde hace muchos años.

En lo que respecta a libros, ha publicado como autor: **Cables y conductores** (2 001), **Cables y conductores eléctricos** (2 011), **Introducción a las instalaciones eléctricas de los inmuebles** (2 008 y 2009) y **Seguridad e Higiene: Riesgo eléctrico e iluminación** y como co-autor del Prof. Ing. M. A. Sobrevila los siguientes: **Instalaciones de potencia** y **Circuitos eléctricos de potencia** (2010) y las actualizaciones desde el 2 002 a la fecha del clásico y prestigioso libro **Instalaciones eléctricas**.

Estas actividades, ligadas entre sí, le han permitido redactar este libro, en el cual ha volcado sus experiencias profesionales y las de redacción con la didáctica propia de la docencia, para todos aquellos que tengan en sus quehaceres o estudios relación con la seguridad e higiene.

ALBERTO LUIS FARINA

RIESGO ELÉCTRICO

PRIMERA EDICIÓN

LIBRERÍA Y EDITORIAL ALSINA
Estados Unidos 2120 - (C1227ABF) Buenos Aires
Telefax: 54 - 011-4941-4142
E-mail: info@lealsina.com

ARGENTINA

2015

Diseño de tapa: Luciano García

Dibujos: Alberto Luis Farina y Marcelo Antonio Sobrevila

ISBN 978-950-553-264-3

Queda hecho el depósito que establece la ley 11.723

Impreso en Argentina - *Printed in Argentina*

Farina, Alberto Luis
   Riesgo eléctrico. - 1a ed. - Ciudad Autónoma de
Buenos Aires : Librería y Editorial Alsina, 2015.
   308 p. ; 15,5 x 22,5 cm.

   ISBN 978-950-553-264-3

   1. Electricidad.
   CDD 621.3

*No hay nación grande,
si su educación no es buena.*

José Ortega y Gasset

ÍNDICE

PREFACIO

El empleo de la energía eléctrica debe hacerse de modo que sea eficiente para el fin propuesto, pero por sobre todas las cosas no debe generar riesgos. La misma hace que todo funcione para el bienestar de los seres humanos en forma silenciosa y eficaz, pero cuando por alguna razón deja de serlo sus manifestaciones se vuelven muy peligrosas. Es por ello que quienes asumen alguna de las responsabilidades constructivas, de supervisión o funcionales de las instalaciones eléctricas deben inexorablemente compenetrarse, no solo de la faz electrotécnica de las mismas sino también de la seguridad. Para ello se deben estudiar, desde este punto de vista los diversos aspectos como los que he desarrollado en las páginas que siguen, que, aunque aparentemente dispares en su desarrollo hacen que su conjunto sea el objetivo propuesto.

El tratamiento de estos temas se hacen teniendo en cuenta los diversos niveles de normas legales y tecnologías que se relacionan para lograr el objetivo final: seguridad, la cual no es privativa de niveles jerárquicos o funcionales ya que la misma la hacemos todos los que estamos involucrados, aunque sea desde distintas funciones, es fundamental entender que la seguridad es una cuestión de todos.

He volcado en las páginas siguientes no solo mis conocimientos sino también la experiencia que me ha dado el transitar el mundo de las instalaciones eléctricas, tanto desde los proyectos a la supervisión de obras, como en la Docencia relacionada con las mismas, esperando poder contribuir a un mejor hacer para el bien de todos los que se vinculen con la utilización de la energía eléctrica.

Complementando esta introducción quiero agradecer a dos grandes amigos: Jorge Menéndez y Felipe Sorrentino, quienes no solo me honran con su amistad sino con el prudente y sabio consejo. Asimismo quiero dedicarle este trabajo a mi Padre: un incansable trabajador.

Alberto Luis Farina
Rosario, 27 de noviembre de 2 014

ACLARACIÓN

La enseñanza técnica en general, y de los temas tratados en este libro, debe emplear material gráfico que permita mostrar los diversos elementos utilizados y sus características físicas.

El grado de complejidad tecnológico y funcional que van adquiriendo los componentes de los sistemas eléctricos en general, hace que para graficar algunos conceptos no solo se deba recurrir a dibujos y esquemas, sino que también, se hace necesario utilizar ilustraciones de los mismos. Es por ello que el lector observará no solo los dibujos y esquemas necesarios ejecutados por el autor, sino también algunas fotografías de productos comerciales, así como las tablas o menciones sobre los mismos. Esto se coloca solamente con la sola y única intención pedagógica, dado que ayuda a la comprensión del lector.

De esta manera y sin ningún otro interés, es que se han incorporado fotos y características técnicas obtenidas de documentaciones diversas de carácter público, brindadas por las empresas que fabrican, distribuyen o importan componentes.

De forma parecida se ha procedido a lo largo del texto a tener en cuenta lo expresado en las diversas documentaciones emitidas por la Asociación Electrotécnica Argentina y las normas IRAM.

CAPÍTULO N° 1

SISTEMAS ELÉCTRICOS

OBJETIVOS

- *Conocer cómo se lleva a cabo la producción, transmisión y distribución de la energía eléctrica.*

- *Describir la forma en que se conectan los usuarios de la energía eléctrica a las redes de distribución.*

1.1. INTRODUCCIÓN

A través del empleo de la energía eléctrica se puede asegurar buena parte de la calidad de vida de los seres humanos, con los distintos usos que se pueda hacer de la misma. En nuestras vidas, es un medio imprescindible. Nada se puede producir o procesar si no se dispone de ella, y tampoco se puede vivir confortablemente. Es por estas causas que su producción, en cualquiera de sus metodologías, debe integrar necesariamente los planes estratégicos de las naciones.

El suministro en baja tensión permite el uso directo de la energía eléctrica en las distintas aplicaciones que hacen a esa calidad de vida; los de mayores niveles de tensión están relacionados con la producción u otras aplicaciones, según se trate.

La utilización de la energía eléctrica requiere de instalaciones eléctricas y equipos que no solo deben ser funcionalmente eficientes como tales sino que deben reunir imprescindibles condiciones de seguridad.

La necesidad de la seguridad y su posible infalibilidad se debe a que la acción o manifestaciones de la energía eléctrica pueden acarrear lesiones y la muerte de las personas y la destrucción de sus bienes.

Esto es posible que ocurra, como también lo es con la utilización de los diversos equipos y aparatos que emplean otras formas de energía. La diferencia es que el uso de la energía eléctrica es **obligatorio** e **inevitable** para el ser humano, no así otros sistemas o aparatos.

Si aceptamos esto, entonces debemos tener presente lo expresado más arriba respecto de las consecuencias que puede traerle aparejado al ser humano el llegar a estar en contacto directo con las manifestaciones de la energía eléctrica o bien con la propia tensión. También es cierto que no solo en su aspecto físico las personas pueden ser dañadas por esta fuente de energía, sino que también sus bienes pueden ser destruidos por incendios derivados de una instalación eléctrica defectuosa. El accidente debido a la electricidad también tiene importantes connotaciones socio-económicas, como lo es la muerte de las personas o su mutilación, lo cual puede hacer que otros seres queden sin el debido sustento que le permita continuar con su forma o estilo de vida, con la posibilidad de tener daños de orden psicológico.

La situación es que esta forma de energía la debemos usar a través de las instalaciones eléctricas inevitablemente, pero para nuestro confort y no para tener desgracias personales o materiales, por lo que se hace necesario que ese uso se efectúe con la mayor seguridad posible.

La conclusión que se debe sacar hasta aquí es que necesitamos artefactos y equipos (electrodomésticos, luminarias, etc.) así como instalaciones eléctricas que sean lo más seguras posible, ya que resulta imposible predecir exactamente de antemano la magnitud o consecuencia de un daño.

Por lo tanto, las instalaciones eléctricas deberán construirse cuando se tenga la certeza de que cumplen con los requisitos que le demandará la carga que se conectará a las mismas, de acuerdo con el ambiente en que están insertas, más allá de las cuestiones enteramente económicas que hacen al trabajo de su provisión o montaje.

Los pilares en que se basa la seguridad son: el empleo de materiales normalizados, el cumplimiento de las reglamentaciones, el control de los proyectos, la idoneidad de quien la ejecuta y sobre todo el control de las obras.

1.2. PRODUCCIÓN, TRANSMISIÓN Y DISTRIBUCIÓN DE LA ENERGÍA ELÉCTRICA

En nuestro país, luego de que la energía eléctrica es generada en las diversas zonas y con las distintas tecnologías, llega a los centros de consumo. Después del arribo al lugar establecido, mediante apropiados sistemas de control, medición, maniobra y transformación, se van modificando los valores de la tensión para poder llegar a los usuarios, los cuales pueden recibir la energía eléctrica con distintos valores de tensión, desde media (33 000 y 13 200 volt) hasta baja tensión (380 y 220 volt). Hacemos notar que hemos escrito las cifras **33 000** y **13 200** en vez de **33.000** y **13.200** (sin los puntos) por imposición de la norma IRAM. Seguiremos esta forma de expresión en este libro.

Como los diversos centros productores de la energía eléctrica (antiguamente se denominaban "usinas", nombre derivado del vocablo francés que significa fábrica, que se recomienda dejar de usar) están ubicados en posiciones geográficas diversas y lejanas, se hace necesario instalar una **Red Primaria de Transmisión** para alcanzar los centros de consumo. En la República Argentina esta red es trifásica y de 500 000 volt entre fases, o sea, de 500 kilo-volt (500 kV).

Las instalaciones eléctricas en los edificios del radio urbano y suburbano, reciben la energía eléctrica a través de las redes de distribución públicas (privadas, estatales o de cooperativas). Por esta causa es oportuno comenzar reseñando –en forma muy esquemática por cierto– la forma en que la energía eléctrica llega a los consumidores, desde los distintos centros de generación.

La generación primaria de la energía eléctrica se produce con diversas tecnologías en las centrales generadoras, las cuales pueden ser de algunos de los siguientes tipos: termoeléctricas (turbinas de vapor o turbinas a gas o motores térmicos), hidroeléctricas, termonucleares y en menor escala, eólicas y solares. En cuanto a las del tipo termoeléctrica, por su alto rendimiento, se emplean los "ciclos combinados", que son adecuadas combinaciones de turbinas a gas y de vapor.

La Ciudad Autónoma de Buenos Aires, así como la provincia del mismo nombre, están atendidas por las empresas **EDENOR SA, EDESUR SA y EDELAP SA.** La región metropolitana está directamente vinculada a las centrales hidroeléctricas de El Chocón-Cerros Colorados, Piedra del Águila, Alicurá, Salto Grande, Yaciretá y las centrales nucleares de Atucha y Embalse por medio de líneas de extra alta tensión (LEAT), aunque como todo el sistema está interconectado, la energía eléctrica tomada de una región puede provenir de otros centros productores, conforme sean las necesidades que en cada momento se produzcan en todo el **Sistema Argentino de Interconexión (SADI).** Las maniobras con la energía se ejecutan en el **Despacho Nacional de Cargas.**

Quienes se interesen en ampliar este tema les recomiendo el libro titulado ***Instalaciones de potencia***, de Librería y Editorial Alsina, cuyos autores son M. A. Sobrevila y A. L. Farina.

En la Figura N° 1.1 se muestra, en forma general, con un esquema del tipo unifilar cómo se hace la distribución de la energía eléctrica, desde la generación hasta las líneas de distribución en baja tensión.

1.3. NIVELES DE TENSIÓN

En el Capítulo N° 14 de la Ley de Higiene y Seguridad en el Trabajo N° 19 587 se definen los niveles o valores nominales de la tensión de los sistemas de energía eléctrica.

1.3.1. Muy baja tensión (MBT): son las tensiones hasta 50 V en corriente continua o iguales valores eficaces entre las fases en corriente alterna.

1.3.2. Baja tensión (BT): son las que están por encima de los 50 volt y hasta los 1 000 volt en corriente continua o iguales valores en corriente alterna.

1.3.3. Media tensión (MT): son las que están encima de los 1 000 volt y hasta los 33 000 volt inclusive. En nuestro país es posible encontrar 2 300, 3 000, 13 200 y 33 000 volt. Debe señalarse que las dos primeras (2 300 y 3 000) son tensiones utilizadas para alimentar motores eléctricos de gran potencia.

1.3.4. Alta tensión (AT): son aquellas que están por sobre los 33 000 volt. Comprende 66 000 y 132 000 volt.

1.3.5. Tensión de seguridad: para los ambientes secos y húmedos es **24** volt con respecto a tierra. Para los ambientes mojados o impregnados en líquidos la misma será determinada por el Servicio de Higiene y Seguridad en el Trabajo de la empresa.

1.3.6. Extra alta tensión (EAT): aunque la citada ley no lo mencione, técnicamente se utiliza esta denominación para las tensiones que están por sobre los 132 000 volt, denominación utilizada para 220 000, 345 000 y 500000 volt.

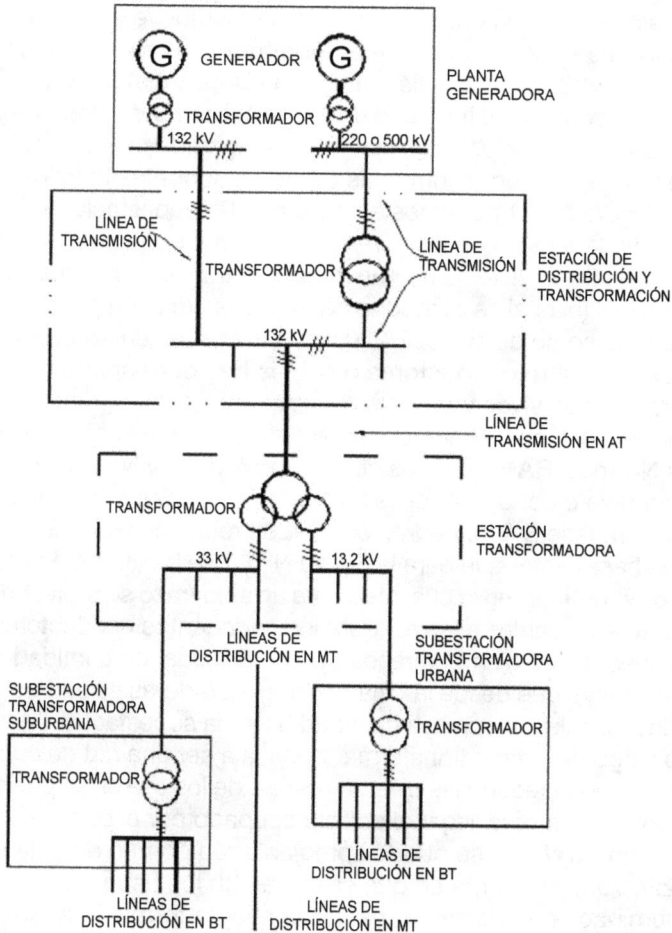

Figura Nº 1.1 Esquema unifilar de la generación, transmisión y distribución de la energía eléctrica

1.4. CONEXIÓN A LOS USUARIOS DE LA ENERGÍA ELÉCTRICA

1.4.1. Usuarios en baja tensión. A los fines didácticos, se mostrará el suministro de la energía eléctrica en baja tensión a una vivienda unifamiliar.

En la Figura N° 1.1 se exhibe el criterio adoptado para llegar hasta la red de distribución de baja tensión desde las centrales generadoras y estaciones transformadoras.

Desde las primeras parten las líneas de Alta Tensión (**LAT**) o Extra Alta Tensión (**LEAT**) hasta las estaciones transformadoras, en donde la tensión es reducida hasta la llamada **Media Tensión** (33 y 13,2 kV entre fases). A partir de estas últimas la energía eléctrica se distribuye a las subestaciones transformadoras (ubicadas en forma subterránea, a nivel, o sobre postes), de donde salen las líneas de distribución en **baja tensión** (380/220 V) para lo cual se emplean cables tendidos en forma subterránea, líneas aéreas convencionales o bien del tipo pre-ensambladas tendidas sobre postes de madera o de hormigón, que recorren las calles en donde residen los usuarios.

En la Figura N° 1.1 podemos apreciar que las subestaciones transformadoras reducen la tensión de un sistema trifilar (tres conductores o cables) de 13,2 o 33 kV hasta un sistema común trifásico tetrafilar de baja tensión de cuatro conductores (el cual se compone de tres fases más un neutro). A esta red se la denomina como de: 3 x 380/220 volt o más simplemente, de 380-220 V.

De estos cuatro conductores o cables tres corresponden a las denominadas fases, son vivos y el cuarto neutro.

Su identificación se hace por medio de las letras R, S y T (o L_1, L_2 y L_3 según las Normas IRAM) para los conductores vivos y N para el neutro. A su vez, a cada fase o conductor se le asigna un color. Siendo los mismos: fase R (L1): marrón, fase S (L2): negro, fase T (L3): rojo y el neutro (N): celeste.

Es de hacer notar que para la Figura N° 1.1 se ha utilizado la llamada **representación unifilar**, en la cual mediante un solo trazo se representa a todos los conductores o cables a la vez. Para indicar cuántos conductores o cables tiene una línea, se dibujan pequeños trazos oblicuos, en cantidad igual a los mismos. Así se ve que desde las máquinas generadoras salen tres conductores o cables, que llegan con esa cantidad hasta la subestación transformadora, donde luego del último transformador pasa a ser una red de cuatro cables o conductores, que recorre las diversas calles, de los cuales se pueden derivar cuatro o dos cables para llegar al edificio ocupado por el usuario.

En la Figura N° 1.2 se puede apreciar la red común de baja tensión de 3 x 380/220 volt, y la forma en que se conectan los usuarios para los servicios de iluminación y fuerza motriz. De la misma forma se pueden obtener dos valores de tensión. Mediante las tres fases vivas R, S y T se obtiene la alimentación para los motores eléctricos trifásicos, es decir, la fuerza motriz trifásica de 3 x 380 volt. En cambio si se elige una cualquiera de las tres fases vivas y el neutro, por ejemplo: R y N, se obtiene alimentación monofásica de 220 volt, utilizable para iluminación, motores pequeños de uso doméstico y en los electrodomésticos en general.

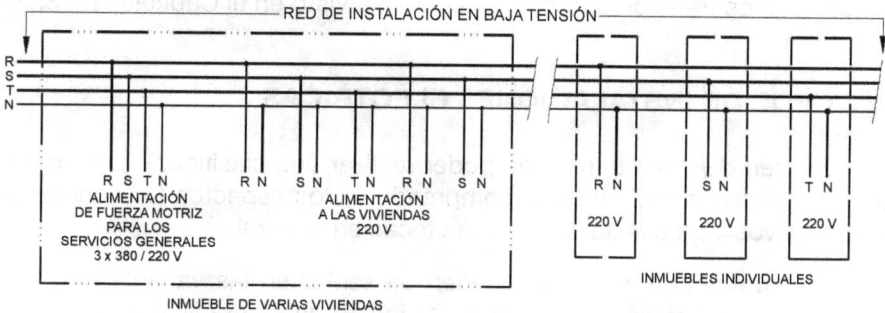

RED DE INSTALACIÓN EN BAJA TENSIÓN

R
S
T
N

R S T N   R N   S N   T N   R N   S N

ALIMENTACIÓN
DE FUERZA MOTRIZ
PARA LOS
SERVICIOS GENERALES
3 x 380 / 220 V

ALIMENTACIÓN
A LAS VIVIENDAS
220 V

R N   S N   T N
220 V   220 V   220 V

INMUEBLES INDIVIDUALES

INMUEBLE DE VARIAS VIVIENDAS

Figura N° 1.2 Red de distribución en baja tensión

En el caso de baja tensión y en las zonas menos pobladas, generalmente se emplea la distribución aérea.

La línea de cuatro conductores es tendida sobre aisladores, los cuales se fijan a una **cruceta** que a su vez es fijada a postes de madera tratada u hormigón. En las nuevas instalaciones aéreas se utilizan cables **pre-ensamblados**, los cuales van fijados a los postes mediante herrajes adecuados.

De los conductores o cables que corren sobre la vereda, parten los de alimentación frente a cada uno de los edificios o casas, los que entran por un conducto hasta la **caja de toma**, y de allí a la **caja del medidor** de la energía eléctrica, ingresando a la instalación eléctrica privada propiamente dicha.

Para las zonas más densamente pobladas, la distribución de la energía en baja tensión se hace en forma subterránea, por debajo de la vereda, utilizando un tipo de cable de construcción apropiada.

De este último cable, que constituye la red de distribución o línea, salen derivaciones a los usuarios, por medio de un cable también tendido en forma subterránea.

1.4.2. Media tensión. Cuando el consumo de la energía eléctrica adquiere cierta magnitud el suministro se hace en media tensión. En estos casos las empresas distribuidoras establecen la forma de hacerlo de acuerdo con sus posibilidades.

Cuando el suministro se hace en media tensión, el usuario debe tener su propia subestación transformadora para que la misma reduzca el valor de la tensión en que se distribuye al valor que necesita, que no suele ser necesariamente sólo de baja tensión, sobre todo si se trata de establecimientos industriales en donde los equipos pueden requerir otros valores. La Figura N° 1.3 muestra el esquema unifilar de una SET típica.

Los elevados consumos que significan los grandes edificios o torres han impuesto necesariamente que los mismos cuenten con sus propias subestaciones transformadoras. El tema será visto en el Capitulo N° 13.

1.5. TIPOS DE INSTALACIONES ELÉCTRICAS

Existen diversas formas de poder realizar una clasificación. A continuación ensayaremos una que comprende varios aspectos funcionales y constructivos de las instalaciones eléctricas en general.

- **Domiciliarias:** que se pueden presentar en las variantes de: viviendas, oficinas y locales unitarios. En la Figura N° 1.4 se puede apreciar el esquema de una instalación eléctrica elemental.

- **Potencia:** son aquellas que alimentan a los conjuntos de las anteriores reunidos en edificios especialmente construidos, sistemas productivos y de servicios. Así como también las empleadas en edificios destinados a actividades específicas (hospitales, universidades, colegios, cuarteles, etc.). El esquema de la Figura N° 1.5 muestra la alimentación de una SET desde una red de distribución de la energía eléctrica en MT.

En ambos casos, las instalaciones eléctricas están formadas por diversos tipos de circuitos, como lo son los de medición, control, iluminación, fuerza motriz, alarmas, señalización, transmisión de datos, etc.

Para ampliar lo concerniente a las instalaciones eléctricas domiciliaras se recomienda recurrir al libro ***Introducción a las instalaciones eléctricas*** de Alberto Luis Farina, publicado por Editorial Alsina.

1.6. DENOMINACIONES EMPLEADAS

En los sistemas de corriente continua de dos conductores o bifilares, se denominan **positivo (+)** y **negativo (-)** según sea su potencial.

En los sistemas de corriente alterna, **trifásico de cuatro conductores o cables** (tetrafilares); en los cuales tres corresponden a cada una de las fases y al conductor neutro, se denominan L_1, L_2, L_3 y **N** o también **R, S, T** y **N** respectivamente.

En las instalaciones eléctricas monofásicas, o sea aquellas formadas por una fase y el neutro, tales como las que se utilizan en general en las

viviendas, es muy común que en el lenguaje popular se designe errónea-
mente a tales conductores o cables como: **positivo** y **negativo**, lo cual
se debe a una costumbre arraigada al menos en nuestro país, que seguramente tiene su procedencia en el mismo origen de la distribución de la
energía eléctrica, que se hacía antiguamente por medio de corriente continua y en donde sí era válida esta última denominación o nomenclatura.

En los sucesivos capítulos me referiré a la fase que se utiliza en los
sistemas monofásicos, como **conductor vivo**, y lo simbolizaremos con
"**v**". En el caso del neutro, mantendremos el nombre de **neutro** y por ende
lo simbolizaremos con "**n**".

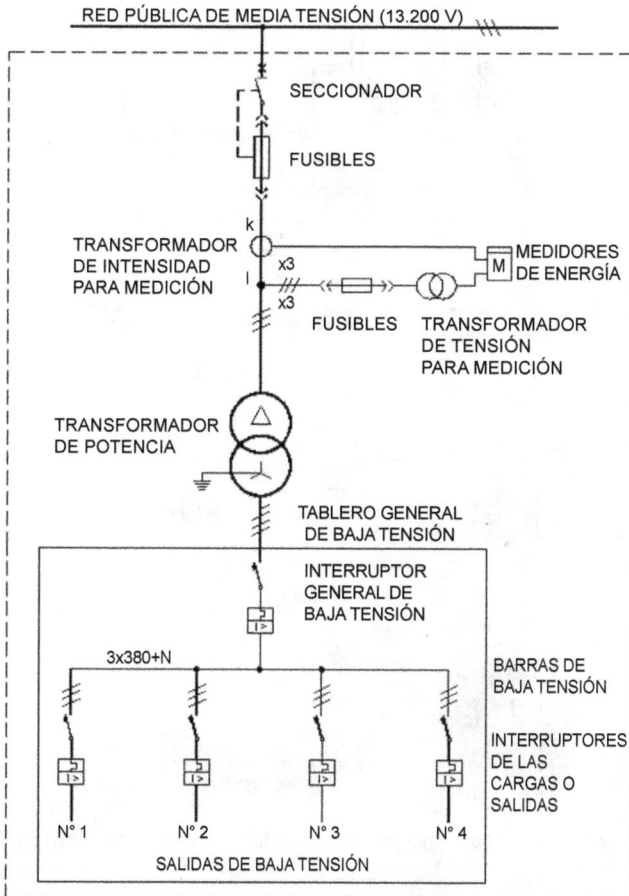

Figura N° 1.3 Esquema unifilar de una sub-estación transformadora

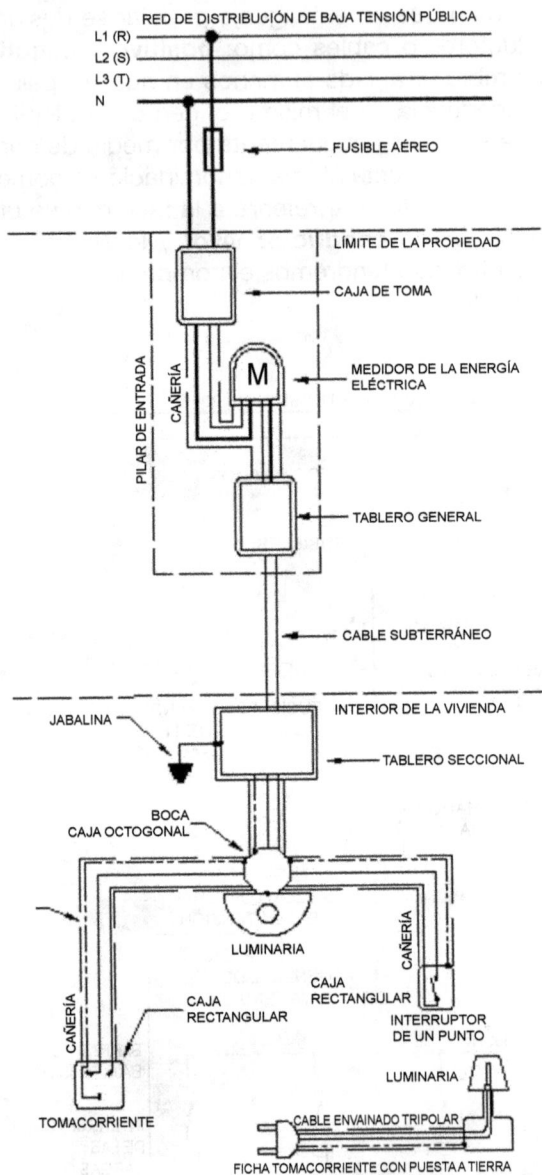

Figura N° 1.4 Esquema de una instalación eléctrica elemental

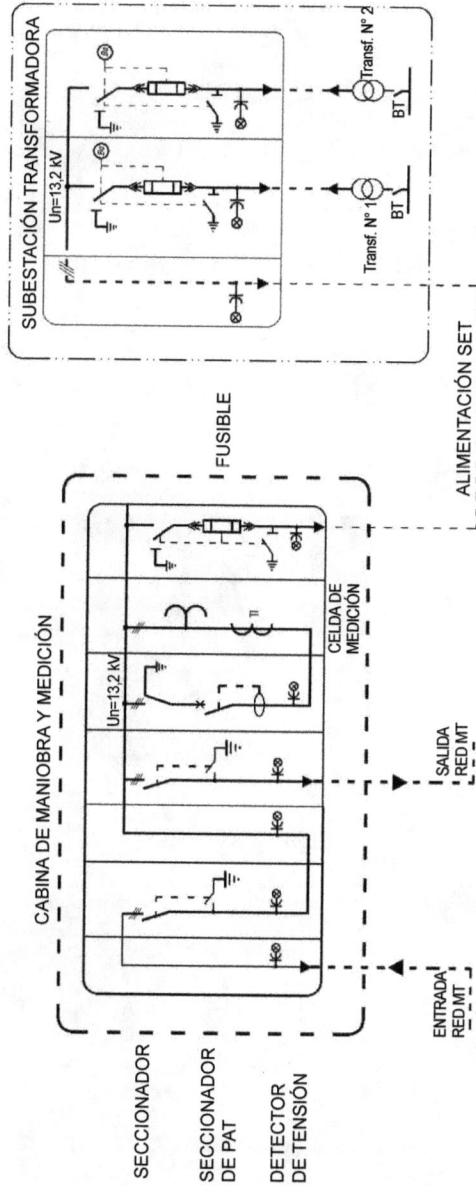

Figura N° 1.5 Alimentación de una SET desde una red de distribución

CAPÍTULO N° 2

ASPECTOS NORMATIVOS Y REGLAMENTARIOS

OBJETIVOS

- Conocer las distintas leyes, decretos y reglamentaciones que hacen a la seguridad desde el punto de vista del empleo de la energía eléctrica.

- Describir la Reglamentación para la ejecución de las instalaciones eléctricas en inmuebles (RIEI). Partes componentes.

2.1. INTRODUCCIÓN

Para poder llegar a utilizar las instalaciones eléctricas se requiere una serie ordenada y programada de acciones, en las cuales deben participar hombres y elementos, lo cual a su vez define una cantidad de integrantes y actividades. Las primeras van desde el: diseño, cálculo, proyecto, contrataciones, ejecución de la obra correspondiente, hasta la realización de los trámites para su habilitación.

Todas estas actividades, al igual que las demás que realiza el hombre, están regidas por leyes, decretos, reglamentaciones, ordenanzas y normas, las cuales se aplican en diversos ámbitos (Nación, Provincia y Municipio).

Se hace necesario resaltar que en nuestro país el tema seguridad está reflejada en la Constitución de la Nación, tal como se reproduce más adelante.

Es necesario que quien vaya a estar relacionado con alguna de las actividades que hacen a la ejecución, verificación y habilitación de una instalación eléctrica, de cualquier naturaleza, conozca la existencia de la legislación vigente, entendiendo como tal a: leyes, decretos, reglamentaciones, ordenanzas y normas.

El presente libro trata sobre la seguridad de las instalaciones eléctricas, y no pretende incursionar en el campo de otras profesiones o de las autoridades competentes, así como tampoco dilucidar problemas jurisdiccionales derivadas de la aplicación de las legislaciones, por lo cual, el cabal conocimiento sobre la aplicación correspondiente se obtendrá mediante la respectiva consulta a las autoridades de aplicación en cada caso, o al texto completo del documento que se trate.

2.2. CONSTITUCIÓN DE LA NACIÓN

Primera Parte - Capítulo Segundo - NUEVOS DERECHOS Y GARANTÍAS

*"**Art. 42**.- Los consumidores y usuarios de bienes y servicios tienen derecho, en la relación de consumo, a la protección de su salud, **seguridad** e intereses económicos; a una información adecuada y veraz; a la libertad de elección, y a condiciones de trato equitativo y digno.*

Las autoridades proveerán a la protección de esos derechos, a la educación para el consumo, a la defensa de la competencia contra toda forma de distorsión de los mercados,..."

*"**Art. 43**.- Toda persona puede interponer acción expedita y rápida de amparo, siempre que no exista otro medio judicial más idóneo, contra todo*

acto u omisión de autoridades públicas o de particulares, que en forma actual o inminente lesione, restrinja, altere o amenace, con arbitrariedad o ilegalidad manifiesta, derechos y garantías reconocidos por esta Constitución, un tratado o una ley. En el caso, el juez podrá declarar la inconstitucionalidad de la norma en que se funde el acto u omisión lesiva
    Podrán interponer esta acción contra cualquier forma de discriminación y en lo relativo a los derechos que protegen al ambiente, a la competencia, al usuario y al consumidor, así como a los derechos de incidencia colectiva en general (...)"

2.3. LEYES

2.3.1 Ley de Higiene y Seguridad en el Trabajo. La Ley de Higiene y Seguridad en el Trabajo N° 19 587 aprobada por Decreto 351/79, está destinada a fijar las condiciones de los establecimientos en donde se efectúen trabajos y está destinada a *"prevenir todo daño que pudiera causarse a la vida y a la salud de los trabajadores"*, por lo cual a través de sus artículos se tratan aspectos de muchas disciplinas y especialidades, entre ellas la electricidad y la luminotecnia. Para ello destina su Capítulo N° 14 con sus artículos 95 al 102 y el anexo VI a las **Instalaciones Eléctricas**, mientras que en el Capítulo 12 se establece lo relativo a la **Iluminación y Color**.
    Esta ley establece como obligatoriedad la aplicación de las normas IRAM que correspondiese según el caso (materiales y equipos) y la última versión de la Reglamentación para la Ejecución de Instalaciones Eléctricas en Inmuebles de la Asociación Electrotecnia Argentina (RIEI).
    Temas de la ley que están relacionados con la seguridad eléctrica.

- **Título I Disposiciones generales. Capítulo 1** - Establecimientos. Art. N° 1 al 7.

- **Título IV Condiciones de higiene en los ambientes laborales**. Capítulo N° 12 - Iluminación y color. Art. N° 71 al 84 y Anexo IV.

- **Título V Instalaciones eléctricas.** Capítulo N° 14 - Instalaciones eléctricas. Art. N° 95 al 102 y Anexo VI.

2.3.2 Ley de Defensa del Consumidor N° 24 240. Se trata de las normas de protección y defensa de los consumidores.

"CAPÍTULO I: DISPOSICIONES GENERALES

    ARTÍCULO 1° — Objeto. La presente ley tiene por objeto la defensa de los consumidores o usuarios. Se consideran consumidores o usuarios, las personas físicas o jurídicas que contratan a título oneroso para su consumo final o beneficio propio o de su grupo familiar o social:

a) La adquisición o locación de cosas muebles.
b) La prestación de servicios.
c) La adquisición de inmuebles nuevos destinados a vivienda, incluso los lotes de terreno adquiridos con el mismo fin, cuando la oferta sea pública y dirigida a persona indeterminadas.

ARTÍCULO 2° — Proveedores de cosas o servicios. Quedan obligadas al cumplimiento de esta ley todas las personas físicas o jurídicas, de naturaleza pública o privada que, en forma profesional, aun ocasionalmente, produzcan, importen, distribuyan o comercialicen cosas o presten servicios a consumidores o usuarios. Se excluyen del ámbito de esta ley los contratos realizados entre consumidores cuyo objeto sean cosas usadas.

No tendrán el carácter de consumidores o usuarios, quienes adquieran, almacenen, utilicen o consuman bienes o servicios para integrarlos en procesos de producción, transformación, comercialización o prestación a terceros. No están comprendidos en esta ley los servicios de profesionales liberales que requieran para su ejercicio título universitario y matrícula otorgada por colegios profesionales reconocidos oficialmente o autoridad facultada para ello, pero sí la publicidad que se haga de su ofrecimiento.

ARTÍCULO 3° — Interpretación. Las disposiciones de esta ley se integran con las normas generales y especiales aplicables a las relaciones jurídicas antes definidas, en particular las de Defensa de la Competencia y de Lealtad Comercial. En caso de duda, se estará siempre a la interpretación más favorable para el consumidor.

CAPÍTULO II: INFORMACIÓN AL CONSUMIDOR
Y PROTECCIÓN DE SU SALUD

ARTÍCULO 4° — Información. Quienes produzcan, importen, distribuyan o comercialicen cosas o presten servicios, deben suministrar a los consumidores o usuarios, en forma cierta y objetiva, información veraz, detallada, eficaz y suficiente sobre las características esenciales de los mismos.

ARTÍCULO 5° — Protección al Consumidor. Las cosas y servicios deben ser suministrados o prestados en forma tal que, utilizados en condiciones previsibles o normales de uso, no presenten peligro alguno para la salud o integridad física de los consumidores o usuarios.

ARTÍCULO 6° — Cosas y Servicios Riesgosos. Las cosas y servicios, incluidos los servicios públicos domiciliarios, cuya utilización pueda suponer un riesgo para la salud o la integridad física de los consumidores o usuarios, deben comercializarse observando los mecanismos, instrucciones y normas establecidas o razonables para garantizar la seguridad de los mismos.

En tales casos debe entregarse un manual en idioma nacional sobre el uso, la instalación y mantenimiento de la cosa o servicio de que se trate y brindarle adecuado asesoramiento. Igual obligación regirá en todos los casos en que se trate de artículos importados, siendo los sujetos anunciados en el artículo 4 responsables del contenido de la traducción."

2.4. DECRETOS

2.4.1 Decreto N° 351/79. Es el que reglamentó la Ley de Higiene y Seguridad en el Trabajo N° 19 587.

2.4.2 Decreto N° 911/96. Emitido el 5 de agosto de 1 996 por el Poder Ejecutivo como actualización de la Ley antes mencionada y que está destinado exclusivamente a la industria de la construcción.

2.5. CÓDIGO CIVIL DE LA NACIÓN

Debe señalarse que para las cuestiones de incumplimientos, daños, responsabilidades y otras cuestiones relacionadas con nuestro tema tienen aplicación plena el Código Civil de la Nación.

2.6. NORMAS

Las Normas son un cuerpo de especificaciones muy estudiadas, producto de la experiencia y el análisis, constituyendo una disciplina que facilita la producción y la distribución de productos. Las Normas no limitan la creatividad, como podría pensarse a primera vista, sino que crean un vínculo entre la producción, la financiación, la comercialización y el consumo. Se pueden considerar como ventajas las siguientes:

- facilitan las tareas de supervisión,
- orientan la producción,
- reducen los costos unitarios,
- mejoran la comercialización,
- aseguran garantía técnica,
- simplifican el intercambio de productos.

En nuestro país, el Instituto Argentino de Normalizaciones, conocido con la sigla "IRAM", con sede en la calle Perú N° 556 de la Ciudad Autónoma de Buenos Aires y filiales en el interior del país, es el ente encargado de redactar las normas que se aplican en la República Argentina.

Las Normas uniforman las características de los componentes, ajustándose a las medidas más frecuentes, y también determinan las calidades mínimas. Las Normas son redactadas por comités de personas que representan a diversos intereses y actividades, que periódicamente las revisan y de ser necesario introducen las modificaciones conforme al progreso de la técnica.

Estos documentos indican las condiciones que pueden ser verificadas por medio de ensayos. Estas pruebas han sido tenidas en cuenta al redactar la norma, para que sean factibles con los elementos corrientes de los laboratorios a los cuales se puede recurrir. Por lo general, las grandes empresas tienen sus propios laboratorios, en los cuales se pueden repetir pruebas normalizadas. Las mismas Normas indican la forma de llevar a la práctica esos ensayos.

En el caso que las normas argentinas no alcancen a cubrir los materiales, equipos o aparatos que se deben usar, es posible utilizar otras normas, algunas de las cuales son más completas por provenir de países con tecnologías más avanzadas, pero debe tenerse mucho cuidado al emplear normas extranjeras, ya que han sido concebidas para usos y costumbres que pueden ser diferentes a las nuestras, y para aprovechar materiales que para ellos pueden ser abundantes y para otro país no. Por ello, si bien las normas de otros países no son descartables, deben utilizarse con precaución. Por ejemplo, proveniente de Alemania es la Deutscher Normenausschuss (DIN); de Estados Unidos de Norteamérica tenemos la American Society for testing Material (ASTM); de Gran Bretaña la British Standards Institution (BSI); y de Francia la Association Française de Normalisation (AFNOR), para citar sólo algunas. No dejaremos de señalar que la Comisión Electrotécnica Internacional (CEI) procura una unificación en todos aquellos aspectos en que ello es posible, y que en Argentina funciona el Comité Electrotécnico Argentino con sede en la calle Posadas 1 659 de la Ciudad Autónoma de Buenos Aires, como miembro oficial del Comité Electrotécnico Internacional. El mismo cuenta con la aprobación del Poder Ejecutivo de la Nación, teniendo como la sede y base la Asociación Electrotécnica Argentina.

2.7. ORDENANZAS MUNICIPALES

Los municipios de las distintas localidades emiten, a través de sus organismos, ordenanzas que contemplan el tema de la ejecución de las instalaciones eléctricas. Habitualmente, este tema está incorporado al Reglamento de Edificación y adoptan la RIEI con algunas variaciones (o no).

La Ciudad Autónoma de Buenos Aires, cuenta con una reglamentación propia que también está incorporada al Código de Edificación, así como también de una Ordenanza que está relacionada con la anterior y que contempla el caso de los ascensores, montacargas, escaleras mecánicas, guarda mecánica de vehículos y rampas móviles.

2.8. REGLAMENTACIONES

Un reglamento, por definición, es una *"colección ordenada de reglas o preceptos, que, por la autoridad competente se da para la ejecución de una ley o para el régimen de una corporación, una dependencia o un servicio."*

La reglamentación es la *"acción y efecto de reglamentar. Conjunto de reglas".*

En el ámbito de las instalaciones eléctricas, nuestro país cuenta con la **Reglamentación para la Ejecución de Instalaciones Eléctricas en Inmuebles (RIEI)** que emite periódicamente la Asociación Electrotécnica Argentina (AEA).

La importancia de la misma es que la Ley de Higiene y Seguridad en el Trabajo N° 19 587 y su decreto reglamentario, el N° 351/79, establecen que la citada Reglamentación es parte de esa ley.

Dada la importancia del tema, esta reglamentación será tratada en particular en el Capítulo N° 3.

2.9. RESOLUCIONES

2.9.1. Introducción. Son las emitidas por órganos de gobierno competentes en su materia. Al respecto podemos señalar dos que tienen una importancia fundamental en nuestro tema.

2.9.2. Resolución N° 92/98. Esta resolución fue emitida por el entonces Ministerio de Economía y Obras y Servicios Públicos de la Nación a través de la Secretaría de Industria, Comercio y Minería. Es de cumplimiento obligatorio y se aplica a los productos eléctricos y electrónicos que se comercialicen en nuestro país a partir del 18 de agosto de 1 998.

El alcance de la Resolución 92/98 cubre materiales eléctricos, aparatos eléctricos y electrónicos que se encuentran dentro de los siguientes rangos:

- Tensión: 50-1 000 Vac, 50-1 500 Vdc.
- Corriente eléctrica: < 63 A
- Potencia < 5 kVA

La resolución establece que: *"Sólo se podrá comercializar en el país el equipamiento eléctrico de baja tensión (hasta 1 000 volt) que cumpla con los requisitos esenciales de seguridad que se detallan en el Anexo I (...)"* .

El citado anexo establece las pautas que deberán cumplir los productos nacionales e importados, así como también un cronograma de cumplimientos de las distintas etapas para la observancia total de las condiciones exigidas.

En el anexo tercero se listan las resoluciones derogadas y las vigentes. Luego de esta Resolución se emitieron otras ligadas a esta y que están relacionadas con el cronograma de cumplimiento y aplicación.

A través de la misma se ha establecido un mecanismo para la Certificación de Marca y de Tipo para los productos eléctricos y electrónicos.

2.10. NORMAS INTERNAS

Si bien, como fue expuesto más arriba, existen distintos instrumentos legales relacionados con la seguridad, los mismos son de carácter general, por lo cual en cada empresa se presentan situaciones particulares. En consecuencia se hace necesario establecer pautas de seguridad que se adapten a esas exigencias; es así como cada una de estas establece sus propias normas internas enmarcadas en la legislación vigente.

CAPÍTULO N° 3

TERMINOLOGÍA
Y DEFINICIONES

OBJETIVOS

- *Exponer la terminología más comúnmente empleada en los sistemas eléctricos.*

- *Mencionar terminología usada en la prevención así como la definición de ciertas acciones relacionadas con los riesgos asociados a la energía eléctrica.*

3.1. INTRODUCCIÓN

La seguridad eléctrica, como parte de la ingeniería, se expresa mediante un vocabulario específico y tiene sus definiciones propias, por ello a continuación se dará una serie de términos y sus significados, los cuales han sido extraídos de diversas documentaciones (bibliografía, normas, reglamentaciones, vocabulario electrotécnico internacional, etc.).

Los seleccionados son los que se irán aplicando a lo largo de los distintos capítulos que siguen, de manera que quienes deseen conocer otros términos deberán recurrir a los textos originales.

3.2. TERMINOLOGÍA

De la Norma ISO / IEC 51 "Safety aspects - Guidelines for their inclusion in Standards"

- **Daño:** lesión física o daño a la salud de las personas o a las propiedades o al medio ambiente.

- **Peligro:** fuente potencial de lesión o daño a la salud de las personas o daño a los bienes o al medio ambiente.

- **Riesgo:** combinación de la probabilidad de la ocurrencia de lesión o daño a la salud de las personas o daños a los bienes o al medio ambiente y la severidad de la lesión o el daño.

- **Riesgo tolerable:** riesgo que es aceptable en un contexto dado, basado en los valores corrientes de la sociedad.

- **Seguridad:** libre de un riesgo inaceptable.

- **Situación peligrosa:** circunstancia en la cual las personas, los bienes o el medio ambiente están expuestos a uno o más peligros.

3.3. DEFINICIONES

Del Vocabulario Electrotécnico Internacional.

3.3.1. Generales
- **Choque eléctrico:** efecto pato-fisiológico resultante del paso de la corriente eléctrica a través del cuerpo de un ser humano o de un animal.

- **Circuito eléctrico:** conjunto de dispositivos o medios a través de los cuales puede circular la corriente eléctrica.

- **Defecto:** cese de la aptitud de un elemento para realizar una función requerida.

- **Falla:** estado de un elemento caracterizado por la incapacidad para realizar una función requerida, excluida la incapacidad debida al mantenimiento preventivo, otras acciones programadas o ante una falta de medios exteriores.

- **Masa eléctrica:** parte conductora de un material o equipo eléctrico, que normalmente no está bajo tensión (por lo que puede ser tocado), pero puede estarlo en caso de que se produzca una falla en su aislamiento.

- **Masa extraña:** parte conductora que no forma parte de una instalación eléctrica y es susceptible de introducir un potencial eléctrico.

- **Parte activa**: todo conductor o parte conductora destinada a estar bajo tensión en condiciones normales de servicio.

- **Parte activa peligrosa**: es aquella que bajo ciertas condiciones, puede provocar un choque eléctrico perjudicial.

3.3.2 Contacto

- **Contacto directo:** es el contacto de las personas o animales hacen con partes activas.

- **Contacto indirecto:** contacto de las personas o animales con masas que han quedado bajo tensión debido a una falla de su aislamiento.

3.3.3. Tensiones

- **Muy baja tensión (MBT):** de acuerdo con la Ley de Higiene y Seguridad: *"corresponde a las tensiones hasta 50 V en corriente continua o iguales valores eficaces entre fases en corriente alterna. En ambientes secos y húmedos se considerara como tensión de seguridad los valores de hasta 24 V respecto de tierra".*

- **Muy baja tensión de seguridad (MBTS):** tensión no mayor que 24 V c.a. (valor eficaz) (ver nota) entre un conductor cualquiera y tierra, en un circuito cuya separación de la red de alimentación está asegurada por medios tales como un transformador de seguridad o un convertidor de arrollamientos separados.

Nota: El límite de tensión no debe ser sobrepasado ni a plena carga ni en vacío pero, a efectos de esta definición, se sobreentiende que cualquier transformador o convertidor funcionará a su tensión nominal de alimentación.

- **Tensión de contacto:** tensión entre partes conductoras cuando son tocadas simultáneamente por una persona o por un animal.

- **Tensión de paso:** tensión entre dos puntos de la superficie de la tierra o suelo separados entre sí por una distancia de un metro, que es considerada como el largo del paso de un hombre.

3.3.4. Aislamiento

- **Aislamiento:** es un material generalmente dieléctrico, destinado a impedir el pasaje o la conducción de la corriente eléctrica.

- **Aislamiento básico:** aislamiento de las partes activas, destinadas a asegurar la protección principal contra los choques eléctricos.

- **Aislamiento suplementario:** aislamiento independiente, previsto además de la básica, a fin de asegurar la protección contra los choques eléctricos en caso de falla del aislamiento básica.

- **Aislamiento doble:** aislamiento que comprende, a la vez, un aislamiento básico y un aislamiento suplementario.

- **Aislamiento reforzado:** sistema de aislamiento único que asegura un grado de protección contra los choques eléctricos equivalente a un aislamiento doble en las condiciones específicas de las normas IRAM correspondientes.

  Nota: la expresión sistema de aislamiento no indica que debe tratarse de una pieza homogénea. El sistema puede comprender varias capas que no pueden ser ensayadas por separado como aislamiento básico o suplementario.

3.3.5. Protecciones

- **Barrera de protección eléctrica:** parte que proporciona protección contra los contactos directos en todas las direcciones habituales de acceso.

- **Desconexión automática de la alimentación:** interrupción de uno o más de los conductores del circuito, provocada por la operación automática de un dispositivo de protección en caso de defecto.

- **Envoltura o envolvente de protección:** envoltura eléctrica que rodea la parte interna de un equipo para evitar el acceso a las partes vivas o activas peligrosas en cualquier dirección.

- **Obstáculo de protección:** elemento que impide un contacto directo fortuito o no intencional, pero no evita el contacto directo por una acción deliberada.

3.3.6. Tierra

- **Conductor de puesta a tierra:** es el conductor que proporciona un camino conductor, o parte de un camino conductor, entre un punto dado de una red, de una instalación o de un componente eléctrico y un electrodo o toma de tierra.

- **Instalación de puesta a tierra:** es un conjunto de interconexiones eléctricas y dispositivos involucrados en la puesta a tierra de una red, de una instalación o de un componente o equipo eléctrico.

- **Puesta a tierra de protección:** la puesta a tierra de uno o más puntos de una red eléctrica, de una instalación o de un material por razones de seguridad eléctrica.

- **Puesta a tierra funcional:** es la puesta a tierra de uno o más puntos de una red eléctrica, de una instalación o de un material por razones diferentes a la seguridad eléctrica.

- **Tierra:** masa conductora de la tierra cuyo potencial eléctrico en cada punto se toma por convención igual a cero.

- **Tierra de referencia:** parte de la tierra considerada como conductora, donde el potencial eléctrico es tomado por convención igual a cero, estando dicha parte fuera de la zona de influencia de cualquier otra instalación de puesta a tierra.

- **Tierra local:** parte de la tierra que está en contacto eléctrico con un electrodo de tierra y cuyo potencial eléctrico no es necesariamente igual a la cero.

- **Toma de tierra o electrodo de tierra:** parte conductora, en contacto eléctrico con la tierra, que puede estar incorporada en un medio conductor particular, por ejemplo concreto o coque.

3.4. LOCALES

- **Local seco:** es un lugar en el cual las paredes no muestran generalmente trazas de agua, pero pueden aparecer en cortos períodos, por ejemplo en forma de vapor, y que se seca rápidamente por ventilación.

- **Local húmedo:** es aquel lugar con posibilidad de caída vertical de agua o caída de agua pulverizada, con ángulo superior a los 60° con respecto a la vertical.

- **Local mojado:** es aquel lugar con posibilidad de proyecciones o chorros de agua en todas as direcciones.

3.5. CIRCUITO ELÉCTRICO

Según AEA 90364 Parte 7

- **Circuito terminal en inmuebles:** es el circuito eléctrico que partiendo de los bornes de salida de un dispositivo de maniobra y protección llega hasta los puntos de utilización.
- **Circuitos de uso general:**
  - iluminación
  - tomacorrientes
- **Circuitos de uso especial:**
  - iluminación
  - tomacorrientes
- **Circuitos de uso específico:**
  - Alimentación a fuentes de muy baja tensión funcional
  - Salidas a fuentes de muy baja tensión funcional
  - Alimentación de pequeños motores.
  - Alimentación de tensión estabilizada
  - Circuito de muy baja tensión sin puesta a tierra
  - Alimentación a una carga única
  - Iluminación trifásica específica
  - Otros circuitos específicos.

3.6. CORRIENTE ELÉCTRICA

- **Corriente diferencial o corriente diferencial residual o corriente residual:** es la suma algebraica de los valores de corriente eléctrica en todos los conductores activos, en el mismo instante en un punto dado de un circuito eléctrico de una instalación eléctrica.

- **Corriente diferencial de fuga:** corriente eléctrica que en condiciones normales de funcionamiento circula a través de un camino conductor no deseado.

- **Corriente de contacto:** corriente eléctrica que pasa a través del cuerpo humano o a través del cuerpo de un animal cuando dichos cuerpos tocan una o más partes accesibles de una instalación o de un equipo o material.

3.7. TÉRMINOS RELACIONADOS CON EL INCENDIO

- **Agente extintor:** sustancia (en polvo, líquido o gas) capaz de extinguir un fuego.

- **Arder:** entrar en combustión.

- **Auto-extinguible:** son materiales tratados, que queman pero se apagan por sí mismo, sin necesidad de que se les aplique un producto exterior.

- **Antideflagrante:** dícese de los aparatos que pueden funcionar en atmósferas flagrantes sin provocar deflagración. Que elimina o reduce el peligro de explosión.

- **Atmósfera peligrosa:** área en donde las concentraciones ambientales u otras características de materiales peligrosos representan un riesgo para las personas, bienes y ambiente.

- **Bióxido de carbono:** agente extintor en forma de gas a presión. Para fuego clases: B y C.

- **Calor de combustión:** energía calorífica total por unidad de masa, que puede generarse por la combustión completa de un material [J/kg].

- **Carga de fuego:** sumatoria de las energías caloríficas que pueden desarrollarse por la combustión completa de todos los materiales combustibles en un recinto.

- **Ceniza:** residuo inorgánico resultante de una combustión completa.

- **Chispa:** partícula que se desplaza a alta temperatura, producida por diversos causas.

- **Cloruro de polivinilo:** materia plástica que al arder forma compuestos clorados que son tóxicos y corrosivos.

- **Combustible:** sustancia o mezcla de ella que es capaz de entrar en combustión en presencia de un comburente.

- **Combustión:** reacción química, auto-mantenida entre un combustible y un comburente con producción de calor.

- **Combustión brusca generalizada:** transición súbita al estado de combustión generalizada de toda la superficie del conjunto de los materiales combustibles incluidos dentro del recinto.

- **Compartimiento resistente al fuego:** espacio confinado en una construcción que está separado del resto de ella por cerramientos que tienen un período determinado de resistencia al fuego, dentro del cual el fuego puede contenerse, o del cual puede excluirse, sin propagarse hacia o desde otra parte de la construcción, por el mismo tiempo que su componente de menor resistencia al fuego.

- **Deflagración:** combustión súbita a baja velocidad, sin explosión.

- **Detonación:** fenómeno explosivo que se propaga a una velocidad supersónica y que se caracteriza por una onda de choque.

- **Dióxidos:** compuestos bi-oxidados de elementos combinados con el oxígeno que se producen en las combustiones. Algunos son tóxicos.

- **Encender:** iniciar la combustión.

- **Efecto chimenea:** movimiento ascensional de los humos y de los gases caliente provocado por las corrientes de convección en el interior de un conducto vertical.

- **Escoria:** aglomerado sólido de residuos producidos por una combustión total o incompleta y que puede resultar de una fusión parcial o completa.

- **Estallido:** rotura violenta de un objeto debido a una sobrepresión en su interior.

- **Explosión:** reacción brusca de oxidación o de descomposición que lleva consigo una elevación de la temperatura, de la presión o de ambas simultáneamente.

- **Espuma:** agente extinguidor del fuego por aislamiento del oxígeno mediante la generación de una masa de burbujas de tipo acuoso proteínico, químico o por medios mecánicos se aplica a fuego tipo A y B.

- **Extinguible:** que se puede extinguir.

- **Extinguir:** hacer que cese el fuego.

- **Explosión:** acción y efecto provocado por la expansión brusca de uno o más gases, acompañada de estruendo, emisión de calor y de efectos mecánicos. La explosión es consecuencia de toda combustión instantánea.

- **Extintor:** sistema que contiene una agente extintor que puede ser proyectado y dirigido sobre un fuego por la acción de una presión interior.

- **Fuego:** combustión caracterizada por la emisión de calor acompañada de llamas o humos o de ambos. Hay distintas clases.

- **Gas:** cantidad de materia que en condiciones normales de presión y temperatura no tiene volumen ni forma definida adoptando la forma del recipiente que lo contiene.

- **Gas inerte:** gas que no reacciona químicamente con ningún otro elemento. Se consideran como tales a: nitrógeno, dióxido de carbono y gases raros.

- **Gas asfixiante:** con excepción del aire atmosférico, todos los gases que existen pueden actuar como asfixiantes en atmósferas enriquecidas en ello, después de desplazar al oxígeno.

- **Halón:** hidrocarburo halogenado que se usa como agente extintor.

- **Hollín**: partículas fundamentalmente carbonosas, producidas o depositadas en el transcurso de la combustión incompleta de material orgánico.

- **Humo:** residuos gaseosos qué se desprenden durante la combustión y que arrastran también partículas sólidas y líquidas, las cuales dan a los humos opacidad y color. El humo se produce generalmente en las combustiones no completas (CO). En combustiones completas se produce dióxido de carbono (CO_2).

- **Ignífugo:** que protege contra el fuego.

- **Inflamable:** material capaz de arder con llama.

- **Ininflamable:** que no se puede inflamar o no puede arder con llama.

- **Ignifugación:** tratamiento químico que se aplica a ciertos materiales con el objeto de insensibilizarlo a la acción del calor y hacerlos no combustible.

- **Monóxido de carbono:** compuesto de carbono (CO) que se forma en la combustión de materias orgánicas con deficiencia de oxígeno.

- **Opacidad del humo:** relación entre el flujo incidente y el transmitido a través del humo.

- **Óxido de carbono:** medio extintor de alto grado de efectividad y diversas aplicaciones. Su poder extintor reside en su capacidad de sofocación del fuego.

- **Propagación del fuego:** en la mecánica del incendio, las trasmisión se efectúa en cuatro formas: conducción, convección, radiación y desplazamiento.

- **Punto de inflamabilidad (*flash point*):** temperatura mínima a la cual, bajo condiciones de ensayo normalizadas, un material combustible emite una cantidad suficiente de vapores como para forma con un oxidante gaseoso una mezcla capaz de inflamarse momentáneamente, en contacto con una fuente de ignición.

- **Punto de flamabilidad:** temperatura mínima a la cual una sustancia empieza a desprender vapores o gases, próximos a la superficie de la misma y suficiente para formar con el aire una mezcla combustible o explosiva.

- **Resistencia al fuego:** propiedad que ofrecen algunos materiales que sometidos a temperaturas elevadas, su resistencia no es alterada durante un tiempo determinado (curva de fuego).

- **Temperatura de encendido:** La mínima a la cual un líquido se enciende y continúa ardiendo por un tiempo determinado después que una llama pequeña se coloca en su superficie.

- **Temperatura de ignición:** temperatura mínima a la cual se inicia una combustión sostenida por medio de una fuente auxiliar de ignición.

- **Temperatura de ignición espontánea:** la mínima para la cual se obtiene la ignición por calentamiento, en ausencia de una fuente auxiliar.

- **Temperatura de desprendimiento de gases explosivos:** temperatura mínima para la cual un material combustible libera una cantidad de gases suficiente para que se produzca una instantánea ignición del mismo al contacto con una llama.

- **Retardante de llama:** material empleado como aislante que retarda o eleva la temperatura de ignición de un material inflamable.

Nota: algunos de estos términos han sido extractados de
la NORMA IRAM 3 900.

CAPÍTULO N° 4

ACCIDENTE ELÉCTRICO

OBJETIVOS

- *Describir los distintos tipos de accidentes posibles debidos a la electricidad y sus manifestaciones.*

- *Conocer los perjuicios provocados por el paso de la corriente eléctrica a través del cuerpo humano.*

4.1. INTRODUCCIÓN

A lo largo de este capítulo se utilizará el vocabulario y las definiciones dadas en el anterior para expresar los conceptos referidos a los accidentes derivados del empleo de la energía eléctrica.

El accidente debido a la utilización de la energía eléctrica es una consecuencia del empleo de la misma. Es por ello que los seres vivos y los bienes
quedan expuestos a posibles daños, lo cual conlleva a que se hace necesario
entender no sólo la importancia que ello implica sino también la forma eficaz
de evitarlo, mediante la aplicación de conocimientos y tecnología adecuados.

En este capítulo se abordarán temas como: qué es el riesgo eléctrico,
los efectos del paso de la corriente eléctrica a través del cuerpo humano,
los diversos tipos de accidentes, para finalizar con un concepto afín que
es el aislamiento.

4.2. RIESGO ELÉCTRICO

Entendemos por riesgo:

*"la combinación de la probabilidad de la ocurrencia de le-
sión o daño a la salud de las personas o daños a los bienes
o al medio ambiente y la severidad de la lesión o el daño".*

Siendo el daño:

*"lesión física o daño a la salud de las personas o a las propiedades o
al medio ambiente".*

Si ahora nos referimos a **riesgo eléctrico**, sabremos entonces que significa en realidad la proximidad de un daño o una lesión debida a la acción de
la propia tensión o de alguna de las manifestaciones de la energía eléctrica.

Para que la corriente eléctrica pueda circular a través del cuerpo humano o de cualquier animal, es necesario e imprescindible que los mismos
queden sometidos a una diferencia de potencial, ya sea entre dos elementos vivos o bien de uno con respecto a tierra. O sea que existan cuerpos
que puedan ser electrizables o susceptibles de adquirir propiedades eléctricas y que otros que se la puedan comunicar.

Al efecto fisiológico resultante del paso de una corriente eléctrica a
través del cuerpo de un ser humano o de un animal se lo conoce como
choque eléctrico.

4.3. EFECTOS DEL PASO DE LA CORRIENTE ELÉCTRICA POR EL CUERPO HUMANO

Los datos y conceptos siguientes están dados para tensión y corriente eléctrica alterna con una frecuencia comprendida entre los 15 y 100 Hz;
para frecuencias mayores se deberá recurrir a la norma específica.

Los estudios realizados han arrojado conclusiones definitivas como que el peligro para la vida humana está dado en función de dos factores:

- valor de la corriente eléctrica, en ampere [A],
- tiempo de aplicación al cuerpo humano, en segundos [s].

Sobre la base de estos dos parámetros característicos se han trazado curvas estadísticas que forman parte de las normas sobre los efectos producidos por la corriente eléctrica. En la Figura N° 4.1 es posible apreciarlas y se pueden ver en la Tabla N°4.1 las referencias de la misma.

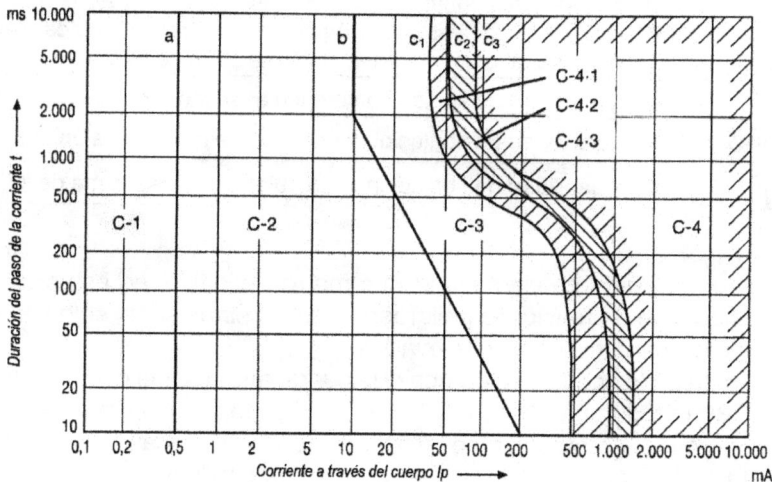

Figura N° 4.1 Curva corriente eléctrica-tiempo

Se puede observar que los efectos fisiológicos de la corriente eléctrica pueden ser de dos tipos: **cardiacos** y **tetánicos**.

Los primeros consisten en una alteración del ritmo normal en la marcha del corazón, motivado por el paso de la corriente eléctrica a través del mismo. Estos casos suelen ser fatales en su mayor parte. Pueden revertirse los efectos únicamente con masajes al corazón o aplicando excitaciones eléctricas de ritmo apropiado (desfibrilación).

Los segundos se deben a la excitación de la electricidad a los centros nerviosos, que motivan la contracción muscular. Si esta actúa sobre los músculos del sistema respiratorio, se puede provocar **asfixia**.

Los tratamientos conocidos de respiración artificial pueden restituir al accidentado a las condiciones normales de respiración si se aplican a tiempo.

TABLA N° 4.1
EFECTOS DE LA CORRIENTE ELÉCTRICA SOBRE EL CUERPO HUMANO

Zona	Efecto fisiológico
C-1	Habitualmente no hay reacción
C-2	No hay habitualmente efectos fisiológicos perjudiciales o dañinos
C-3	Normalmente no es de esperar daños orgánicos. Probabilidad de contracciones musculares y dificultad en la respiración, si el contacto es mayor de dos s. Efectos de perturbaciones cardiológicas reversibles.
C-4	Aumento con la magnitud de la corriente eléctrica y del tiempo de circulación de los efectos fisiológicos tales como el paro cardíaco y respiratorio, a lo cual pueden sumarse quemaduras.
C-4-1	La probabilidad de fibrilación ventricular se incrementa un 5%
C-4-2	La probabilidad de fibrilación ventricular se incrementa un 50%
C-4-3	La probabilidad de fibrilación ventricular está por encima del 50%

Siendo la corriente eléctrica el parámetro definitivo, en estos casos no debe hablarse de tensiones peligrosas, ya que estas serán sólo las que provoquen corrientes eléctricas elevadas.

El límite de la corriente eléctrica que puede atravesar el cuerpo humano es de **30 mA** durante **30 ms**, valor este utilizado para la determinación de los sistemas de protección en las instalaciones eléctricas.

Esta es la razón por la cual los fabricantes producen los ID que accionan abriendo el circuito con corrientes eléctricas diferenciales de 30 miliampere y tiempos de 30 milisegundos o menos.

Esto no es definitivo, ya que se han dado casos fatales con corrientes eléctricas de valores menores, y contrariamente, personas que han resistido valores muchos mayores. Las diferencias se deben a factores muy diversos, entre los cuales podemos citar: la clase de órgano del cuerpo que atraviesa la corriente eléctrica; el tiempo de duración de esta; el estado físico y psíquico del individuo; la naturaleza de la corriente eléctrica y la frecuencia. Todos estos valores gravitan sobre el valor técnico que define al individuo, y que es su propia resistencia.

La corriente eléctrica que circula a través del cuerpo humano multiplicada por la impedancia del mismo nos dará la **tensión de contacto**, tema que será ampliado en el Capítulo N° 7.

Cuando mencionamos "resistencia" nos referimos en realidad a una **impedancia**, ya que las diferentes partes del cuerpo humano, tales como piel, la sangre, los músculos, etc. se comportan frente a la corriente eléctrica como resistencias y condensadores, lo cual conforma una impedancia en el régimen de corriente eléctrica alterna.

Se han realizado innumerables estudios experimentales que han conducido a datos muy diversos de acuerdo con la metodología empleada. Se sabe certeramente que los valores de resistencia están relacionados con la tensión de contacto, pero los resultados obtenidos son **estadísticos**. Con fines orientativos, en la Tabla N° 4.2 se muestran algunos valores dados por la norma IRAM N° 2 371.

Los efectos de la corriente eléctrica continua a través del cuerpo humano no son muy distintos a los de la corriente eléctrica alterna. No se tratará el tema ya que la misma no es de uso habitual en las instalaciones eléctricas de los edificios.

4.4. CAUSAS Y TIPOS DE ACCIDENTES

Entre los accidentes que pueden sufrir los seres humanos se encuentran los que tienen su origen en el uso de la energía eléctrica, siendo esta última la que presenta la particularidad de no ser percibida por los sentidos del ser humano (tacto, vista, oído y gusto). Lo que sí se perciben son las manifestaciones de la misma y los efectos causados.

TABLA N° 4.2
IMPEDANCIA DEL CUERPO HUMANO

Tensión de contacto [V]	Valores de la impedancia total del cuerpo humano [ohm] que no son sobrepasados por él		
	5 %	50 %	95 %
25	1 750	3 250	6 100
125	1 125	1 625	2 875
220	1 000	1 350	2 125
1 000	700	1 050	1 500

4.4.1. Causas de los accidentes. En general pueden ser:
• desconocimiento,
• **ignorancia**,
• **imprudencia**,
• falta de entrenamiento,
• **exceso de confianza**,
• negligencia,
• inseguridad de las instalaciones eléctricas.

Se han resaltado las que son más predominantes. En cuanto a las causas operativas del accidente podemos señalar:

- no se sabía que existía tensión,
- desconocimiento de las características de la instalación eléctrica,
- utilización de herramientas no aisladas,
- manipulación incorrecta,
- otras.

4.4.2. Tipos de accidentes. Los accidentes se deben en orden creciente a:

- arco eléctrico,
- contacto directo,
- contacto indirecto.

4.5. ACCIDENTE DEBIDO AL ARCO ELÉCTRICO

El arco eléctrico o arco voltaico es la descarga eléctrica que se forma entre dos conductores, que se encuentran a una determinada diferencia de potencial, los cuales pueden estar colocados en el seno de una atmósfera gaseosa enrarecida, normalmente a baja presión, o al aire libre.

Esta descarga eléctrica se efectúa con el paso de una corriente eléctrica que provoca un gran calentamiento en el punto de contacto; al separarse los electrodos, se forma entre ellos una descarga luminosa similar a una llama. La descarga está producida por electrones que van desde el electrodo negativo al positivo, pero también, en parte, por iones positivos que se mueven en sentido opuesto. El choque de los iones genera un calor intenso en los electrodos.

En un arco abierto al aire a presión normal el electrodo positivo alcanza una temperatura de 3 500 grados Celsius. Durante el tiempo de la descarga se produce una luminosidad muy intensa y un gran desprendimiento de calor.

Ambos fenómenos, en caso de ser accidentales, pueden ser sumamente destructivos, como ocurre con la perforación de aisladores en las líneas de transporte de energía eléctrica en alta tensión o de los aislamientos de los cables.

El arco eléctrico se establece de acuerdo con el valor que tenga la diferencia de potencial, cuando la distancia entre los conductores involucrada (distancia disruptiva) permita el cebado del arco; es por esta razón que se establecen las distancias de seguridad. Ver el Capítulo N° 14, Art. 1.1.5 de la Ley de Higiene y Seguridad en el Trabajo.

Los daños causados al ser humano por los arcos pueden deberse a la presencia en las proximidades de un arco o porque es parte del mismo. En ambos casos las consecuencias son: quemaduras, lesiones en la vista y en los pulmones, pudiendo ser estas irreversibles.

4.6. ACCIDENTE POR CONTACTO DIRECTO

Las otras causas de estos accidentes se deben a dos formas típicas:

- contacto bipolar,
- contacto unipolar.

4.6.1. Contacto bipolar. Para ilustrar estos casos, supongamos una red bifilar (monofásica) cuya tensión es **U**, formada con dos conductores cuyas resistencias son **Rv** y **Rn**, correspondiendo al vivo y al neutro respectivamente. La persona **P** presenta una resistencia al paso de la corriente eléctrica **R**.

El primer caso mostrado en la Figura N° 4.2, considerando el piso aislante y que la persona hace contacto en forma simultánea con los cables que corresponden al vivo y al neutro, a raíz de lo cual circulará la corriente eléctrica **Ip**. Siendo el esquema eléctrico el que se encuentra en parte derecha de la figura anterior.

En cambio en el segundo caso que se muestra en la Figura N° 4.3, el piso es conductor y por lo tanto habrá una circulación de corriente eléctrica a través del cuerpo de la persona, siendo el esquema eléctrico equivalente el que se muestra a la derecha de esta última figura.

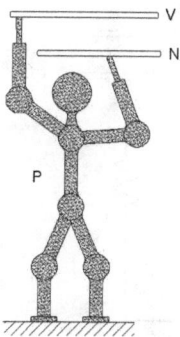

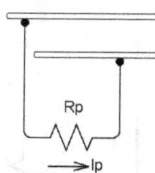

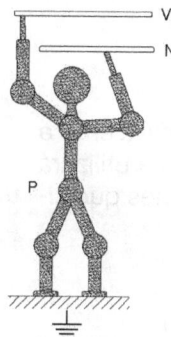

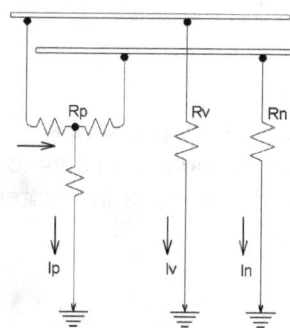

**Figura N° 4.2 Contacto bipolar
con piso aislante**

**Figura N° 4.3 Contacto bipolar
con piso conductor**

4.6.2. Contacto unipolar. Veamos ahora cuando el contacto es unipolar a tierra.

En esta variante, también se pueden presentar dos casos: el primero
cuando el piso es aislante, como lo muestra la Figura N° 4.4. En ese caso
se puede considerar como despreciable el paso de la corriente eléctrica a
través de la persona. La corriente eléctrica que circulará es la que atraviesa
los aislamientos.

El segundo caso se presenta cuando el suelo es conductor, entonces
cuando la persona **P** hace contacto con el cable que corresponde al vivo
(**V**), según se puede ver en la Figura N° 4.5, están en juego las resistencias
Rp, **Rv** y **Rn** y las respectivas corriente eléctricas **Ip**, **Ib** e **In,** cuyo esquema
eléctrico se muestra a la derecha de la esta última figura.

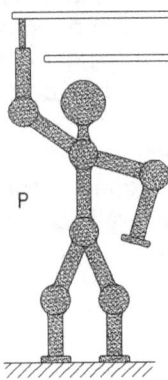

**Figura N° 4.4 Contacto
unipolar con piso aistlante**

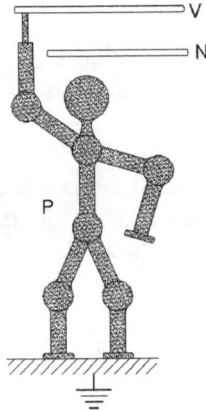

**Figura N° 4.5 Contacto unipolar
con piso conductor**

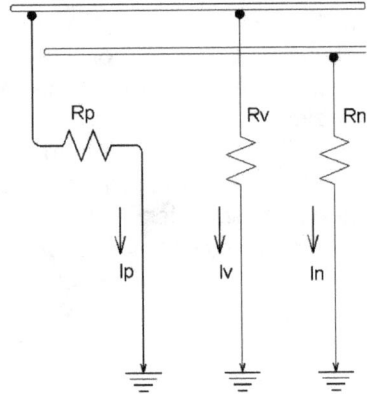

La Figura N° 4.6 es equivalente a
la mostrada en la anterior y se utilizará
para desarrollar las expresiones que siguen.

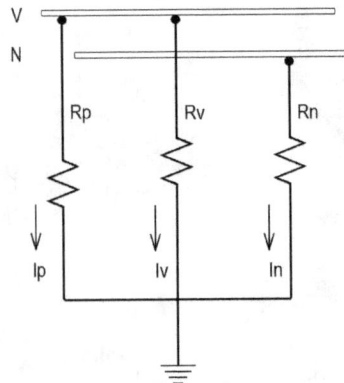

**Figura N° 4.6
Esquema eléctrico del
contacto unipolar**

La corriente eléctrica **Ip**, que circula entre el vivo y el neutro en este caso está dado por la expresión:

$$Ip = \frac{U}{\dfrac{Rv \times Rp}{Rv + Rp} + Rn} \quad [A] \quad (4.5)$$

Mientras que la corriente eléctrica que circula a través de la persona **P** será:

$$I_P = I \frac{Rv}{Rv + Rp} \quad \Big[A\Big] \qquad (4.6)$$

Si reemplazamos y luego simplificamos:

$$I_P = \frac{U}{2\,Rp + R} \quad \Big[A\Big] \qquad (4.7)$$

Si aceptamos que la instalación es nueva y en perfecto estado, podemos decir que **Rv = Rn** = R y reemplazando resulta:

$$I_P = \frac{U \times Rv}{Rv \times Rp + Rv \times Rn + Rn \times Rp} \quad \Big[A\Big] \qquad (4.8)$$

Debemos recordar que las líneas monofásicas bifilares, según lo visto en el Capítulo Nº 1, se derivan de sistemas de distribución trifásicos tetrafilares, los cuales son alimentados por transformadores cuya conexión es triángulo en el primario de media tensión (33 o 13,2 kV) y en estrella en el secundario de baja tensión (380/220 V), de cuyo centro parte el cable del neutro que acompaña a los de las tres fases a lo largo de su tendido.

Si la distribución de las cargas conectadas a lo largo de la línea de distribución fuese equilibrada, o sea que todas las cargas monofásicas fuesen iguales, por el conductor o cable que corresponde al neutro no circularía corriente eléctrica y en consecuencia el potencial del mismo con respecto a tierra sería nulo. Pero como esto en la práctica es casi imposible de lograr, existe una corriente eléctrica debida a ese desequilibrio o desbalance que hace que el conductor del neutro adquiera un cierto potencial con respecto a tierra que si bien es menor a los que corresponden a las fases, puede llegar a tomar un valor importante, y por ello es que se exige que las cargas conectadas a las mismas tengan como interruptor general: bipolar en caso de ser monofásica y tetrapolar si es trifásica tetrafilar.

Volviendo a la última fórmula y para el caso en que el cable con el que la persona **P** haga contacto sea el neutro, al disminuir el valor de la tensión y mantenerse constante el valor de la **Rp**, la corriente eléctrica **Ip** será menor, pero no despreciable.

4.7. ACCIDENTE POR CONTACTO INDIRECTO

La Figura N° 4.7 nos muestra el caso de un accidente a causa de que un conductor vivo de un equipo o de la red trifásica que ha quedado tocando la parte metálica (masa) está expuesta a la mano de una persona. Si la masa del equipo estuviese conectada a tierra, al producirse el defecto, la corriente eléctrica de falla circularía a través de estas hacia la conexión a tierra y entonces las protecciones detectarían un cortocircuito a tierra y sacarían de servicio el circuito correspondiente de la instalación eléctrica. De esta manera la persona no estaría en el camino hacia tierra de la corriente eléctrica de falla, con lo cual no habría riesgo para ella.

Si falla se produce en el conductor activo y **Rp** se anula, la persona queda a salvo porque la corriente eléctrica I_p es nula.

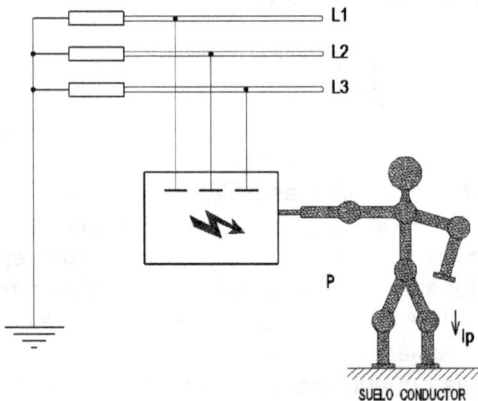

Figura N° 4.7 Contacto de una persona con una masa que ha tomado potencial accidentalmente (contacto indirecto)

La instalación eléctrica trifásica debe tener un Esquema de Conexión a Tierra (ECT) del tipo **TT**, o sea que debe contar con una tierra local de protección (**Ra**), para asegurar la puesta a tierra de las masas. Los ECT se tratarán en el Capítulo N° 7.

La alimentación de la red de distribución se realiza por medio de un transformador que reduce la tensión de media a baja tensión; el neutro se conecta rígidamente a tierra para evitar que la red de baja tensión pueda quedar con una tensión mayor si un desperfecto hace que ambos lados del transformador llegan a estar ocasionalmente en contacto y también, que no es menos importante, que la conexión del centro de la estrella que forman los bobinados de baja tensión del transformador sea un potencial de referencia.

Para que estas medidas de seguridad sean eficientes, es necesario también conectar o poner a tierra todas las estructuras metálicas, cañerías, cajas, tableros, etc. o sea, la totalidad de las partes que eventualmente puedan quedar al alcance de la mano. La puesta a tierra propiamente dicha se hace en un lugar determinado, por lo regular cerca del tablero de entrada, y para asegurar que toda la cañería metálica y sus accesorios queden al potencial cero, es necesario que haya continuidad eléctrica, para lo cual los empalmes de caños deben hacerse con uniones roscadas.

4.8. CHOQUE ELÉCTRICO

En lo que hace a la forma en que se efectúan los contactos, es necesario destacar que lo expuesto hasta aquí es que había al menos dos puntos de contactos con la superficie del cuerpo humano estando en condiciones normales y se denomina **macroshock**.

Existe otra forma en que el cuerpo humano quede formando parte de un circuito eléctrico y que el contacto con el potencial más elevado sea en el interior de su cuerpo; ello es posible cuando se encuentra en un ámbito hospitalario como paciente o sea cuando le está efectuando alguna práctica médica, oportunidad está en que el cuerpo humano presenta otras características físicas que en el caso anterior. En este último caso se dice que sufre un **microshock.**

Los sistemas eléctricos hospitalarios serán tratados en el Capítulo N° 14, en donde se ampliarán conceptos.

4.9. RESISTENCIA DE AISLAMIENTO

Veamos ahora el concepto de resistencia de aislamiento, y el importante papel que juega en los estudios generales de protección. En la Figura N° 4.8 podemos apreciar un esquema de un trozo de cable simple, uno de cuyos extremos se ha conectado a una fuente de tensión continua (**G**) y desde la misma a un amperímetro (**A**) y de este a tierra. Como el cable debe estar sujeto o apoyado sobre elementos (canalización) que en definitiva están vinculados a tierra, y el aislamiento real no puede ser perfecto y de valor infinito, habrá muchas pequeñísimas corrientes eléctricas de fuga i que saldrán del alma del conductor y retornarán al negativo de la fuente de continua por tierra, siendo las mismas acusadas por el instrumento (**A**). Todos los caminos pueden resumirse teóricamente en uno solo equivalente que se ha designado con R_a, que se denomina **resistencia de aislamiento**.

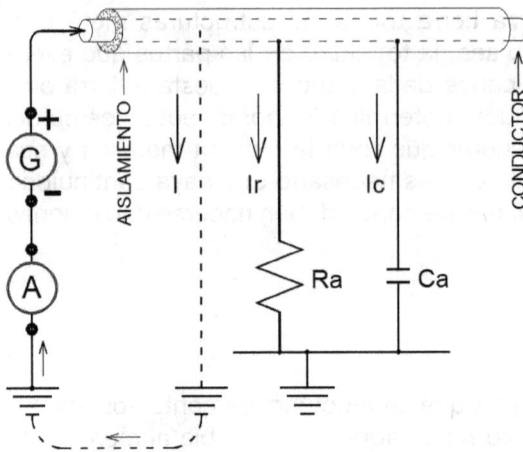

Figura N° 4.8 Esquema eléctrico de un cable y su aislamiento

Además, pero en forma mucho más atenuada, en las instalaciones eléctricas de los edificios, existe un efecto similar de capacidad. El conductor del cable y la tierra forman las placas de un hipotético condensador, y el aislamiento interpuesto, el dieléctrico. A estos efectos se los denomina como capacidad distribuida de aislamiento. En la Figura N° 4.8 se identifica como **Ca**.

Este segundo fenómeno no habremos de considerarlo.

La forma de verificar el estado o su valor se da en el Capítulo N° 12.

Un efecto que se produce en los materiales aislantes es el daño que sufren estos últimos en su superficie externa debido a la contaminación superficial, la inevitable condensación de la humedad ambiente, así como otros fenómenos electrolíticos; esto hace que haya una pequeña corriente eléctrica circulando por la superficie, por lo cual con el tiempo se produce una mayor conductibilidad.

El fenómeno es conocido como **tracking** y es intermitente ya que la misma corriente eléctrica genera calor, con lo cual se elimina la humedad que le da origen. Con el tiempo de actuación se establece una traza o camino permanente para esta corriente eléctrica superficial.

Los materiales aislantes entre otros parámetros se clasifican por un índice denominado CTI (*Compartive tracking index*).

Para el caso de los utilizados en los equipos de uso médico se emplea otra escala específica.

Otro fenómeno que se produce en los materiales aislantes es la **arborescencia**, la cual es previa a la ruptura dieléctrica del mismo y se debe al estrés que lo somete la aplicación de alta tensión.

4.10. OCURRENCIA DEL ACCIDENTE

Las posibilidades de que ocurra un accidente cuando se realizan trabajos en los sistemas eléctricos nunca es nulo, o sea que es una situación para la cual quienes deben trabajan con ella deben estar capacitados para actuar llegado el caso.

La gravedad de los mismos está necesariamente relacionada con el nivel de tensión con el cual se está trabajando; es así como se hace necesario contar con elementos acordes a los fines de poder realizar un salvataje o una maniobra de emergencia.

En virtud de ello se ha establecido un conjunto de elementos básicos y necesario para estas actuaciones los cuales son: pértiga para maniobras, pértiga de salvataje, detector de tensión, equipo de puesta a tierra transitorio, taburete aislante, alfombra aislante, resucitador manual, guantes dieléctricos, tijera de corte aislada y otros menores. Este conjunto se muestra en la Figura N° 4.9.

Estos elementos deben estar en el lugar en donde se llevan a cabo los trabajos, y su **posición** así como su **utilización** debe ser conocida por todo el personal involucrado en los mismos.

El conocimiento de su accionar necesariamente debe ser aprendido a través de ejercicios de simulación, los cuales deben estar pautados en debidos procedimientos.

Es de fundamental importancia contar con el equipamiento necesario a los fines de poder hacer una actuación segura.

En caso de accidente, dos factores importantes son: el mantener la calma y actuar con rapidez, siendo la siguiente la secuencia de acciones que se debería seguir:

- solicitar ayuda a quien corresponde de acuerdo con la organización del lugar;
- con los elementos necesarios separar o alejar al accidentado del punto con tensión, utilizando el o los elementos pertenecientes al grupo antes mencionado y que se aprecia en la Figura N° 4.9;
- aplicación de las técnicas de primeros auxilios. Al respecto, las mismas deben ser impartidas por personal capacitado y practicadas en su presencia. La exclusiva lectura no debe ser considerada como conocimiento de las mismas, sino sólo una información. Existen instituciones que dan estos cursos específicos y cuentan con equipamiento para la realización de prácticas.

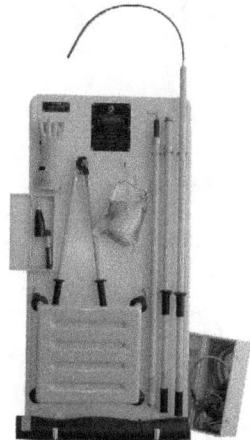

Figura N° 4.9 Conjunto de elementos para actuación en caso de accidente de origen eléctrico

CAPÍTULO N° 5

COMPONENTES DE LAS INSTALACIONES ELÉCTRICAS

ADENDA
LOS CABLES Y EL FUEGO

OBJETIVOS

- *Detallar las características de los distintos elementos componentes de las instalaciones eléctricas.*
- *Clasificar los distintos tipos y características de las canalizaciones eléctricas.*

5.1. INTRODUCCIÓN

Una instalación eléctrica es:

"un conjunto de materiales y equipos eléctricos asociados que tienen sus características coordinadas para cumplir un propósito determinado".

El propósito determinado es que los consumos de la energía eléctrica puedan desarrollar sus características funcionales en forma segura y eficiente. Para ello el conjunto de materiales empleados debe ser el adecuado y realmente lo será cuando el que los selecciona e instale tenga conocimiento de las características funcionales y eléctricas.

A continuación veremos algunos aspectos de estos elementos que son utilizados por el común de los usuarios en sus instalaciones eléctricas.

5.2. CONEXIÓN

Para conectar una carga o consumo de cualquier tipo a una instalación eléctrica de baja tensión, por ejemplo: una plancha, un velador, un electrodoméstico, etc. se debe utilizar un cable del tipo envainado que esté formado a su vez por tres cables independientes, de los cuales dos son los necesarios para la alimentación de la corriente eléctrica (vivo y neutro), y el tercero es el cable de protección (**PE**). El cable de protección (PE) es el que está conectado a la **puesta a tierra** de la instalación eléctrica y se considera que su potencial es nulo.

Las partes metálicas o conductoras que habitualmente no están bajo tensión pero que pueden tenerla debido a un defecto del aislamiento se denominan **masas**.

El artefacto eléctrico o consumo en cuestión está provisto de un borne o tornillo fijado a las partes conductoras expuestas al contacto con las personas (**masa**) para unirlo, cable mediante, con la denominada **tierra**. Esta conexión solo se admite si se hace mediante el tercer cable (**PE**), que forma parte de los de la alimentación al mismo.

Esto garantiza que en caso de falla del aislamiento del artefacto eléctrico o consumo, o sea, que uno cualquiera de los polos del circuito pasa a hacer contacto con las partes exteriores conductoras (masas), se establece una unión entre ese polo fallado y **tierra**, lo que hará funcionar inmediatamente las protecciones (interruptor diferencial, interruptor termo-magnético o fusibles), que abren el circuito sacando de servicio el circuito o la línea seccional de la instalación eléctrica al que está conectado.

5.3. CARACTERÍSTICAS CONSTRUCTIVAS

Los componentes de las instalaciones eléctricas básicamente tienen dos parámetros característicos, que son la tensión y la corriente eléctrica nominal o asignada.

Los valores nominales o asignados son aquellos que los mismos pueden soportar conducir, cortar o conectar, sin dañarse las cantidad de veces suficiente como para garantizar una vida útil predeterminada.

Los diversos valores que pueden adoptar están fijados por las normas respectivas ya que todos los elementos componentes de las instalaciones eléctricas deben ser fabricados y ensayados bajo las normas IRAM correspondientes y llevar el o los sellos respectivos que así lo acrediten.

En cuanto a la forma constructiva propiamente dichas llaves, tomacorrientes, pulsadores y otros elementos se fabrican en forma de **módulos** que se montan sobre **bastidores**, los cuales a su vez se fijan a las **cajas** que están embutidas en la mampostería o bien fijados a la superficie de la misma.

5.4. COMPONENTES DE LAS INSTALACIONES ELÉCTRICAS

5.4.1. Interruptor. Lo que comúnmente se denomina **llave** es un **interruptor** cuya función es abrir o cerrar un circuito eléctrico. La forma en que se efectúa la apertura permite establecer dos tipos fundamentales: **manuales** y **automáticos**.

Los primeros, como su nombre lo indica, están accionados en forma manual y en el momento que decide el que lo está operando. En cambio los interruptores automáticos están asociados a las protecciones del circuito. El alcanzar o superar algunos de los parámetros regulados hace que el interruptor automático abra el circuito, cumpliendo su función de protección, esta función se combina con la posibilidad de operarlos manualmente para abrir o cerrar el circuito, los detalles se verán en el Capítulo N° 8.

Los interruptores de cualquiera de los tipos mencionados tienen la particularidad de que una vez en una de las posiciones, sea de abierto o cerrado, la mantiene. Los interruptores automáticos tienen la particularidad de tener una posición intermedia, la cual adoptan cuando actúa la protección.

Los interruptores o llaves, tomacorrientes y los pulsadores se fabrican para tensiones de 220 volt de corriente alterna, y con corrientes máximas de operación de 10 ampere. Estos elementos son producidos en forma de módulos, que pueden ser del tipo **para embutir** mostrado en la Figura N° 5.1, es decir, para colocar en cajas embutidas en la pared, de modo que queden fuera del alcance de la mano de las personas todos los elementos del mismo (tornillos de conexionado) bajo tensión, gracias a la colocación de tapas protectoras, que además de cumplir su función como tal, pueden tener efectos decorativos.

También existen los mismos tipos de elementos, o sea, interruptores o llaves, tomacorrientes y pulsadores, en forma de módulos que se montan dentro de cajas que a su vez se montan sobre la superficie de la pared y se los denomina de **exterior** o de **superficie** como los que se muestran en la Figura N° 5.2. De igual forma este montaje se hace de forma que no queden partes de los elementos con tensión al alcance de la mano, y se utilizan cajas construidas especialmente para ello, que en general son de material plástico resistente a los golpes e ignífugas para ser montada en interiores o exteriores (estancas) de los locales o ambientes.

Es necesario señalar que estos módulos tienen un diseño para su conexionado que hace imposible el contacto accidental con el elemento utilizado para la fijación de los cables, sean estos del tipo tornillo o resorte.

5.4.2. Pulsador. Se puede considerar como otro tipo de llave o interruptor, la diferencia es que cierra sus contactos mientras se lo presiona manualmente, abriéndolos cuando se lo deja de hacer.

Son fabricados como módulos componibles, lo que permite su combinación con las llaves y los tomacorrientes en las cajas empotradas o de superficie.

Algunos destinados a usos específicos, como por ejemplo: para subir y bajar cortinas de enrollar tal como se muestra en la Figura N° 5.3, para timbres y luces de escaleras se pueden apreciar en las Figuras N° 5.4 y 5.5 respectivamente.

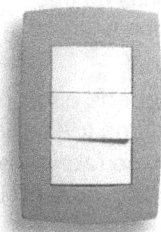

Figura N° 5.1 Interruptor de embutir

Figura N° 5.2 Interruptor y tomacorriente exteriores

Figura N° 5.3 Módulo de pulsador para cortina de enrollar

Figura N° 5.4 Módulo de pulsador para timbres

Figura N° 5.5 Módulo de pulsador para luces de escalera

5.4.3. Tomacorriente. El **tomacorriente** (o base tomacorriente) denominado popularmente toma es el elemento que permite recibir a la ficha tomacorriente a los fines de conectar el consumo al circuito correspondiente de la instalación eléctrica.

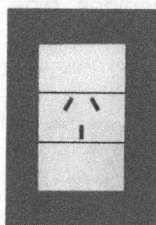

Figura N° 5.6 Tomacorriente de embutir

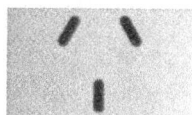

Figura N° 5.7 Módulo de tomacorriente de embutir de 10 A

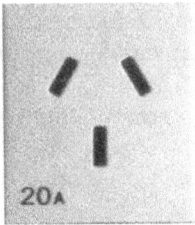

Figura N° 5.8 Módulo de tomacorriente de embutir de 20 A

Figura N° 5.9 Ficha de tres pernos planos

El tomacorriente se monta dentro de una caja que puede estar embutida en la mampostería o bien sobre la superficie de la misma (de superficie o exterior). De forma parecida a los interruptores o llaves, se fabrican como módulos que se pueden combinar con estos últimos. En la Figura N° 5.6 se muestra un tomacorriente de embutir.

De la misma manera, los **tomacorrientes** también deben tener los orificios necesarios pare admitir a los tres pernos planos, siendo sus destinos: uno para el conductor vivo (V), otro para el conductor neutro (N), y finalmente el tercero para el de protección (PE) o de puesta a tierra.

Se fabrican para corrientes eléctricas nominales o asignadas de 10 A y 20 A los cuales son mostrados en las Figuras N° 5.7 y 5.8 respectivamente.

5.4.4. Ficha. La **ficha tomacorriente** (denominada genéricamente **ficha**), es un dispositivo que permite unir o conectar un consumo (velador, electrodoméstico, etc.) a un circuito de la instalación eléctrica, para que el mismo le suministre la energía eléctrica necesaria para su normal funcionamiento, y conserva esta conexión en forma constante, hasta que el usuario procede voluntariamente a su desconexión.

Pueden tener tres pernos planos (Clase I), como la que muestra la Figura N° 5.9, o bien de dos pernos planos (Clase II), como muestra la Figura N° 5.10. Más adelante se verá el significado de estas denominaciones. A los pernos planos también se los suele denominar: espigas, pines o, más comúnmente, *"patas"*.

Figura N° 5.10 Ficha de dos pernos planos

Figura N° 5.11 Ficha de acoplamiento

La Figura N° 5.11 nos muestra una ficha para acoplamiento o para lo que comúnmente se denomina *"para prolongaciones"* .

5.4.5. Tomacorrientes y fichas normalizadas por IRAM

- **Tomacorrientes**
  - **Norma: 2071:** 2 x 10 + T Para pernos planos. Figuras N° 5.7 y 5.18

- **Fichas tomacorriente**
  - **Norma: 2073:** 2 x 10 A + T 250 V para aparatos de clase I. Figura N° 5.9

  - **Norma: 2063:** 2 x 10 A 250 V para aparatos de clase II. Figura N° 5.10
- **Enchufes de acoplamiento con toma a tierra**
  - **Norma: 2086:** 2 x 10 A + T 220 V. Figura N° 5.11

Identificación: los productos de baja tensión deben llevar grabado en forma indeleble y claramente visible el SELLO DE SEGURIDAD, según lo exige la Resolución 92/98 y 109/2 005 de la Secretaria de Comercio Interior.

5.4.6. Caso especial de tomacorrientes y fichas tomacorrientes. Se trata de los denominados Schuko, cuyo país de origen es Alemania. Se fabrican según las normas DIN 49 440 y CEI 23-5 para 250 V y 16 A. Sólo se admiten en las instalaciones eléctricas para equipos de uso electro médico con incumbencia del ANMAT, siempre y cuando los mismos vengan provistos con estos tipos de elementos de origen. El aspecto del mismo se puede ver en la Figura N° 5.12.

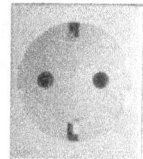

**Figura N° 5.12
Base
tomacorriente
Schuko**

5.4.7. Base tomacorriente múltiple y prolongación. Cuando es necesario conectar varios artefactos o consumos y sólo se dispone de un tomacorriente simple, se recurre a los **tomacorrientes múltiples c**omo el mostrado en la Figura N° 5.13, que tienen cuatro o cinco bases tomacorrientes. Las fábricas los ofrecen en distintas alternativas constructivas, aunque todas deben contar con un interruptor general y un elemento de protección por sobre corriente eléctrica. Este tipo de tomacorrientes múltiple puede ser fijado a la pared, estructura o bien puede ser depositado en el piso.

Constructivamente parecidos pero para alimentar una sola carga desde un tomacorriente, son las **prolongaciones** tal como la que se muestra en la Figura N° 5.14. El cable para la conexión se provee con distintos largos (desde 0,5 a 5 metros).

Tanto los tomacorrientes múltiples como las prolongaciones tienen una corriente nominal o asignada de 10 A para una tensión nominal o asignada de 220 V. En el caso de los primeros deben contar con una protección por sobrecarga y cortocircuito.

Figura N° 5.13 Tomacorriente múltiple

Figura N° 5.14 Prolongación

5.4.8. Tomacorriente y ficha tomacorriente de uso industrial. Hasta aquí hemos visto los tomacorrientes y fichas para usos en las instalaciones eléctricas del tipo domiciliaria, pero la necesidad de utilizar algún equipo que tenga una corriente eléctrica nominal o asignada mayor de 10 A, hace que se necesiten otros tipos de elementos de conexión y es debido a ello que existe otra línea de fabricación de estos cuyas corrientes nominales o asignadas son: 16, 32, 63 y 125 A, para tensiones nominales o asignadas de 250 y 415 V. Los mismos se identifican con color azul las primeras y con color rojo las segundas.

Estas fichas y tomacorrientes se las suele denominar industriales se fabrican de acuerdo con las normas IEC y se presentan con grados de protección IP 44 e IP 67.

En las Figuras N° 5.15 se muestran bases tomacorrientes para distintas corrientes nominales o asignadas destinados a ser fijados en tableros eléctricos.

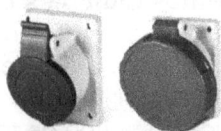

Figura N° 5.15 Bases tomacorrientes para tablero

Figura N° 5.16 Bases tomacorrientes portátil

La Figura N° 5.16 a su vez muestra bases tomacorrientes portátiles.

Las fichas tomacorrientes portátiles se muestran en la Figura N° 5.17.

El número de polos puede ser 2 y 3, en ambos casos acom-

Figura N° 5.17 Fichas tomacorrientes

pañados por el que corresponde a tierra o neutro o con ambos. El tomacorriente puede ser para empotrar o móvil, como se puede ver en las figuras anteriores.

5.5. CONDUCTOR Y CABLE

5.5.1. Introducción. Si bien forma parte de los elementos componentes de todas las instalaciones su importancia y relevancia hace que se trate como un ítem aparte.

Se entiende por **conductor** al material que pueden conducir a través de el la corriente eléctrica mientras está sometido a una diferencia de potencial o tensión.

El cable se forma mediante un conductor y su correspondiente aislamiento como muestra la Figura N° 5.18. Popularmente se suele denominar a los conductores como *"cables desnudos"* o *"conductores desnudos"* y en la Figura N° 5.19 se muestra uno formado por varios alambres conductores.

Figura N° 5.18 Cable

Figura N° 5.19 Conductor

Los metales habitualmente usados para la fabricación de los conductores empleados en los cables de baja tensión y media tensión son: cobre, aluminio y aleaciones de este último.

El material empleado como conductor para los cables de las instalaciones eléctricas de baja tensión es el cobre electrolítico por excelencia, aunque en los sistemas de distribución de baja tensión se suele emplear (cables para energía y cables pre-ensamblados) el aluminio y sus aleaciones.

Cada uno de los conductores que forman el conductor propiamente dicho de un cable se denomina **cuerda**. Las mismas se fabrican en las denominadas clases: 1, 2, 5 y 6. Estas a su vez determinan la conformación mecánica del conductor.

Por ejemplo, clase uno, significa que el conductor es un solo alambre macizo, que determina que el cable sea rígido; la clase dos en cambio está formada por siete alambres, lo cual hace que el conductor resulte semi-rígido. La clase cinco está formada por muchos alambres más finos, lo cual hace que el conductor sea extra-flexible. Naturalmente la flexibilidad del conductor se traslada al cable que lo emplea.

Los cables con un solo alambre como conductor (clase uno) no se deben utilizar para las instalaciones eléctricas de los edificios.

La decisión de emplear cables más o menos flexibles está relacionada con el tipo de tendido que haya que hacer.

Los conductores o los denominados "cables desnudos" solamente se admiten en las instalaciones de efectos luminosos en fachadas (por ejemplo: letreros luminosos), bajada de pararrayos, para la puesta a tierra de las bandejas porta cables y en el interior de los tableros eléctricos.

5.5.2. Tipos. Existe una amplia variedad de tipos de conductores y sobre todo de cables, en los que sigue se trataran aquellos ligados con las instalaciones eléctricas de viviendas, locales u oficinas unitarios.

1. Cable simple aislado. Los cables para usos generales en las instalaciones eléctricas tienen una cuerda compuesta por varios alambres de cobre, con una cubierta de material plástico, en general llamado **PVC**.

Trabajan a una temperatura del orden de los 70 °C, sin descartar que algunos tipos de plásticos puedan tolerar temperaturas del orden de los 100 °C, en servicio continuo. En caso de cortocircuito la temperatura admisible puede ser del orden de los 160 °C.

Estos pueden resistir 750 volt de servicio. La Figura N° 5.18 nos mostró este tipo de cable.

Estos cables son aptos para las instalaciones eléctricas ejecutadas en los interiores de los inmuebles, **siempre** tendidos dentro de cañerías o también en alguno de los tipos de cable-canales.

2. Cables para energía. Se los conoce popularmente con el nombre de "subterráneo" o como tipo "sintenax" (haciendo alusión al nombre que le da a este tipo de cable una de las fábricas de nuestro país), la tensión nominal de servicio es de 1,1 kV.

Se trata de un cable con formación unipolar o multipolar. Cada conductor está individualmente aislado y en el caso de los multipolares, el espacio que queda entre cada uno de ellos tiene un relleno y el conjunto a su vez tiene una envoltura (o vaina) de material aislante. Su nombre en realidad es cable de **energía**.

Los distintos fabricantes de cables de este tipo los ofrecen con formaciones: unipolar, bipolar, tripolar, tetrapolar y pentapolar. En la Figura N° 5.20 tenemos un cable tripolar de baja tensión, cuyo conductor puede ser cobre o aluminio. La Figura N° 5.21 muestra un cable del mismo tipo pero unipolar.

Cada conductor está aislado; todo el conjunto está envuelto con material sintético y tiene una vaina exterior de PVC de muy buenas cualidades mecánicas y de estabilidad química. La temperatura de trabajo puede ser de hasta 80 °C, en servicio continuo. En el caso de cortocircuito la misma puede alcanzar los 160 °C; se fabrican bajo la norma IRAM 2 178.

Figura N° 5.20 Cable tripolar   **Figura N° 5.21 Cable unipolar**

Los materiales utilizados no propagan la llama, razón por la cual se los llama **contra fuego** (norma IRAM 2 289). Pueden ser utilizados en posición horizontal o vertical y en el agua, en edificios de vivienda, oficinas e industrias. Se los puede instalar inclusive donde hay ambientes corrosivos, sobre paredes, en bandejas, canaletas o conductos.

Hay tipos de estos cables cuyos aislamientos permiten trabajar hasta con temperaturas de 90 °C en servicio continuo y en caso de cortocircuito, pueden llegar hasta los 130 °C y más aún. Los aislamientos también pueden ser de polietileno reticulado en cumplimiento de la norma IRAM 2 178, y presentan bajas pérdidas dieléctricas, bajo factor de potencia y mucha resistividad eléctrica.

Hay una variante constructiva de este tipo de cable de baja tensión (tripolar o tetrapolar, de cobre o de aluminio), con su aislamiento individual de PVC y relleno del mismo material, pero que lleva superpuesto una armadura formada por un fleje de acero recubierta. Con este aditamento, el cable puede instalarse aun en aquellos lugares en que hay alto riesgo de que el mismo pueda sufrir un daño mecánico o la acción depredadora de los roedores.

También se fabrica como cable de baja tensión tripolar o tetrapolar, cuyo conductor puede ser cobre o aluminio, en que cada conductor componente tiene sección transversal de **forma sectorial**. Esta forma de conductor se fabrica por lo regular en secciones de 25 mm² o mayores, ya que las menores son de sección transversal circular. Esta disposición permite una reducción del diámetro y del costo.

Existen muchas variantes de las formas de tenderlos: directamente enterrados, conductos enterrados, cañerías en bandejas porta-cables cerradas o tipo escalera, bandejas porta-cables dispuestas en forma vertical u horizontal y cable-canales metálicos o de plástico.

3. Cable tipo "taller". Conocido también *como "cable TPR"*, aludiendo a un tipo de cable producido por una de las fábricas de nuestro país. Se trata de un cable de formación multipolar, formado a su vez por cables unipolares que están recubiertos por una envoltura o vaina. Tanto esta última como el aislamiento de los cables son de PVC.

La tensión máxima de operación es de 300/500 V, siendo la temperatura máxima en el conductor para servicio continuo de 70 °C; en caso de cortocircuito la misma puede ascender a 160 °C.

Es un cable flexible (clase 5), que se fabrica con formaciones bipolares, tripolares y tetrapolares tal como lo muestra la Figura N° 5.22.

Figura N° 5.22 Cable tipo "taller"

Figura N° 5.23 Cable multipolar para circuitos de control

Se lo utiliza en aplicaciones industriales y domésticas tales como realizar la conexión de aparatos portátiles y electrodomésticos respectivamente. Físicamente es parecido a los cables del tipo de energía pero más liviano y flexible, ya que carece de relleno y el espesor de la vaina es menor.

4. Cable de control o de comando. Es el utilizado en los circuitos de comando o control, como podría ser, entre otros, los de las bombas de agua o de los ascensores.

Desde el punto de vista de la conformación, se trata de un cable multipolar, o sea un cable formado a su vez por varios cables, como muestra la Figura N° 5.23.

La cantidad de cables que lo forma varía desde 2 hasta 24, dependiendo del fabricante; las secciones de los conductores van desde 1 hasta 4 mm^2 en forma estándar. Otras secciones se fabrican a pedido.

El material de los conductores es cobre y en general las cuerdas que forman el conductor son de clase 5 (flexible). Los de clase 1 (un solo alambre) se fabrican a pedido.

La tensión máxima de empleo es de 1,1 kV, siendo su aislamiento de PVC.

Los cables individuales que forman el cable se identifican a lo largo del mismo, a espacios regulares, mediante un número, ya que todos los componentes tienen el mismo color (blanco o negro).

5. Cables para intemperie. Para las líneas aéreas de distribución de la energía eléctrica a la intemperie en lugares poblados, el cable se monta sobre aisladores. El recubrimiento de material plástico tiene sólo carácter de protección contra los agentes atmosféricos. Se trata de cables de aleación de aluminio y el recubrimiento es de color negro resistente a la intemperie. Esta técnica de fabricación está dejándose de usar por razones de seguridad, pero aún es posible encontrar esta disposición.

El tipo de cable que se utiliza para las líneas aéreas de baja tensión, por considerarse más seguro, es el llamado **pre-ensamblado**. Estos cables se fabrican como un conjunto multipolar, según se observa en la Figura Nº 5.24, donde cada fase se cablea a espiral visible con un neutro portante que soporta los esfuerzos mecánicos del conjunto.

Los conductores de cada una de las fases y del neutro están compuesto por alambres de aluminio cableados de forma tal que el conjunto de ellos adopta una sección circular, cada uno de ellos está aislado con polietileno reticulado (XLPE) apto para ser montado a la intemperie y también resistir los efectos de la radiación solar.

En la Figura Nº 5.25 se muestra un cable denominado anti-hurto.

Figura Nº 5.24 Cable pre-ensamblado   **Figura Nº 5.25 Cable anti-hurto**

6. Cordón. Se utilizan para la alimentación de pequeños aparatos domésticos, veladores, pequeños ventiladores, caloventores u otros semejantes. Se fabrican con conductores cableados de cobre con secciones pequeñas, aislados individualmente con PVC y recubiertos con una trenza de algodón resistente a la temperatura.

7. Cable para muy baja tensión. Se emplean en circuitos de campanilla, teléfonos internos, aparatos de sonido y otros usos similares en que las corrientes eléctricas son muy bajas. Pueden ser de alambre simple o de cuerda. Suelen encontrarse en cobre estañado. La tensión de servicio está en el orden de los 50 volt. Los del tipo de alambre se fabrican en secciones de 0,28 mm² y 0,50 mm².

8. Conductor para pararrayos. Son los conductores que unen el pararrayos propiamente dicho o captor, con el sistema de puesta a tierra del mismo. Los detalles se verán en el Capítulo N° 7.

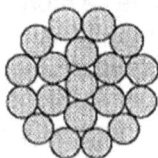

Figura N° 5.26
Corte de un
conductor

Se trata de un conductor cableado de cobre protegido con una capa de barniz. Las secciones más comunes son de 25 mm², 35 mm² y 50 mm² todas formadas con siete alambres. En la Figura N° 5.19 se muestra el esquema de un conductor de este tipo, y en la Figura N° 5.26 un corte en donde se aprecia la disposición que adoptan los componentes.

Las Normas IRAM también prevén el uso de cables de acero como bajadas de los pararrayos, con una sección mínima de 50 mm².

9. Conductor para puesta a tierra. Se pueden utilizar los descritos para pararrayos o bien los de acero recubierto en cobre, como muestran las Figuras N° 5.27 y 5.28.

Este tipo de conductor se utiliza comúnmente en las puestas a tierra de servicio y protección de instalaciones de alta tensión, media tensión, baja tensión, pararrayos, etcétera.

Se fabrican con secciones que van desde los 16 a los 120 mm². La cantidad de alambres componentes van desde 3 hasta 19.

10. Cable para sistemas de elevación. La cabina del ascensor (o coche) está vinculada con la estructura del edificio, por medio de un cable que parte del piso y llega hasta una caja en la pared a mitad del recorrido. Ese cable multipolar lleva todos los cables necesarios para dotar al vehículo de luz, comandos y accesorios usuales.

Figura N° 5.27 Conductor
cobre-acero para puesta a
tierra

Figura N° 5.28 Conductor
cobre-acero para puesta a
tierra cableado

Este tipo de cable debe tener la resistencia mecánica suficiente como para poder tenderse en largos apreciables o sea de acuerdo con la altura final del recorrido.

Los conductores están formados por cuerdas de cobre flexibles (clase 5), aislados con un material plástico flexible del tipo anti-llama; los cables así aislados son cableados sobre un alma de acero, la cual está recubierta con un material plástico.

Se fabrican con una sección total de forma circular y también planos.

11. Cable para soldadura. Son para la conexión del porta-electrodos de los equipos de soldadura eléctrica. Se trata de cuerda extra flexible de cobre recocido, recubierta con una vaina de PVC negro. Se fabrican unipolares en varias secciones normalizadas.

12. Cable para alta temperatura. Su empleo se hace necesario cuando la temperatura ambiente es superior a los 40 °C, o sea que son aplicaciones especiales. El conductor sigue siendo el mismo pero para su aislamiento se emplean materiales aislantes resistentes a altas temperaturas, como siliconas o mediante vainas protectoras de otros materiales.

Este tipo de cables se utiliza, entre otros casos, en aquellas luminarias en las cuales la temperatura desarrollada por la lámpara es demasiado elevada.

5.5.3. Utilización de los conductores y cables

1. Accesorios. La selección del tipo adecuado de cable, según el o los métodos propuestos, es de suma importancia, pero el tema principal, que es la conducción de una corriente eléctrica, no se agota allí.

Oportunamente hemos resaltado la importancia de los conductores y cables en general, ya que son parte de los diversos sistemas que los emplean, en consecuencia es necesario incorporarlos a los mismos y es por ello que tendremos que **tenderlos** o alojarlos en algún lugar o medio, **identificarlos** y luego **conectarlos**, para lo cual se hacen necesarios ciertos accesorios.

2. Unión. Cuando se realiza la unión o empalme de un cable con otro, se deben unir sus conductores y restituirse los aislamientos.

En rigor a la seguridad y a la funcionalidad de una instalación eléctrica, los empalmes directos de los conductores de los cables **no deberían hacerse**.

Pero, por muy variadas razones, durante el desarrollo de una obra destinada a la ejecución de una instalación eléctrica surge la necesidad de hacerlo, como por ejemplo para aprovechar tramos de cable existente o bien por razones de mantenimiento una vez que la misma está en uso.

Las citadas uniones o empalmes **deberán quedar siempre** dentro de una caja, sea de derivación, de paso o de otro tipo. La unión o empalme **nunca** debe quedar dentro de un caño.

Podemos decir que existen en la actualidad varias técnicas para realizar las uniones o empalmes.

3. Técnica y elementos de las uniones tradicionales. Se considera una buena práctica que las uniones y derivaciones de los conductores de los cables que tengan una sección menor a 4 mm^2 se hagan con un máximo de 4, intercalando y retorciendo las hebras como lo ilustra la Figura N° 5.29.

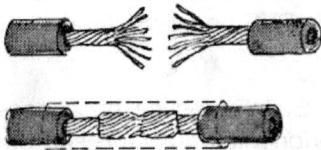

Figura N° 5.29 Forma de unir conductores

Figura N° 5.30 Accesorios para empalmar cables

Para los cables con conductores cuya sección es de 4 mm^2 es prudente no sobrepasar la cantidad de tres; si es imprescindible hacerlo se deben utilizar bornes.

Cuando se trata de secciones mayores de 4 mm^2 se debe recurrir al empleo de bornes en el caso de que sean más de dos conductores.

Una buena práctica la constituye la utilización de manguitos de empalmes para cualquier sección que se trate.

En el caso de que se recurra a empalmes soldados debe tenerse en cuenta la temperatura del punto de fusión del material de aporte y la temperatura que puede alcanzar el conductor cuando circula la corriente de cortocircuito.

Una aclaración importante: las uniones y derivaciones de los conductores no deben ser sometidas a solicitaciones mecánicas.

En cuanto al material para el aislamiento que recubre la unión de los conductores, deberá tener las mismas características dieléctricas y mecánicas que el original del cable. Existen en el mercado una amplia variedad que permite elegir el más adecuado para cada caso.

– *Manguitos de empalme.* Se utilizan para empalmar o unir mecánicamente a los conductores de los cables, según se trate de cobre o aluminio y también permiten hacerlo entre uno de cobre y otro de aluminio o viceversa, en este último caso son especiales. Para comprimir el manguito a los fines de fijarlo a los conductores se emplea una **herramienta especial**, cuyas características dependerán de la sección de los conductores.

Se proveen para secciones que van desde los 1,5 hasta los 630 mm^2. En los manguitos para las uniones de conductores aluminio y cobre o viceversa, el agujero central no tiene continuidad o sea que son dos agujeros que no están conectados entre sí tal como se puede apreciar en la Figura N° 5.31. El recubrimiento superficial se ha mediante el proceso de estañado.

- *Elemento para el empalme de cables.* Existen elementos diseñados especialmente para realizar el empalme o las derivaciones de los cables. Estos dispositivos, desarrollados con la más moderna tecnología, permiten realizar estas acciones sin necesidad de utilizar las cintas aisladoras y con un mínimo de pelado del cable, con lo cual se gana rapidez en la realización con seguridad mecánica y eléctrica a lo largo del tiempo. Es también una práctica común utilizar un conjunto ("kit") de elementos para realizar em-

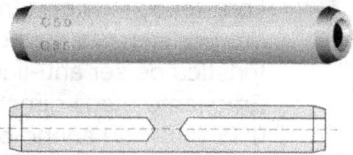

Figura N° 5.31 Manguito de empalme

palmes y derivaciones de cables con secciones de conductores importantes (de 10 mm^2 en adelante). En un envase vienen los terminales o manguitos y los elementos para el aislamiento del empalme o derivación propiamente dicho. El aislamiento puede realizarse empleando cintas aisladoras o algún material que se moldea alrededor del empalme, para lo cual se recurre a moldes desechables. También se recurre a los aislamientos del tipo "termo contraíbles".

Esta última técnica es usada en los cables de los sistemas de media y alta tensión.

- *Aislamientos de los empalmes.* De acuerdo con la sección del conductor y con el material (cobre o aluminio) se hace la unión mecánica del mismo, luego de lo cual hay que proceder a su aislamiento. Para ello se puede recurrir a distintas alternativas, como veremos a continuación.

El aislamiento de los empalmes se debe hacer utilizando un material que tenga propiedades similares al aislamiento original del cable que se trata.

Las propiedades de los aislamientos son:

- **físicas**: temperatura, punto de fusión, etc.,
- **mecánicas**: elongación, resistencia a la tracción, a la radiación ultravioleta, ácidos, etc., y
- **eléctricas**: rigidez dieléctrica, etc.,

En cada caso (industria, inmuebles, baja o media tensión, etc.) se deberá seleccionar el que presente las mejores condiciones para cada caso.

Como los otros elementos utilizados en las instalaciones eléctricas, se fabrican bajo normas.

– *Cinta aisladora*. Se utilizan en todos los sistemas de conducción de la energía eléctrica y mucho más ampliamente en las instalaciones eléctricas de baja tensión para aislar los empalmes.

Existen diversos tipos de acuerdo con el cable con que se las va a utilizar. En general son autoadhesivas, de material plástico o de fibra textil; existen otros tipos según el uso específico que se les dé, por ejemplo: cables telefónicos. Las primeras tienen la característica de ser anti-llama.

En cuanto a sus dimensiones, el espesor es aproximadamente de 0,15 mm y su ancho oscila entre los 18 y 19 mm; los rollos suelen tener largos de hasta 20 m. Las de PVC se fabrican de diversos colores, en cambio las del tipo textil vienen en blanco y negro.

– *Material termo-contraíble*. Los materiales termo-contraíbles tienen, como su nombre lo indica, la propiedad de que bajo la acción del calor (100 °C) se contraen, ajustándose perfectamente sobre el conductor.

Se les puede suministrar calor mediante una herramienta de mano denominada habitualmente **pistola de calor** o bien, si las dimensiones lo requieren, con un quemador portátil a gas.

Este material se emplea tanto en los empalmes de cables para media y baja tensión como para recubrir barras conductoras en los tableros eléctricos. Se utilizan también en cables de muy pequeñas (como los utilizados en electrónica) a grandes secciones.

– *Tubos:* el material termo-contraíble se presenta en forma de tubos flexibles que se provee en rollos con distintos diámetros, desde lo que puede ser un cable tipo telefónico hasta la mayor sección de un cable tipo energía (630 mm^2).

– *Mantas:* su nombre deriva del hecho de que se provee en trozos cuadrados o rectangulares. Con ellos se cubre la zona del empalme y luego mediante la técnica antes explicada se le suministra calor a los efectos de lograr su contracción sobre las partes conductoras.

4. *Identificación*. En una instalación domiciliaria, es muy probable que utilizando los cables de distintos colores se puedan llegar a identificar sin grandes dificultades los que pertenecen a cada uno de los distintos circuitos.

Pero, cuando se trata de sistemas con cientos o miles de cables, indudablemente se deberá recurrir a algo más específico para poder identificarlos.

En el mercado existe una diversidad de ofertas para identificar cables, que van desde los clásicos **anillos o "perlas"** hasta sistemas que se pueden disponer mediante ordenadores.

En las Figuras N° 5.32 y 5.33 se muestran distintas identificaciones. En el mercado se ofrecen otros sistemas.

Figura N° 5.32 Anillos identificadores de cables

Figura N° 5.33 Identificación de cable

5. Fijación. La circulación de la corriente eléctrica por los conductores de los cables hace que se generen fuerzas entre ellos debido a la interacción de los campos electromagnéticos producidos por las mismas. Durante el funcionamiento no son de una magnitud importante, pero cuando ocurre un cortocircuito los valores de estas fuerzas son extremadamente grandes y tienden a desprender o desconectar los cables de los bornes a los cuales se encuentran fijados, o en los empalmes, lo cual hace que se generen otros cortocircuitos entre los conductores o bien a tierra.

TABLA N° 5.1 COLORES DE LOS CABLES

Conductor o cable	Fase	Designación	Color
Línea 1	R	L1	Castaño
Línea 2	S	L2	Negro
Línea 3	T	L3	Rojo
Neutro	N	N	Celeste
Protección		PE	Verde-Amarillo

Es por ello que los cables siempre deben estar fuertemente fijados a los soportes provistos a tal efecto, y en el caso de las bandejas portacables, aprovechando los peldaños o las perforaciones.

Para efectuar estas fijaciones se encuentran en el mercado elementos especiales que se denominan **precintos**.

– *Precinto*. Son elementos destinados a fijar los cables a soportes fijos. Se fabrican con un material plástico (poliamida 66) auto extinguible, y no requieren de herramientas para su instalación. En un extremo tienen una cierta disposición constructiva que, sumada al ranurado que presenta en su largo permite que se ajusten fácilmente. Se proveen en varias longitudes para poder abarcar distintas cantidades de cables. El ancho está comprendido entre los 2,5 y 6,5 mm aproximadamente y se pueden encontrar con distintos largos o medidas de acuerdo con la utilización que se pretenda hacer. Sus dimensiones también dependen de las marcas y del esfuerzo que se puede hacer desde el extremo de los mismos. La Figura N° 5.34 muestra un tipo de precinto.

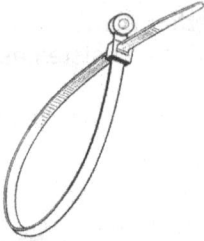

Figura N° 5.34
Precinto

– *Prensacable.* Se utilizan en el caso de que un cable deba ingresar a una caja, tablero o equipo. Cumplen la función de fijar el cable de forma tal que no roce contra algún elemento metálico cortante que deteriore su aislamiento, ya que el interior del mismo es de material plástico. El aspecto de un elemento de este tipo metálico se muestra en la Figura N° 5.35. La otra función que cumplen es la de hacer que esa transición de cable a caja, tablero o equipo sea estanco, evitando de esta manera el ingreso de líquidos y polvos. Se fabrican de aluminio, bronce y polipropileno, con rosca denominada eléctrica (BSC), gas (BSP), IRAM 2.205, o bien sin ella, y pueden ser macho o hembra.

– *Conector.* Cuando se tiene que hacer ingresar un caño de acero flexible a una caja o tablero se emplean los conectores. Su construcción es parecida a los prensa-cables. Existe una variedad constructiva que va más allá de los diámetros y su ángulo, ya que pueden ser: rectos, de 45° o de 90°. Se fabrican sin roscas o con NPT, BSPT, BSC (eléctrica). En las Figuras N° 5.36 y 5.37 se muestra uno del tipo recto y otro a 90° respectivamente.

Figura N° 5.35
Prensacable macho

Figura N° 5.36
Conector recto

Figura N° 5.37
Conector a 90°

– *Terminal.* El nombre de "terminal", surge del propio significado de la palabra: lo que está en el extremo. En este caso estará en el extremo del cable y justamente el extremo del conductor es el que se conecta a una parte fija de la instalación eléctrica o sea, a un borne, que puede ser de conexión propiamente dicha o de un aparato de maniobra o protección (Figuras N° 5.38, 5.39, 5.40, 5.41 y 5.42).

Figura N° 5.38
Terminal pre-
aislado cerrado

Figura N° 5.39
Terminal pre-
aislado abierto

Figura N° 5.40
Terminal pre-
aislado tipo pin

Figura N° 5.41
Terminal cerrado

Figura N° 5.42
Terminal abierto

Vale decir, se trata de un punto de transición entre el cable y un componente de la instalación eléctrica, que puede ser un borne, el cual puede pertenecer a un interruptor, a un sistema de bornes propiamente dicho, etc.

Deberá ser capaz de permitir el paso de la corriente eléctrica que transporta el conductor. Al no ser parte del mismo quiere decir que hay una unión y por lo tanto una resistencia. La misma deberá ser lo más baja posible, ya que una corriente eléctrica que pasa a través de una resistencia desarrolla calor, que es proporcional al cuadrado de la primera.

El calor y el tiempo hacen que los aislamientos se deterioren. En consecuencia, los terminales juegan un papel importante en los sistemas eléctricos y es por ello que se hace necesario prestarle la debida atención, lo que no siempre es así y de esa manera es como se producen problemas que acarrean otros más importantes para el resto de las instalaciones, ya sean de fuerza o de control.

En la técnica constructiva de las instalaciones eléctricas de los inmuebles en general no se utilizan terminales, ya que los cables se conectan a los interruptores mediante los tornillos que estos poseen, y algunas líneas de fabricación ya han prescindido de ellos, o sea se fijan mediante la presión de un resorte. Esto es debido a que son secciones pequeñas y hay poco espacio en las cajas que alojan a los interruptores, pero para conductores de secciones mayores se emplean terminales como los mostrados en las Figuras N° 5.41 y 5.42. Cabe señalar que las conexiones siempre se deben hacer con terminales, independientemente del tamaño de la sección del cable. El caso anteriormente comentado constituye evidentemente una excepción, ya que es posible ver en otras aplicaciones cables de menor sección que las que se utilizan habitualmente en una instalación eléctrica domiciliaria conectado mediante terminales.

Existe una gran variedad constructiva de terminales, de acuerdo con la sección del conductor y con el empleo; cada uno de ellos tiene una técnica de fijación que viene dada por el fabricante. Para la fijación del terminal al conductor del cable se utiliza una herramienta diseñada especialmente, denominada **pinza de indentar**.

6. Herramienta. La realización de trabajos relacionados con conductores y cables requiere de la utilización de herramientas especialmente diseñadas. Debe tenerse en cuenta que un cable está formado por un material aislante y otro conductor, que por sus características son susceptibles de sufrir daños mecánicos durante su manipuleo, por lo cual los trabajos a realizar sobre los mismos requieren de ciertos cuidados.

La alteración del aislamiento o del material conductor puede no tener consecuencias inmediatas y por lo tanto a veces no es fácilmente detectable en el momento de la ejecución de la obra.

Para indentar los terminales se utilizan pinzas que varían la medida según el tamaño de los terminales que se usan de acuerdo con las secciones de los conductores.

También se pueden encontrar herramientas destinadas a quitar el aislamiento de los cables ("pelar") sin dañar o alterar al conductor del mismo, y también las que están destinadas al corte del cable propiamente dicho.

5.6. CANALIZACIÓN ELÉCTRICA

5.6.1. Introducción. Una canalización eléctrica es:

"un conjunto constituido por uno o más conductores, cables o juego de barras y los elementos componentes que aseguran su fijación o soporte y, cuando es necesario, su protección mecánica."

Una **canalización** en general, en cambio, consta de los elementos destinados a soportar o alojar a los cables, que por sus formas constructivas pueden ser sistemas o bien elementos individuales. A continuación se verán los de aplicaciones más sencillas.

Como canalizaciones se pueden reconocer las que se forman con **caños** y las de **conductos**, en ambos casos con sus respectivos accesorios.

5.6.2. Caño

1. Introducción. Son elementos fundamentales de las instalaciones eléctricas, en consecuencia se hace necesario tener en cuenta diversos factores antes de tomar la decisión del tipo a utilizar. Esta decisión no sólo se debe fundar en el costo directo del tipo de caño, también es necesario considerar las herramientas que hacen falta para trabajarlo, la mano de obra a emplear, la facilidad para obtener los accesorios, el peso que redundará en el costo del flete, a lo cual se le debe sumar el lugar o tipo de instalación, requerimientos del cliente y la experiencia adquirida en el montaje con los diversos tipos.

El caño en sí mismo es un componente del sistema denominado cañería, ya que existen otros elementos como cajas de diversos tipos, tuercas, boquillas, grapas, etc.

Las cañerías y sus accesorios pueden estar embutidos en los muros, o correr sujetos a los mismos, o inclusive colocarse enterradas en el terreno. Además, los elementos de maniobra tales como llaves interruptoras y tomacorrientes, se fijan en cajas especialmente diseñadas para estos fines. Es entonces necesario examinar todos los tipos de caños y cajas que se producen industrialmente, así como también los accesorios que permiten empalmarlos y fijarlos entre sí.

2. Tipos de caños. La primera gran clasificación surge de los materiales con que están construidos; es así como encontramos **metálicos** y de **material plástico**.

En ambos casos se pueden distinguir los **rígidos** y los **flexibles**. Los primeros pueden ser **roscados** o sin **roscar**, según la forma de vincularlos entre sí y con los accesorios.

Con respecto a los de material plástico, en realidad se trata de compuestos plásticos o de PVC.

- *Caño metálico rígido.* Se fabrican a partir de un fleje de chapa de acero, el cual es conformado en frío y luego soldado. A posteriori se le realiza un tratamiento térmico a los fines de darle propiedades que permitan trabajarlo más fácilmente (curvado en frío). Se los reconoce como caños con costura.

En cuanto a su terminación superficial, es común encontrarlos pintados de color negro y se instalan embutidos en la mampostería u hormigón, pero también hay galvanizados que se utilizan en instalaciones eléctricas hechas a la vista (sobre la superficie de los muros o estructuras de hormigón armado).

– *Caño metálico rígido roscado.* La denominación de "roscado" surge del hecho de que los mismos en ambos extremos tienen un tramo roscado.
Se fabrican en tres calidades fundamentales (dependiendo el espesor de la chapa con que están fabricados), que están normalizadas.

- *Pesados:* de precio elevado, actualmente se usan muy poco.
- *Semipesados*: se utilizan en obras de alto costo, o con características muy especiales.
- *Livianos*: son los de empleo corriente.

Aunque también se fabrican, fuera de norma, los extra-livianos.
Los caños se fabrican en tramos de tres metros de largo, se entregan en "atados" de unos 50 kilogramos, y tienen ambos extremos roscados. Los empalmes se ejecutan con acoplamientos roscados llamados **cuplas**. También se unen mediante **conectores** que se fijan el caño con tornillos en lugar de la rosca.
Estos caños, cuando están embutidos en el hormigón quedan preservados de la oxidación, por la acción selladora del cemento. La cal hidráulica los ataca algo, más aún la cal aérea y el yeso. En caso de necesitarse longitudes menores de tres metros, se debe cortar el caño, y ejecutar la rosca Whitworth, denominada **eléctrica**, o bien recurrir a los conectores que se atornillan a los mismos.
Los caños metálicos rígidos se fijan a las cajas empotradas en la pared y el techo, por medio de **tuercas** de acero y **boquilla de aluminio**, o bien mediante conectores atornillados.

– *Caño metálico sin roscar.* Para ejecutar las canalizaciones con caños roscados se hace necesario efectuar cortes precisos y luego proceder a roscarlos, para lo cual hay que disponer de los elementos necesarios (terraja, caballetes, etc.) y de la mano de obra adecuada. La irrupción en el mercado de un sistema de elementos componentes que permiten efectuar canalizaciones sin necesidad de roscar los caños ha logrado un considerable ahorro de tiempo para ejecutarlas.
Es necesario señalar que estas canalizaciones se pueden montar en el interior o en el exterior; en este último caso los accesorios

poseen un anillo de sello que evita el ingreso de agua o polvo. El grado de estanqueidad que se consigue es el que se identifica con IP54.

Este sistema cuenta con distintos elementos, siendo los principales:

- *Caño de acero con costura*: fabricado a partir de un fleje de chapa de acero galvanizada, el cual se suelda mediante el calor generado por la resistencia de contacto entre los bordes.

  La terminación superficial es galvanizada o cincada. Los diámetros comerciales son: ¾", 7/8", 1" y 1 1/4" se hacen con chapa de 1,25 mm de espesor y los de 1 ½" y 2" en cambio tienen un espesor de 1,6 mm.

  El largo en cambio es común para todos y es de tres m.

  Para este tipo de caños se fabrican apropiados accesorios, entre los que se encuentran los siguientes.

  - *Curva*: para todos los diámetros antes mencionados con las mismas características constructivas.
  - *Cupla*: se utiliza para unir para unir caños entre sí o a una curva. Se fijan mediante dos tornillos.
  - *Conector*: destinado a fijar los caños o curvas a las cajas. Este elemento tiene rosca tipo gas en un extremo para fijarlo a la caja correspondiente y por el otro lado se fija el caño mediante tornillos especiales.
  - *Caja*: existen dos tipos, una con cuatro agujeros centrados más uno en el fondo, y la otra con tres agujeros laterales descentrados, más uno en la base.

    Con estos dos tipos de cajas, en conjunto con los conectores múltiples, se pueden resolver distintas situaciones de montaje.

    Las cajas tienen sus agujeros roscados (tipo gas) y cuando se utilizan en el exterior necesitan que estas roscas se sellen con algún producto sintético.

    La cupla, el conector y la caja se fabrican con una aleación de aluminio fundido.

- *Caño de acero flexible*. Este tipo de caño se fabrica a partir de un fleje de acero con un perfil apropiado al cual se le ha practicado un tratamiento anticorrosivo especial, y que es arrollado helicoidalmente hasta conformar un tubo cilíndrico enteramente metálico, sumamente flexible, de sección constante. Existen dos tipos: recubierto con un material plástico o sin recubrir.

  Cualquiera de los dos tipos antes descritos se provee en rollos. Se vinculan a las cañerías rígidas, cajas de paso o tableros mediante conectores. Estos tienen un extremo roscado para fijarlo mediante la clásica tuerca y la boquilla a las cajas o tableros y en el otro tienen un tornillo para fijar al caño propiamente dicho.

Se emplean cuando la cañería puede estar sujeta a vibraciones, por ejemplo la conexión a un motor eléctrico.

– *Caño de material plástico.* Debe ser ignífugo, no inflamable y no propagar la llama. Desde el punto de vista de la rigidez mecánica a la compresión y el impacto deberá estar de acuerdo con el tipo de construcción que se trate, sea seca, húmeda o a la vista.

Los caños de material plástico como se anticipara se fabrican flexibles (corrugados y lisos) y rígidos.

Se proveen en los diámetros convencionales, los flexibles o corrugados en rollos y los rígidos en tramos rectos de tres m.

Los caños rígidos de plástico se hacen de dos calidades, según el espesor de las paredes y tienen un extremo expandido (enchufe) que permite el empalme con otro. Para doblarlo deben calentarse moderadamente.

Las uniones se pegan en frío con un cemento vinílico. Hay también uniones a enchufe y conectores especiales también de material plástico.

Los caños plásticos flexibles se hacen en una sola calidad con las dimensiones comerciales estándar y se proveen en rollos de 50 y 100 metros de longitud.

5.6.3. Caja. Las cajas son elementos fundamentales de las canalizaciones y al igual que los caños, se fabrican en forma estándar con chapa de acero o con material plástico y sus dimensiones están normalizadas por IRAM.

Los diversos tipos de cajas se emplean en cada punto en donde se utiliza la energía eléctrica o como cajas de paso de los cables y se ubican en huecos especialmente hechos en la mampostería o sobre las mismas.

Los tipos de cajas son: octogonal grande, octogonal chica, rectangular, cuadrada chica, cuadrada grande y miñón.

Si se trata de una boca de techo, de donde colgará o se fijará una luminaria, la caja será de tipo **octogonal chica**. Para sujetar la luminaria, se colocará dentro de la misma una **grapa** típica de esta función.

Para las bocas de pared, destinadas a las luminarias de tipo **aplique**, se emplean cajas octogonales chicas. En los lugares en donde se instale un tomacorriente o un interruptor, se colocará una caja rectangular.

Con menos frecuencia que las anteriores, se utilizan en las instalaciones las cajas cuadradas que son apropiadas para empalmes, derivaciones, paso u otra contingencia en el trayecto de las cañerías principales.

Los diversos tipos de cajas presentan marcas circulares en sus caras laterales. Se trata de lugares ejecutados por medio de estampado en el proceso de fabricación, y que son fácilmente removibles, dejando libre un agujero circular en donde se colocará el fin de un caño y se fijará al mismo.

En este tipo de canalizaciones metálicas, sus accesorios se fijan mediante roscas practicadas en los caños como en los accesorios (cuplas, tuercas, boquillas y codos), lo cual brinda una buena estanqueidad y continuidad desde el punto de vista eléctrico. A ello se puede agregar que cuando se trata de instalaciones a la vista también brindan una estética aceptable.

5.6.4 Conductos

1. Introducción. Los conductos son canalizaciones que no están formadas con caños; comúnmente se las conoce como cable-canal.

Son elementos destinados a alojar a los cables en su interior. Presentan una sección rectangular o cuadrada y tienen una tapa a todo lo largo de los mismos, que se fija a presión.

Los cables-canales se fijan a las estructuras o paredes mediante el empleo de tornillos, aunque los de secciones menores traen adosado un adhesivo para su fijación.

Se emplean en dos grandes campos: uno el de los tableros eléctricos y el otro en las instalaciones eléctricas de interiores a la vista.

Se fabrican en PVC auto extinguible en distintos colores.

Los requisitos mínimos para los sistemas de cable-canales o conductos de material plástico son: que no sea propagante de la llama y que proteja a los cables mecánicamente en forma adecuada.

Las ventajas de su utilización es que son livianos, fáciles de transportar, simples de trabajar, sencillos de fijar y brindan una buena protección mecánica a los conductores.

2. Tipos. Se reconocen los siguientes tipos de cables-canales: industriales, para instalaciones a la vista y zócalos.

- *Industriales*
  Se construyen en dos tipos: lisos y ranurados. Su utilización está dada en la construcción de tableros eléctricos. Son de sección rectangular o cuadrada, con dimensiones que van de 15 x 15 mm 100 x 70 mm. Se fabrican en un largo de dos metros. Son de color gris y tienen como accesorio un dispositivo que permite fijar los cables dentro de ellos. Se fijan al tablero o placa de montaje mediante remaches especiales. La Figura N° 5.43 muestra esquemáticamente a estos elementos.

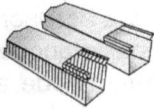

Figura N° 5.43 Cable-canal de uso industrial

Figura N° 5.44 Conductos

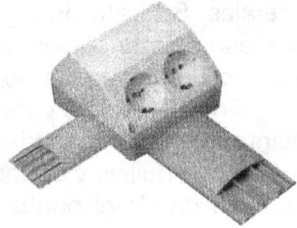

Figura N° 5.45 Conducto para piso

- *Para la ejecución de instalaciones eléctricas a la vista*
  En este tipo no sólo se fabrican los tramos rectos sino también co-dos, curvas, derivaciones en "T", uniones, cajas para alojar llaves y tomacorrientes, así como diversos adaptadores.
  Se proveen con diversas secciones transversales, o sea como un solo conducto o bien con divisiones permanentes que se denomi-nan multi-conductos, que pueden ser dos o tres.
  Los accesorios antes mencionados permiten la ejecución de una instalación eléctrica completa de modo que presente una homoge-neidad constructiva y una buena estética.
  Estos sistemas se fabrican en colores muy claros; las medidas de las secciones transversales van de 22 x 10 mm a 27 x 30 mm.
  También existen sistemas de otras dimensiones, por ejemplo de 100 x 50 mm en el caso de que los requerimientos en cuanto a cantidad de cables sean mayores. Las Figuras N° 5.44, 5.45 y 5.46 muestran algunos tipos de estos conductos y en la última de ellas una aplicación en una instalación eléctrica de superficie o exterior.

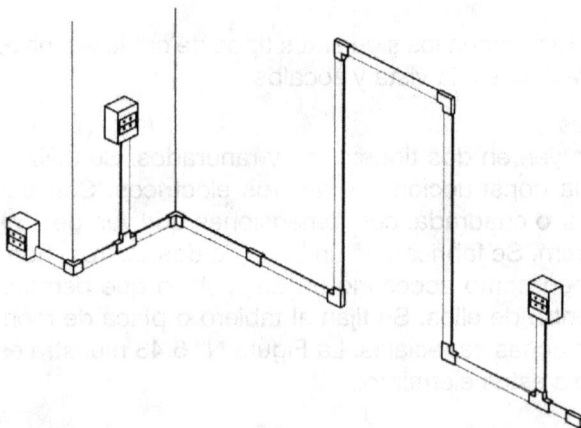

Figura N° 5.46 Instalación exterior hecha con cable-canales

- *Sistema de zócalos*
  Este sistema es similar al anterior en cuanto a las posibilidades y accesorios, sólo que está construido, como su nombre lo indica, para ser montado como si fuera un zócalo convencional.

5.6.5. Bandeja porta-cable. Las bandejas porta-cables permiten tender o soportar los cables. Con el correr de los años, este sistema que en un principio sólo fue utilizado en las industrias, en la actualidad es ampliamente usado en distintos tipos de edificios, como locales, supermercados, multicines, etc. En muchos casos forman parte de la decoración de los locales ya que pueden tener distintos tipos y colores en su recubrimiento.

La utilización de estos sistemas presenta ventajas que podemos clasificar de la siguiente manera.

- **En el montaje**: se obtiene un precio final más bajo por su facilidad de traslado y manipuleo así como por la rapidez de armado, lo que permite una puesta en marcha más rápida.
- **En el mantenimiento**: permiten una fácil ubicación de los puntos con problemas así como un reemplazo rápido de los cables.
- **En el uso**: se aprovecha mejor la capacidad de conducción de los cables destinados a la fuerza motriz al no estar confinado como en los caños. En el caso de tener que realizar modificaciones y ampliaciones las mismas se pueden hacer fácilmente.

Se pueden encontrar los siguientes tipos:

- **escalera:** para el tendido de cables de fuerza motriz, control e iluminación;
- **perforada:** se emplean para cables de control y de instrumentación electrónica y neumática;
- **ciega:** con las afectaciones del caso, por no permitir la libre circulación del aire, para cualquiera de los sistemas antes mencionados.

En cuanto al material, se fabrican en chapa (hierro, acero inoxidable y aluminio), alambre y plástico.

A los sistemas de bandejas porta-cables se le debe exigir:

- que tengan suficiente rigidez mecánica para soportar el peso de los cables;
- que no presenten filos cortantes o rebabas que puedan dañar el aislamiento de los cables;
- que su terminación superficial o recubrimiento proteja adecuadamente el metal contra la corrosión;

- que cuenten con todos los accesorios adecuados para poder realizar todos los cambios de sentido y niveles que requiera la traza o recorrido de la canalización.

Las más ampliamente usadas son las del tipo escalera, las cuales se fabrican en largos de tres metros y anchos de 150, 300, 450 y 600 mm. Entre los accesorios se encuentran: curvas planas a 45°, 60° y a 90°, curvas ajustables (para ángulos no determinados), curvas dobles, curva verticales, desvío horizontal, unión "T", unión cruz, reducciones, tapas, separadores, cuplas para uniones, etc.

Estos accesorios nombrados son utilizados para formar la canalización en sí, pero también hay numerosos accesorios para el soporte de las mismas: grapa de suspensión, soporte de perfil tipo "C", ménsulas, varillas roscadas, tuercas, etc.

Con respecto al recubrimiento, salvo que el ambiente presente alguna característica de agresividad hacia el hierro, se recubren mediante el cincado electrolítico o bien mediante el galvanizado en caliente, según se aplique a interiores o exteriores, respectivamente. Esto termina siendo relativo, ya que el recubrimiento queda definido por el medio ambiente en el cual se montará el sistema (Figura N° 5.43).

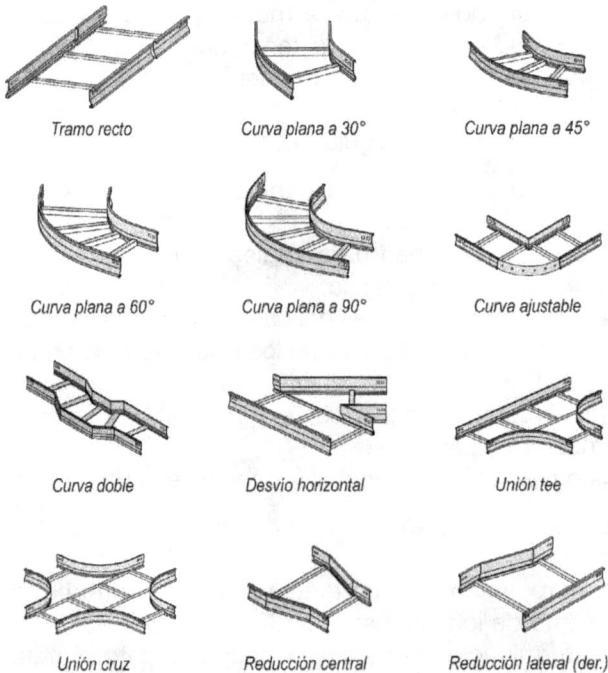

Tramo recto   Curva plana a 30°   Curva plana a 45°

Curva plana a 60°   Curva plana a 90°   Curva ajustable

Curva doble   Desvío horizontal   Unión tee

Unión cruz   Reducción central   Reducción lateral (der.)

Figura N° 5.47 Sistema de bandejas porta-cables

También a los fines decorativos se le pueden dar diversos colores de acuerdo con las necesidades estéticas.

5.6.6. Sistema "C". Este tipo pertenece a los sistemas de conductos metálicos como el ilustrado en la Figura N° 5.47 que tienen las mismas ventajas que los sistemas de bandejas porta-cables, pero su uso es más limitado, como lo son los sistemas de iluminación de grandes áreas, depósitos, supermercados o negocios en general.

En este tipo de uso, la ventaja es que permiten fijar las luminarias a los tramos rectos y a su vez contener los cables que las alimentan. Estéticamente resultan aceptables ya que suelen armonizar con el techo.

El sistema se compone de tramos rectos y accesorios tales como: cupla de unión, uniones en ángulo, en cruz y en "T". Para poder soportar a estos se encuentran: grapas tipo "J" y grapa de suspensión. Para montar y conectar las luminarias se proveen las grapas para suspensión de las luminarias y una base para poder montar tomacorrientes simples o múltiples.

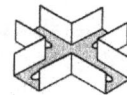

El tramo recto de este tipo de perfil puede ser simple o doble, siendo las medidas de los primeros 19 x 38 mm y 38 x 38 mm. En el caso de los segundos: 28 x 44 mm y 44 x 44 mm. El largo es de tres metros.

Los componentes y los accesorios se construyen con chapa de 1,65 mm y 2,10 mm de espesor. La terminación superficial se hace mediante el galvanizado en caliente, con chapa galvanizada en origen o bien se pueden pintar de diversos colores.

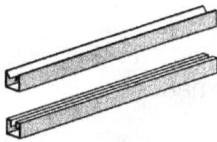

Perfil simple y doble   Cupla de unión   Unión en cruz

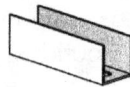

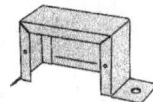

Unión en ángulo 90°   Unión tee   Base para tomacorrientes

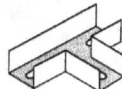

Grapa de suspensión tipo J   Grapa de suspensión   Grapa para artefacto

Figura N° 5.48 Componentes de los sistemas "C"

5.7. NORMALIZACIÓN Y CERTIFICACIÓN

De acuerdo con lo visto en el Capítulo N° 2, en el ítem Resolución 92/98, los sellos o marcas establecidos para los productos alcanzados por la misma son los que se muestran más abajo.

5.7.1. Marca IRAM de Seguridad. Cumplimiento con norma de seguridad (IEC o IRAM).

5.7.2. Sello IRAM de Conformidad con Norma IRAM. Cumplimiento con norma IRAM de seguridad y performance.

5.7.3. Certificación IRAM de Conformidad de la Fabricación. Cumplimiento con norma IEC de seguridad y performance.

5.7.4. Certificación IRAM de Conformidad de tipo. Cumplimiento con norma IRAM o IEC de seguridad.

Cert N°

ADENDA DEL CAPÍTULO N° 5

LOS CABLES Y EL FUEGO

1. INTRODUCCIÓN

Esta sección ha sido introducida a los fines de hacer una reflexión, a partir de la importante función que cumplen los aislantes en todos los sistemas eléctricos, independientemente del nivel de tensión; por supuesto que las exigencias son mayores con las tensiones más elevadas. Estos materiales presentes y como tales deben tener propiedades y requerimientos que deben ser considerados a los fines de mantener un nivel aceptable de los distintos riesgos que puede acarrear la falla de los mismos. En este caso, los cables, son los elementos siempre presentes en todos los tipos de instalaciones eléctricas.

Permanentemente los medios de difusión nos hacen saber de la construcción de edificios destinados a viviendas, espectáculos (artísticos o deportivos), comerciales, hospitalarios e inclusive barcos de turismo que tienen dimensiones cada vez mayores, al punto que a veces se hace incomprensible para la mayoría de las personas imaginar cómo es realmente. Indudablemente que hay poderosas razones económicas para sostener esta tendencia. El hecho, es que estas fantásticas construcciones albergan cada vez un mayor número de personas en forma permanente o en tránsito.

La tecnología que se emplea en estas construcciones debe enfrentar a su vez el desafío de que las mismas brinden confort a los ocupantes en forma segura con costos razonables.

Las dimensiones de estas realizaciones a su vez requieren de mayores cantidades de suministros esenciales para su normal funcionamiento, tales como agua, gas y electricidad entre otros.

Las grandes superficies o alturas que ganan estas construcciones hacen que también presenten una cierta vulnerabilidad a los agentes climáticos o a los efectos derivados de los mismos.

En estas dos últimas consideraciones y desde la óptica de la electricidad podemos decir que el uso natural de la energía eléctrica siempre conlleva un riesgo y que el medio ambiente también aporta lo suyo como lo es el caso de las descargas atmosféricas.

Desde el punto de vista funcional el mayor riesgo lo sigue constituyendo el fuego, lo cual hace que se deba prestar atención para evitar su generación y que si ello ocurre se pueda detectar rápidamente para que se pueda evacuar la zona involucrada a los fines de evitarles daño a los ocupantes y alertar a los que deben extinguirlo y se intenta llevar adelante las técnicas apropiadas de extinción del mismo con los elementos necesarios, que los especialista han determinado.

Es así como la tecnología constructiva debe enfrentar desafíos tales como: rapidez de ejecución, solidez estructural, costos, etc. para lo cual se debe valer de apropiados métodos y nuevos materiales que garanticen la seguridad de la obra.

Desde el punto de vista constructivo se recurre a disposiciones que permitan actuar como naturales compartimientos o bien mediante el uso de puertas especiales que permitan cercar las posibles zonas afectadas. Respecto de los materiales el tema es más complejo ya que se puede apreciar fácilmente la tendencia a emplear elementos más livianos, funcionales y estéticos, los cuales contienen o son de materiales combustibles o de compuestos plásticos que son inflamables y que al entrar en combustión generan humos y gases que son tóxicos para los seres humanos. Estos elementos inflamables presentan como características desfavorables el hecho de propagar rápidamente la llama, lo cual hace que la misma pueda alcanzar otros materiales o elementos combustibles y que el fuego se extienda. Esta combustión trae aparejada una mayor cantidad de gases y calor que se propagará de acuerdo a las características constructivas del medio en donde se produce, pudiendo generalizarlo. Las canalizaciones eléctricas también contribuyen a esto.

La velocidad de la propagación del incendio es un factor muy importante y depende de varios factores, de hecho de la facilidad de entrar en combustión de los materiales, de la característica en que estos materiales desarrollan su combustión y de las posibilidades que tenga de propagarse. Hecho este que debe ser tenido muy en cuenta durante el proyecto de las canalizaciones eléctricas.

En lo que sigue no se harán consideraciones respecto a los medios de extinción de los incendios, así como tampoco a la disposición de las vías de escape o a su diseño ya que es tema de otras especialidades, lo que sigue sólo está relacionado con la electricidad y los efectos derivados de su empleo.

2. INSTALACIÓN ELÉCTRICA

Las estadísticas vienen mostrando a través de los años que los incendios que se producen en los edificios de uso residencial, así como los que ocurren en los centros comerciales y salas de espectáculos, se originan por motivos relacionados con la utilización de la energía eléctrica.

En orden de riesgos que se presentan en primer lugar están los motores, luego equipamiento y en tercer lugar están las canalizaciones eléctricas; debemos entender que estas últimas son como las arterias del edificio, lo recorren todo llevando la energía eléctrica a cada consumo, la cual debe llegar en cantidad y calidad suficiente para que los mismos puedan desarrollar su prestación. Este transporte debe ser seguro, suficiente y con los valores adecuados.

La circulación de la corriente eléctrica por los conductores de los cables produce efectos tales como: caída de tensión y desarrollo de calor. La primera afectará al consumo propiamente dicho, al no entregársele el valor de tensión necesaria como para que funcione adecuadamente. En cambio el calor desarrollado, afectará el aislamiento de los cables, haciendo que se reduzca la vida útil de los mismos y a su vez lo trasmite al medio que los rodea, pudiendo llegar en casos extremos a provocar incendios.

Este panorama debe hacer comprender cuáles son los riesgos asociados a la determinación de la sección de los cables y al tipo de aislamiento a emplear en los mismos de acuerdo al caso.

Este hecho de recorrer todo el interior de los edificios hace que se deba prestar una consideración especial en cuanto a la continuidad de los tendidos (montantes y cañerías) ya que estos pueden actuar como propagadores de los efectos derivados del incendio o de los incendios mismos, actuando como verdaderos tirajes o chimeneas, así como también de conexión entre los distintos ambientes o locales.

3. CABLE

Los cables son conductores de la corriente eléctrica con sus debidos aislamientos. Estos últimos hechos con los denominados **materiales plásticos** o bien simplemente **plásticos**.

La gran difusión alcanzada por los plásticos, su variedad y la multiplicidad de sus aplicaciones, dificulta el hacer una definición de una manera precisa. Una de las más acordes a nuestro tema parece ser aquella que reconoce como material plástico a ciertas mezclas (resinas, derivados vinílicos, etc.), que en una de sus fases de su fabricación han sido realmente plásticas (blandas, dúctiles, que se dejan moldear fácilmente). Tales mixturas permiten obtener los más variados objetos sólidos de aplicación en todos los ámbitos.

Casi todos los materiales plásticos son compuestos de carbono. A los cuerpos que contienen carbono se los llama en general compuestos orgánicos, que de acuerdo su procedencia pueden ser orgánicos naturales u orgánicos sintéticos, los cuales comprenden a los materiales plásticos.

Por la complejidad de los materiales plásticos, nace la necesidad de clasificar a estos últimos. Dado el tema que se está tratando surge la conveniencia de diferenciar entre los materiales termo-plásticos y los termo-estables.

Los primeros se reblandecen con el calor y se endurecen cuando se enfrían. Estas operaciones pueden repetirse indefinidamente sin que los materiales pierdan sus propiedades, lo cual por ejemplo hace que se pueda moldearlos repetidamente veces.

Los materiales termo-estables solamente son blandos o plásticos al calentarlos por primera vez; después de enfriados ya no se ablandan por un nuevo calentamiento y por consiguiente no pueden recuperarse para posteriores transformaciones.

Materiales termo-plásticos, como se dijo, hay gran variedad, de ellas sólo se enunciarán las relacionadas con el tema: cables, ya que hay muchos otros que se emplean en las diversas aplicaciones relacionadas con la electricidad.

Los siguientes son materiales empleados en el aislamiento de cables, algunos son muy populares y otros no tanto; ello se debe a las particularidades de sus características, de modo que podemos encontrar:

- poliestireno o poliestireno,
- polietileno,
- policloruro de vinilo (P. V. C.),
- etileno-propileno,
- poliamida.

Las comparaciones se hacen sobre las características físicas, eléctricas y químicas de cada uno de ellos.

Características que deben ser analizadas de acuerdo al medio o la aplicación que se haga; lo cierto es que lo común a todos ellos es ser inflamables y cada uno de ellos arde con desprendimientos de humos y gases, que en cada uno de los materiales presentará características acordes con su composición.

4. CARACTERÍSTICAS DEL INCENDIO DE UN CABLE

La mayoría de las víctimas en caso de incendio son causadas por la inhalación de humos y gases tóxicos, mientras que el resto se debe a la exposición directa a la radiación térmica.

Los dos componentes de un incendio, calor y humos, tienen un grado diferente de peligrosidad para los seres humanos. Los humos presentan una particularidad distinta que las llamas y es que se propagan muy rápidamente y a gran distancia del lugar del incendio y tienen un mecanismo de acción extremadamente rápido frente a los organismos vivientes. La existencia de algunos componentes resulta altamente peligroso cuando entran en combustión como lo son los ácidos cianhídrico o clorhídrico liberados por el poliuretano (muy usado como aislante en los edificios), el PVC (empleado en las mezclas de los cables) o las poliamidas (nylon).

El mecanismo de ataque de los gases de combustión a los seres vivientes ocasiona las siguientes alteraciones:

- Incremento de la frecuencia respiratoria debido al pánico y a la acción del CO_2.
- Disminución de la concentración de oxígeno en sangre debido al aumento de CO.
- Disminución de la tonicidad muscular debido a los gases tóxicos (ejemplo, HCL, C_2H_4, C_2H_2).

Como cualquier hecho físico se puede referenciar la evolución de la combustión a través del tiempo, o sea que se puede trazar la curva característica de la misma.

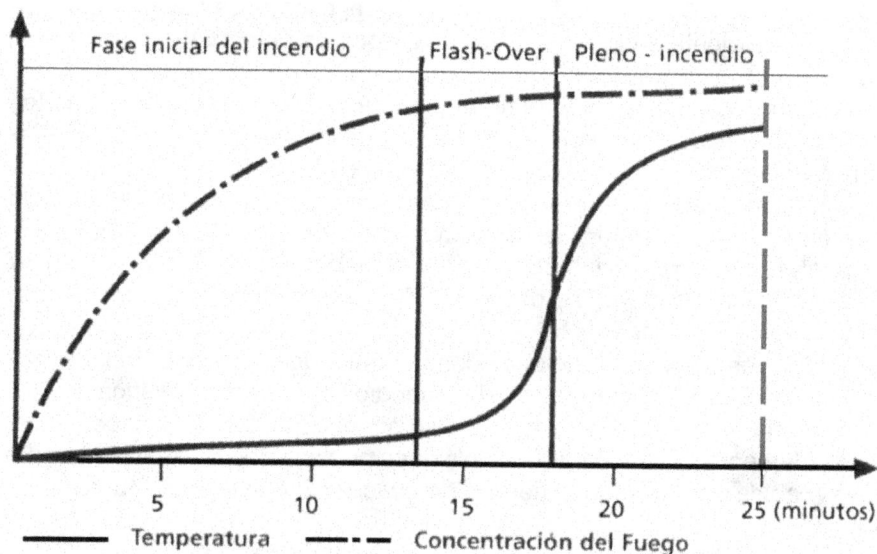

Figura 1. Curva característica

Es interesante observar en esta curva que representa la **característica del incendio** (Figura Nº 1) cómo en menos de cinco minutos la concentración de humos alcanza cerca del 50% del máximo, mientras que la auto combustión (*flash over*) lleva un tiempo de 15 minutos; se puede concluir entonces que la temperatura sube mucho más lentamente que la concentración de sustancias nocivas. Por lo tanto los tiempos de evacuación, como los casos antes mencionados, y los tiempos para llegar a concentraciones peligrosas de gases son equivalentes, por lo que no siempre es posible evitar la intoxicación de las personas.

Ante la situación que significa un incendio para el edificio, el mismo dependerá de los materiales empleados en la construcción y decoración, en cambio para los ocupantes, de los recorridos de evacuación obligatorios y de la señalización adecuada prevista para permitir un rápido desalojo del sector afectado y, por supuesto, de los medios de extinción de alta eficacia y rápida acción para lograr el control a tiempo del fuego.

Las vías de escape de los grandes edificios se diseñan y proyectan considerando, los siguientes factores:

- una vez que se activó el sistema de alarma, los ocupantes deben reaccionar: tomando conocimiento de la situación, orientándose hacia los medios de escape y finalmente efectuar el escape propiamente dicho, los cual insume un determinado tiempo,
- la situación de orientarse y efectuar el escape se lleva a cabo generalmente en forma desordenada por las personas.

Según los especialistas el tiempo de evacuación no es menor de los dos minutos, el cual se puede extender a más de cinco en lugares de elevada concurrencia, como podría ser una discoteca con mil personas.

Existen casos particularmente delicados, como las estructuras de evacuación lenta debido a las características de las personas (escuelas, hospitales, institutos geriátricos, etc.), o aquellas donde la evacuación es dificultosa por la naturaleza de la construcción (edificios de gran altura, oficinas, etc.).

Todas estas consideraciones demuestran que la actividad del proyectista eléctrico para la prevención de incendios es de características multidisciplinarias y, más allá de que existen o no reglamentaciones específicas, necesariamente debe valorar las emisiones nocivas derivadas del incendio de los cables con relación al tiempo de evacuación de la estructura.

5. NORMAS DE CABLES

La necesidad de afrontar las distintas situaciones que se pueden suscitar hace que se hayan desarrollado diversos productos, lo cual necesariamente ha llevado al establecimiento de normas, que se agrupan como se muestra a continuación. Los números de las mismas se han omitido para facilitar la interpretación del texto; estos se pueden encontrar fácilmente en el catálogo de IRAM o IEC, así como de otros entes normalizadores mundiales.

De acuerdo a su comportamiento frente al fuego de los aislamientos de los cables se clasifican en el siguiente orden.

- No propagante de la llama.
- No propagante del incendio.
- Reducida emisión de gases tóxicos y corrosivos.
- Baja emisión de humos opacos.
- Resistencia al fuego.

6. ENSAYO DE CABLES

Las existencias de diversas normas relacionadas con las distintas condiciones impuestas a los aislamientos hacen que estas últimas fijen los respectivos ensayos. Estos requieren a su vez de determinados dispositivos especialmente construido.

Situación está que presenta interrogantes al usuario. Al respecto es posible que cuando las cantidades de cables son importantes se pueden exigir la realización de los mismos en presencia de quien lo compra. En cambio cuando se trata de relativamente pequeñas las cantidades se deben confiar en las certificaciones que pueda tener fabricante. Por lo cual en este último caso se debe recurrir a fabricantes de aquilatadas trayectorias y que cuenten con experiencia en este tipo de fabricación.

7. TERMINOLOGÍA

En torno al tema tratado se suelen emplear algunos términos relacionados, algunos provenientes del inglés y otros de la comercialización. A continuación se mencionan algunos.

- LSZH o LS0H del inglés *Low Smoke Zero Halogen* o sea bajo humo y libre de halógenos.
- Halógenos. Grupo elementos químicos formado por flúor, cloro, bromo, yodo y astato.

CAPÍTULO N° 6

ESQUEMAS DE CONEXIÓN A TIERRA

OBJETIVOS

- *Desarrollar las distintas configuraciones que adoptan las conexiones a tierra de las instalaciones eléctricas de los usuarios en funcionamiento normal y en condiciones de falla.*

- *Conocer las distintas tecnologías empleadas en la ejecución de las puestas a tierra.*

6.1. INTRODUCCIÓN

En los sistemas de producción, transmisión, distribución y utilización de la energía eléctrica se emplean necesariamente sistemas de puestas a tierra, los cuales son de dos tipos: **seguridad y funcional**. Los nombres nos anticipan cuáles son sus empleos. Al respecto se puede decir que cada uno de ellos presenta características funcionales muy diferentes, aunque sus formas constructivas sean similares. A continuación las puesta a tierra de seguridad se tratarán desde el punto de vista funcional y luego la tecnología necesaria para su materialización para los sistemas de baja tensión, dejando los que corresponden a media y alta tensión a la bibliografía específica.

La **puesta a tierra de seguridad** de los diversos elementos que componen las instalaciones eléctricas y las cargas que se conectan a las mismas son uno de los pilares de la protección de los seres humanos y de sus bienes.

La **puesta a tierra funcional**, es una parte importante del sistema de distribución de la energía eléctrica ya que es necesaria para obtener un correcto funcionamiento.

Ambas puestas a tierras se encuentran interrelacionadas funcionalmente.

6.2. DISTRIBUCIÓN DE LA ENERGÍA ELÉCTRICA EN BAJA TENSIÓN

En el Capítulo N° 1 se vio cómo se distribuía la energía eléctrica en baja tensión mediante una red que puede ser pública o bien particular; a los fines de este tema podemos señalar que las fuentes de estos sistemas de distribución son los transformadores, los cuales tienen los tres bobinados (tres bornes) de su primario conectados en triángulo al sistema de distribución pública de media tensión (alimentación) y los tres bobinados del secundario en cambio se encuentran conectados en estrella y se corresponden con cuatro bornes, que son el origen de las tres fases activas y del neutro, que parte desde el centro de la estrella secundaria (R, S, T y N). En la Figura N° 1.3 se lo muestra en forma de un esquema unifilar, en cambio en la Figura N° 6.1 se puede apreciar cómo se hace esa conexión.

De modo que un transformador de distribución tiene un circuito primario (conectado en triángulo) alimentado por una red de distribución trifásica trifilar de 13,2 kV o 33 kV y un circuito secundario (conectado en estrella) del cual parte la red trifásica tetrafilar de distribución en 3 x 380 + N V.

6.3. PUESTA A TIERRA DE LAS INSTALACIONES ELÉCTRICAS

Todas las instalaciones eléctricas de baja tensión están vinculadas funcionalmente con la tierra, aun aquellas que se denominan aisladas de tierra. Las mismas se pueden materializar de diversas formas, cada una de las cuales hará que la instalación eléctrica presente ciertas características funcionales en su operación normal y desórdenes particulares frente a las perturbaciones que se puedan suceder así como a la acción de las protecciones.

Con respecto a estas últimas, nos interesará saber lo que ocurre con los contactos que puedan realizar los seres vivos con partes activas o sea bajo tensión (contactos directos) o bien al fallar los aislamientos (contactos indirectos).

Las instalaciones eléctricas de baja tensión (hasta 1 000 V 50 Hz), necesitan desde un punto de vista funcional una conexión a tierra. Las diversas formas de hacerlo están normalizadas y se verán a continuación.

Estas formas responden a respectivos tipos de **Esquemas de Conexión a Tierra** (**ECT**) según se trate de aquellas que reciben la energía de una red de distribución pública de baja o de media tensión.

Hay que resaltar el hecho de que no debe confundirse el esquema de conexión a tierra (**ECT**) de las instalaciones eléctricas de los edificios con las de la red de distribución que alimenta a las mismas.

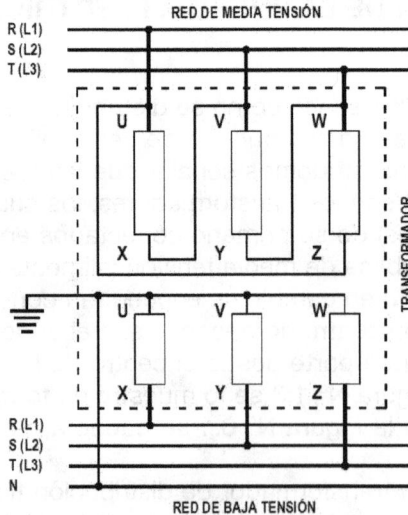

**Figura N° 6.1 Esquema de la conexión
de un transformador de distribución (MT/BT)**

6.4. ESQUEMA DE CONEXIÓN A TIERRA

Las vinculaciones entre las instalaciones eléctricas y tierra se grafican a través de los denominados ESQUEMA DE CONEXIÓN A TIERRA, también conocidos como sistemas o regímenes de neutro, a los que denominaré simplificadamente **ECT**.

Estos esquemas están establecidos en la norma **IRAM 2 379**: *"Sistemas (redes) de distribución y de alimentación eléctrica en corriente eléctrica alterna. Clasificación de los esquemas de conexiones (puestas) a tierra de las redes de distribución y de alimentación y de las masas de las instalaciones eléctricas de baja tensión"*.

Se entiende como **masa** a aquellas partes metálicas conductoras de los componentes de la instalación eléctrica que normalmente no están bajo tensión y por ende son accesibles, pero que la pueden adquirir en el caso de que se produzca una falla del aislamiento.

Los mismos presentan distintos desenvolvimientos en sus condiciones de funcionamiento normales y cuando se producen fallas. Las corrientes eléctricas debidas a las fallas derivan en consecuencias que deben ser tenidas en cuenta cuando se deben seleccionar los elementos de protección según se trate de contactos directos o indirectos.

El **ECT** es un aspecto al cual lamentablemente no se le presta la debida atención. Las razones pueden ser varias: tal vez porque es poco visible físicamente, y en general, funcionalmente no es destacable mientras no se presentan fallas, sin descartar tampoco el desconocimiento del tema.

Luego de haber adoptado un determinado esquema es necesario mantenerlo en el tiempo, para lo cual habrá que evitar que sea vulnerado por el apuro de solucionar rápidamente las fallas que se presentan.

Tales conexiones reflejadas en estos esquemas no solo se tratan de la conexión entre conductores o cables sino que requieren de ciertos elementos y aparatos apropiados, fabricados bajo las normas respectivas a los fines de obtener un funcionamiento seguro y eficaz.

6.5. TIPOS DE ESQUEMAS DE CONEXIÓN A TIERRA

Los **ECT** definidos son los que se listan a continuación.

- Esquema de conexión a tierra **TT**.
- Esquema de conexión a tierra **TN**, el cual presenta las siguientes variantes: **TN-S**, **TN-C** y **TN-C-S**.
- Esquema de conexión a tierra **IT**.

Siglas estas que de acuerdo con la norma respectiva, tienen el siguiente significado.

- **Primera letra**: indica la disposición del conductor o cable que corresponde al neutro de la alimentación, respecto de la puesta a tierra; se identifican con las letras **T** e **I**. Pueden ser:
  - **T**: conexión directa del neutro a tierra.
  - **I**: aislamiento (isolate) de todas las partes activas con la conexión a tierra o conectadas a tierra a través de una impedancia.

- **Segunda letra**: señala la disposición que las masas de la instalación eléctrica tienen con respecto a la puesta a tierra. Las variantes pueden ser:
  - **T**: masas de la instalación eléctricas y sus cargas conectadas directamente a tierra.
  - **N**: masas conectada al neutro de la instalación eléctrica y estas a tierra.

- **Tercera letra:** relaciona el conductor o cable correspondiente al neutro con el de protección (**PE**). Se pueden apreciar como variantes:
  - **S**: el conductor o cable del neutro (**N**) está separado del de protección eléctrica (**PE**).
  - **C**: las funciones del conductor o cable que corresponde al neutro **N**) y la del de protección son comunes y se denomina **PEN**.

6.6. CARACTERÍSTICAS DE LOS ESQUEMAS DE CONEXIÓN A TIERRA

6.6.1. Esquema TT. La empresa distribuidora de la energía eléctrica alimenta su red de distribución mediante transformadores reductores, en los cuales los bobinados primarios están conectados en triángulo a la red de media tensión. Los bobinados secundarios del transformador a su vez se conectan en estrella y alimentan la red de baja tensión. La conexión del centro de esta estrella es el origen del conductor o cable que corresponde al **neutro** de esa red y que también está conectado a la **toma de tierra de servicio o funcional**, mientras que las masas de la instalación eléctrica consumidora se interconectan entre sí mediante un cable de protección denominado **PE**, el cual también lo hace a otra toma de tierra, denominada **de protección** y que es independiente de la toma de tierra de servicio o funcional como se aprecia en la Figura N° 6.2, o sea que ambas están separadas por una determinada distancia.

Este esquema de conexión **TT es el exigido** para las instalaciones eléctricas de los edificios que son alimentadas desde la red pública de distribución de baja tensión.

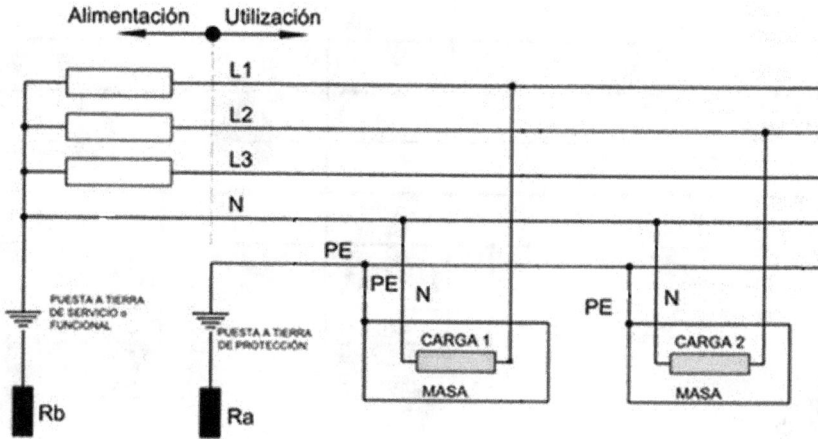

Figura N° 6.2 ECT TT

6.6.2. Esquema TN. El conductor o cable correspondiente al **neutro** del sistema de distribución de baja tensión está conectado directamente a la **tierra funcional o de servicio** por el proveedor de la energía eléctrica, y las masas de la instalación eléctrica del consumidor están conectadas a ese punto por medio de un conductor o cable que se denomina de **protección**, el cual se identifica con las siglas **PE** en los sistemas **TN-S** o bien **PEN** en los sistemas **TN-C**.

Se consideran dentro de la instalación eléctrica consumidora, de acuerdo con la disposición del conductor o cable que corresponde al **neutro** y del de **protección** que adopten, tres variantes del esquema **TN** que se identifican como: **TN-S**, **TN-C** y **TN-C-S**.

6.6.2.1. Esquema TN-S. Neutro a **T**ierra. Conductor o cable del **N**eutro y de protección **PE**, **S**eparados. A continuación en las Figuras N° 6.3, 6.4 y 6.5 se pueden apreciar las variantes que se describen.

El conductor o cable correspondiente al neutro (**N**) y el conductor o cable de protección (**PE**) están conectados entre sí y a tierra en el origen de la alimentación y separados a lo largo de toda la extensión de la instalación eléctrica. Además el cable de protección (**PE**) puede estar conectado a tierra en varios puntos más a lo largo de la instalación eléctrica consumidora.

Este sistema está **prohibido** para las instalaciones eléctricas internas de los edificios destinados a viviendas, oficinas o locales, salvo en los casos siguientes:

– **Caso 1.** En los edificios que reciben la alimentación en media tensión.

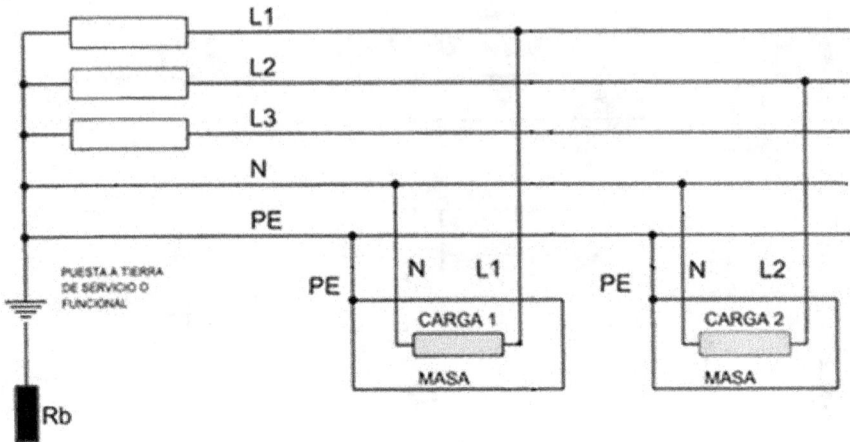

Figura Nº 6.3 ECT TN-S. Sin tierra propia

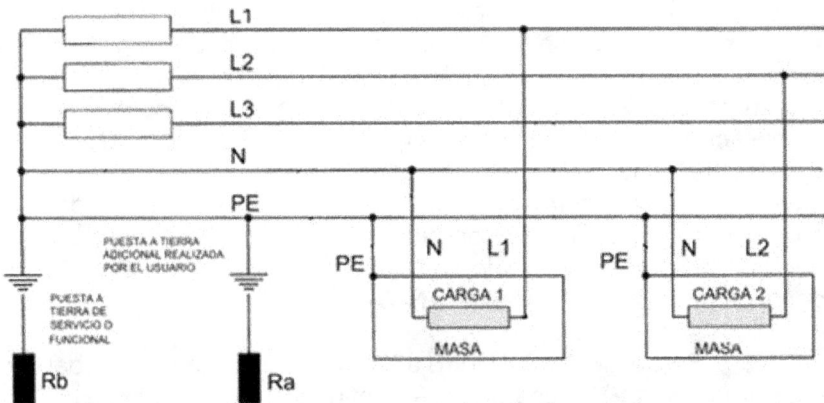

Figura Nº 6.4 ECT TN-S. Con tierra propia

- **Caso 2.** En aquellos locales alimentados de la red pública de baja tensión en los que se instalen equipos informáticos o de otro tipo, cuando, por los requerimientos de dichos equipos, se deba emplear este esquema. En este caso, será obligación del usuario realizar como mínimo una puesta tierra en su edificio, preferentemente en la acometida o en sus cercanías, con un valor de resistencia igual o menor de dos ohm. Asimismo será obligación del usuario garantizar que no se supere la tensión de 24 V ca (valor eficaz) permanentes respecto a tierra, frente a eventuales contactos indirectos.

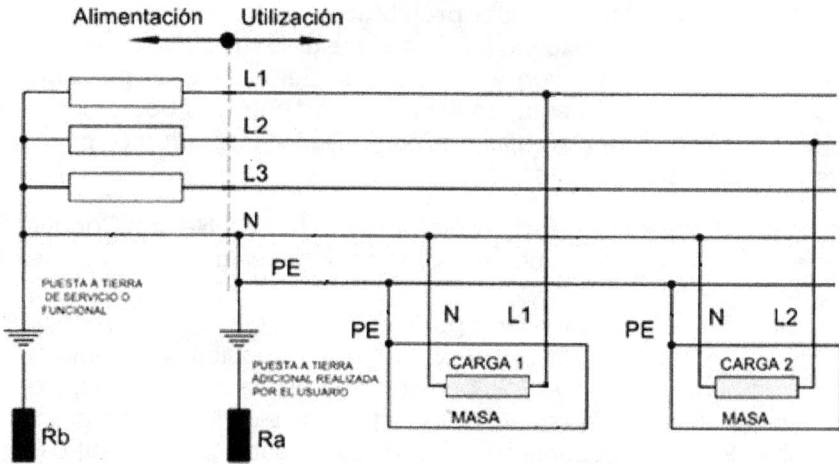

Figura N° 6.5 ECT TN-S. Con tierra propia y desdoblamiento del PE

6.6.2.2. Esquema TN-C. Neutro a **T**ierra. Masa a **N**eutro. Conductor o cable N y PE, **C**omún se puede ver la siguiente Figura N° 6.6.

La función del conductor o cable del neutro (**N**) y el de protección (**PE**) se combinan en uno solo llamado **PEN** a lo largo de toda la instalación eléctrica, que está puesto a tierra en la alimentación, o sea conectado a la puesta a tierra de funcional o de servicio.

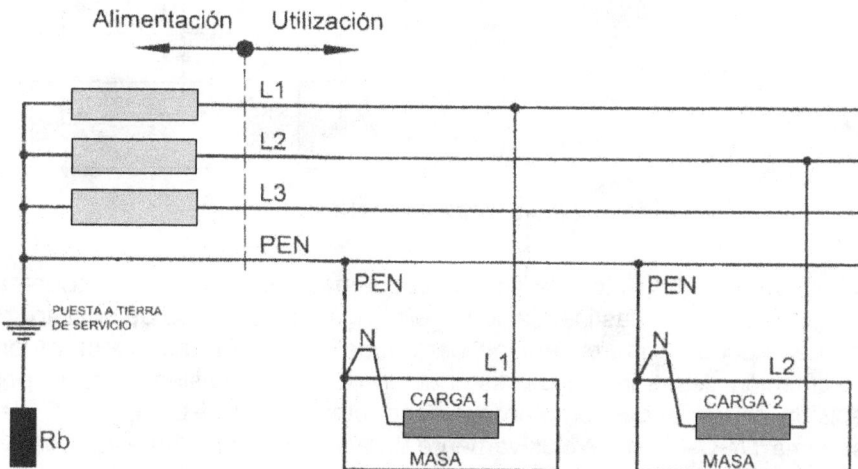

Figura N° 6.6 ECT TN-C

Este esquema también está **prohibido** para todo tipo de edificios. Sin embargo existe una excepción para el caso de recibir la alimentación del sistema de media tensión y por decisión del usuario se puede usar exclusivamente este esquema, en la vinculación entre los bornes de baja tensión del trasformador de distribución usuario y el interruptor principal del tablero general de baja tensión.

6.6.2.3. Esquema TN-C-S. Neutro a **T**ierra. Masa a **N**eutro. Conductor o cable N y PE, **S**eparados una representación de este caso la vemos en la Figura N° 6.7.

Este ECT está caracterizado por el hecho de que en una parte de la instalación eléctrica, las funciones de neutro y protección se combinan en un solo conductor o cable (**PEN**), puesto a tierra en la alimentación, y que, a partir de un determinado punto de la instalación eléctrica, dicho conductor o cable (**PEN**) se desdobla en un conductor o cable para el neutro (**N**) y en otro de protección (**PE**).

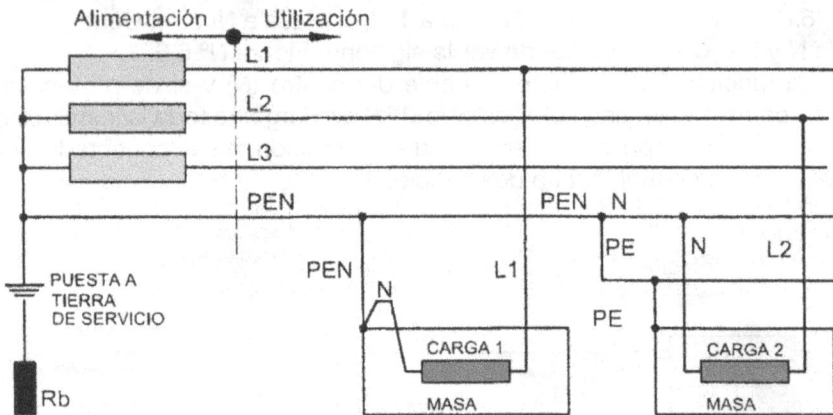

Figura N° 6.7 ECT TN-C-S

Es una combinación de los dos esquemas anteriores. Este esquema está **prohibido** para las instalaciones eléctricas de todo tipo de edificio. Se puede aceptar una excepción para aquellos locales que cuentan con alimentación desde la red de distribución de media tensión, cuando por decisión del usuario el empleo del conductor o cable **PEN** (parte **C** del esquema **TN-C-S**) sea exclusivamente para la vinculación ente los bornes de baja tensión de su propio transformador y el interruptor principal del tablero general de distribución, debiéndose derivar antes de los bornes de entrada del interruptor principal, el conductor o cable **PE**. A partir del citado tablero el esquema responde a la parte **S** del esquema **TN-C-S** original.

NOTA PARA LOS ESQUEMAS: Los usuarios que reciben el suministro de la energía eléctrica directamente de la red de media tensión, o sea que tienen su propia subestación transformadora, y que además reciben simultáneamente un suministro de la red de distribución de baja tensión deberán arbitrar los medios para evitar el funcionamiento en paralelo de ambos suministros o entrecruzamiento. Para parte de la instalación eléctrica de baja tensión se deberá utilizar el sistema de conexión a tierra TT.

6.6.3. Esquema IT. El esquema **IT** se denomina también de **neutro aislado** o **impedante**; presenta la particularidad de que el neutro del transformador que alimenta la red de distribución está aislado de tierra Figura N° 6.8 o conectado a la misma a través de una impedancia (**Z**). Figura N° 6.9. Ello se debe a la forma en que está dispuesto el conexionado del bobinado secundario del transformador alimentador.

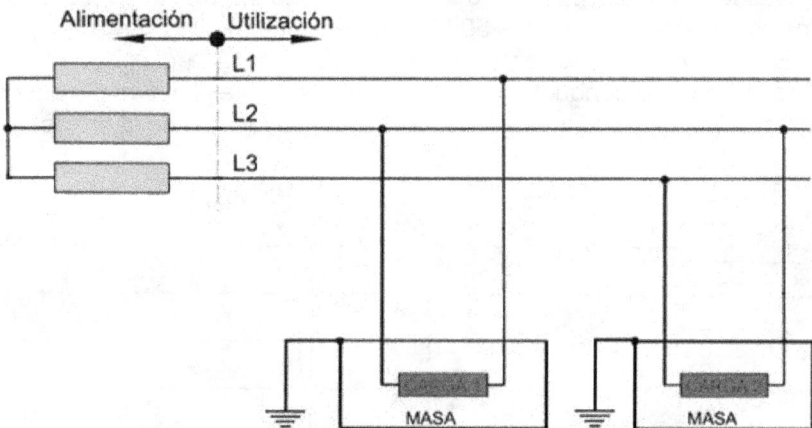

Figura N° 6.8 ECT IT con neutro aislado de tierra

En consecuencia puede ocurrir:

- que esté completamente aislado como se aprecia en la Figura N° 6.8,

- que se conecte a tierra a través de una impedancia elevada, lo cual se representa en la Figura N° 6.9.

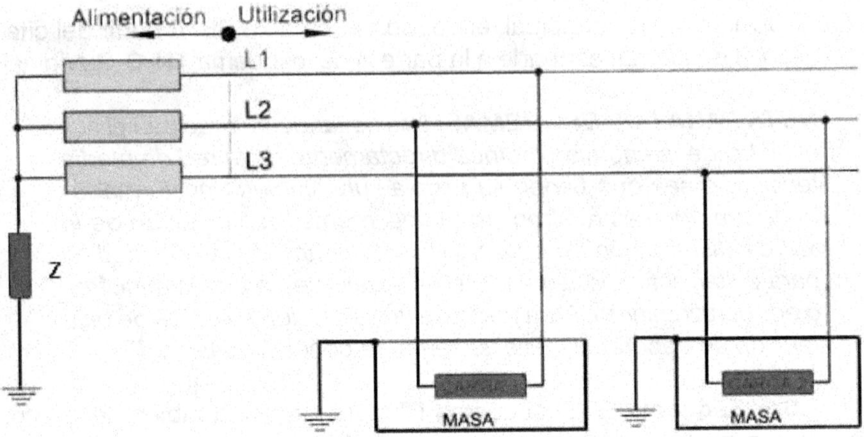

Figura N° 6.9 ECT IT con el neutro conectado a través de una impedancia

En este último caso (neutro impedante), el valor de la impedancia debe estar comprendido entre los 1 000 y 2 000 ohm. No obstante el sistema aislado puede tener impedancias a tierra del orden de 500 Kohm o más.

Desde el punto de vista de la seguridad de las personas los valores normales son del orden de los 500 Kohm y un mínimo de 50 Kohm.

En cuanto al neutro, en un sistema destinado a la distribución de la energía eléctrica, el conductor o cable correspondiente al neutro (**N**) puede o no acompañar a los de las tres fases a lo largo del tendido de la distribución.

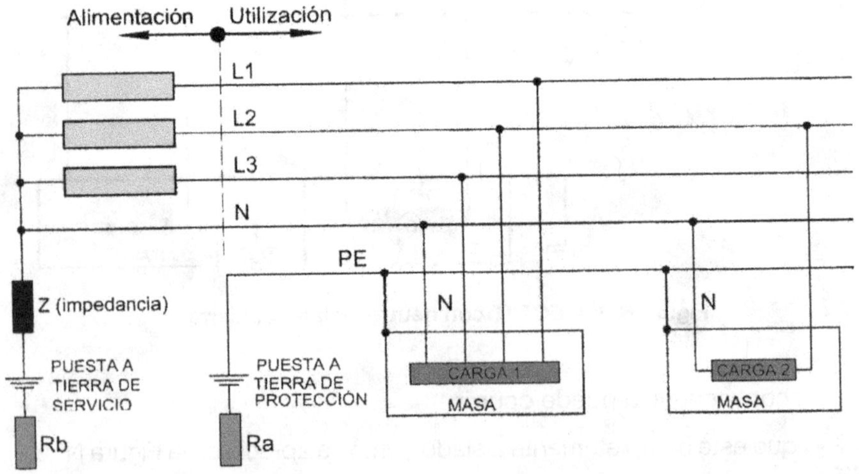

Figura N° 6.10 ECT IT. Las masas conectadas a un solo conductor o cable PE. Neutro distribuido

Con respecto a la conexión de las masas de los consumos o cargas, se pueden presentar las siguientes variantes:

1. Que las masas estén conectadas a un único conductor o cable PE y este a su vez a una sola puesta a tierra lo cual hace que todas las masas estén unificadas lo cual se ve en la Figura N° 6.10.
2. Que cada uno de los consumos o cargas tenga su propia puesta a tierra como lo muestra la Figura N° 6.11.

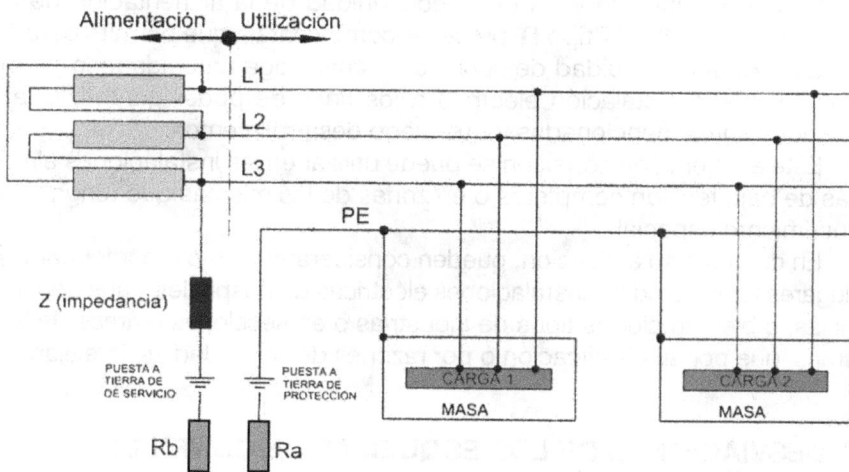

Figura N° 6.11 ECT IT Las masas conectadas a un solo conductor o cable PE. Sin el neutro distribuido

En el caso del conductor o cable que corresponde al neutro, el mismo puede acompañar a los de las tres fases o no. En un caso tendremos un esquema con el neutro distribuido mostrado en la Figura N° 6.10 y en el otro el de la Figura N° 6.11.

Las masas de la instalación eléctrica y de los consumos se ponen a tierra mediante el cable de protección (**PE**), que no es el mismo del neutro (**N**), lo que significa un aislamiento permanente entre el cable del neutro y de protección.

– *Características del ECT IT.* De la observación de las figuras anteriores se puede apreciar que el funcionamiento normal de una instalación eléctrica con este ECT, no presenta riesgos en los siguientes casos:

*   contacto directo de las personas con partes vivas (bajo tensión),
*   con masas que hayan sido puesta bajo tensión accidentalmente,
*   de incendio, aun en el caso de una falla de aislamiento.

Cualidades estas que hacen insustituible a esta conexión:

- en los ámbitos hospitalarios,
- en lugares donde existe riesgo de incendio o explosiones, como es el caso de ciertas industrias o servicios,
- en aquellas fábricas donde por cuestiones de su propio proceso existan posibilidades de que el personal pueda llegar a tener un alto riesgo de contacto directo con partes activas o bajo tensión.

Desde el punto de vista de la continuidad de la alimentación de la energía eléctrica, el ECT tipo **IT** presenta como ventaja que permite garantizar la máxima continuidad de servicio, lo cual exige un cuidadoso mantenimiento de la instalación eléctrica a los fines de poder garantizar las cualidades antes mencionadas y que luego desarrollaremos.

Este esquema de conexión se puede utilizar en las instalaciones eléctricas de baja tensión completas o en zonas de las mismas que tengan un requerimiento especial.

En cuanto a su aplicación, pueden considerarse como recomendables en lugares tales como las instalaciones eléctricas de hospitales y sus dependencias, o bien en ciertos tipos de industrias o en secciones o áreas de las mismas, que por su clasificación o por razones de seguridad así lo exijan.

6.7. DESVIACIONES DE LOS ESQUEMAS DE CONEXIÓN A TIERRA

Hasta aquí se han descrito los distintos tipos y las características de los ECT, que por diversas razones pueden sufrir alteraciones o modificaciones debidas a ciertas circunstancias de la construcción o mantenimiento.

6.7.1. Transformación del esquema de conexión a tierra de TT a TN-S.
Puede ser por la proximidad entre las tomas de tierra de **protección**, lo cual ocurre cuando la distancia entre los electrodos de puesta a tierra (jabalina) de los dos sistemas es **inferior a diez radios equivalentes,** lo cual se ve representado en las Figuras N° 6.12 y 6.13.

El radio equivalente es un parámetro materializado como una distancia que indica la zona de influencia electromagnética del electrodo de puesta a tierra (jabalina). Depende de la forma y las dimensiones del mismo. Por ejemplo: para un electrodo de puesta a tierra (jabalina) cuyo diámetro exterior es de 14,6 mm (5/8") y su longitud de 1,5 m, los diez radios equivalentes son 3,20 m.

Es por ello que se debe arbitrar los medios necesarios para lograr tal separación como mínimo, aun cuando para ello se deba salir de la propiedad en donde se ejecuta la instalación. Se debe tener en cuenta que tal separación puede ser considerada en cualquier dirección.

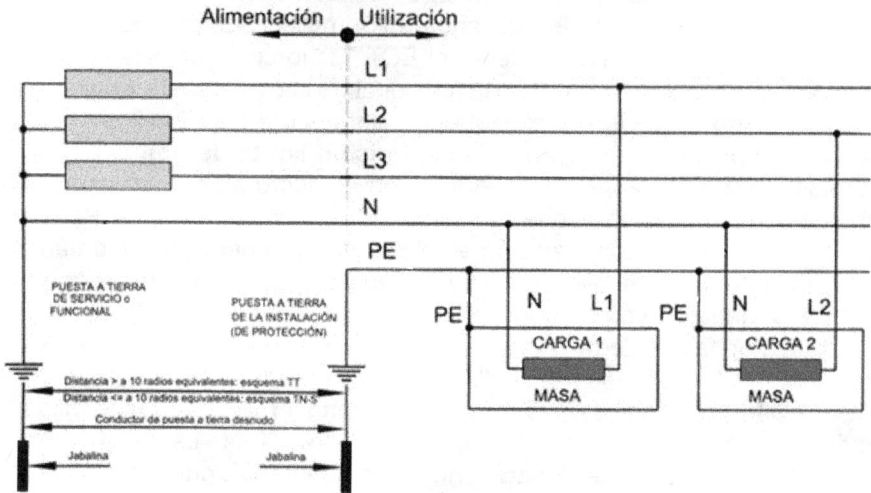

Figura Nº 6.12 Mínima distancia entre las puestas a tierra

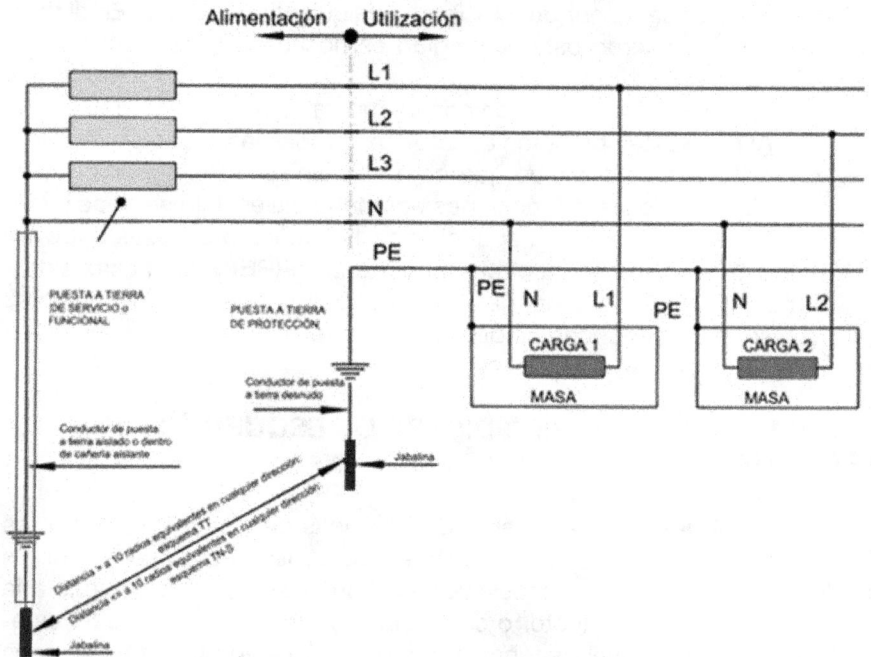

Figura Nº 6.13. Separación entre los sistemas de puesta a tierra

6.7.2. Subestación transformadora de la empresa distribuidora dentro del edificio. Por la necesidad que tienen las empresas distribuidoras de la energía eléctrica, se suelen construir subestaciones transformadoras dentro de la propiedad de los usuarios. Ello implica que se deben tomar las medidas del caso para mantener el ECT **TT**; lo cual consiste en alejar la puesta a tierra de protección de la funcional de la empresa distribuidora.

Si esto **no** es posible, y el esquema se transforma en **TN-S**, es necesario que el proyecto contemple que la **tensión límite de contacto indirecto** sea **menor** de **24 V** permanentes con respecto a tierra en todas las unidades, sectores o áreas que componen el edificio.

Sin embargo a la instalación eléctrica se la deberá seguir tratando como **TT** ante la eventualidad de que no se cumplan todas las reglas del ECT **TN-S**, dado que no se podrá garantizar la estabilidad de la impedancia del lazo de falla a tierra.

6.7.3 Imposibilidad de lograr un esquema TT. Ante la imposibilidad o incertidumbre en lograr un ECT del tipo **TT**, la resultante es que el mismo sea **TN-S**. En ese caso se deberá tenerse en cuenta lo siguiente:

- Se deberá garantizar que la tensión límite permanente de contacto indirecto sea menor de 24 V, para cualquier tipo de local. En el caso en que el cuerpo está sumergido es necesario tomar otro tipo de recaudo.
- Es obligatoria la protección complementaria mediante un ID ($I_{dn} \leq 30$ mA) contra los contactos directos para todas las líneas de circuito.
- En el caso de edificios que comprendan grandes superficies, es obligatorio realizar conexiones equipotenciales. Ello se debe hacer a los fines de evitar la aparición de tensiones peligrosas entre las masas conectadas al cable de protección (**PE**) y las masas extrañas (cañerías de agua, gas, estructuras metálicas, etc.) y a su vez disminuir la impedancia del lazo de falla.

6.8. FALLA A MASA EN LOS DISTINTOS ESQUEMAS DE CONEXIÓN

6.8.1. Esquema TT. A lo largo de las líneas de distribución y por los desequilibrios lógicos que se producen en los consumos así como por los problemas derivados de la circulación de corriente eléctrica debidas a la tercera armónica, el conductor o cable correspondiente al neutro (**N**) puede adquirir un cierto nivel de tensión con respecto a tierra, que en algunos casos puede superar los **24 V**.

Esta disposición exige que los usuarios **no conecten** sus cables de protección al del neutro (**N**) de la empresa distribuidora, o sea que **no usen** el conductor o cable del neutro como conductor de protección (**PE**).

Al producirse una falla, aparecerá una corriente eléctrica de falla (**Id**), la cual tendrá una trayectoria como la indicada en la Figura N° 6.14 y producirá una tensión de contacto (**Uc**):

$$Uc = Ia \times Ra \quad (6.1)$$

En donde **Ra** es la resistencia que presenta el circuito a la corriente eléctrica de falla, la que estará compuesta por la de los electrodos de puesta a tierra (jabalinas) **Ra y Rb** y la de los cables o conductores involucrados. En donde se debe cumplir:

$$Uc = Id \times Ra \leq 24 \text{ Vca} \quad (6.2)$$

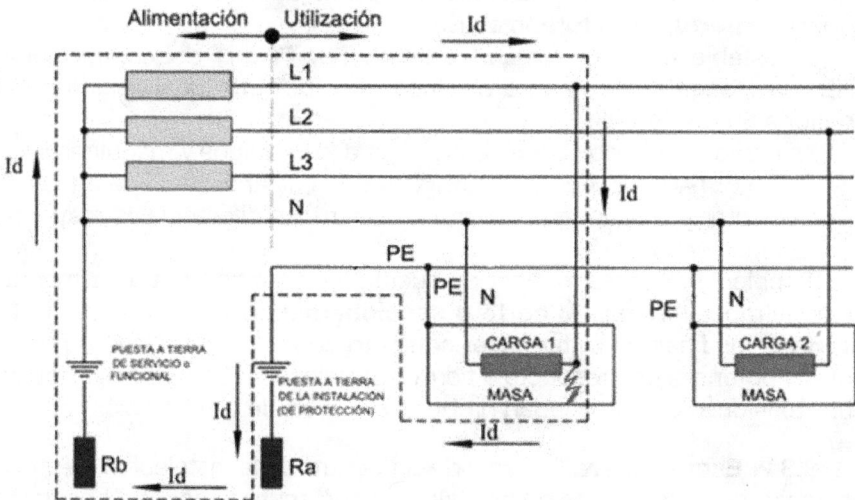

Figura N° 6.14 ECT TT con una falla

Con referencia al valor de la tensión de seguridad conviene recordar que en nuestro país se presentan las siguientes variantes:

- Según la RIEI, la tensión de seguridad es de 24 Vca permanentes, para locales secos, húmedos y mojados; para el caso en el cuerpo humano esté sumergido dicha tensión es de 12 Vca.
- La norma IRAM 2 183-3 establece que una tensión de contacto de 50 Vca solo puede ser admitida durante 5 segundos.
- La norma IEC 60 364 establece 50 Vca para locales secos, 25 Vca para locales húmedos y 12 Vca para locales mojados.

Las tensiones consideradas **no peligrosas** son aquellas que llegan a provocar una corriente eléctrica inferior a los **25-30 mA** a través del cuerpo humano durante un tiempo lo suficientemente breve como para que no se produzca la contracción muscular. Según la norma internacional IEC 60 479-1 es **30 mA máximo 500 ms**.

– *Protección.* La protección de las personas contra los contactos directos e indirectos se establece, entre otras (alejamiento mediante obstáculos, uso de barreras, aislamiento de las partes activas, equipotencialidad, etc.), conectando las masas rígidamente a tierra. Para ello se recurre a la utilización del cable de protección (**PE**), el cual se conecta a una puesta la tierra de seguridad instalada dentro del edificio del usuario que debe ser tierra lejana o independiente de la funcional de la compañía distribuidora.

Como **medida complementaria**, se debe recurrir a un interruptor automático de corriente eléctrica diferencial de fuga, el que comúnmente se denomina **interruptor diferencial** (ID).

Se establece que en los ECT del tipo **TN**, **TT** e **IT** deberá instalarse un ID, que tenga una corriente eléctrica diferencial residual asignada no superior a 30 mA.

En cambio, cuando se quiere proteger a los equipos y máquinas (motores, transformadores, equipos auxiliares de luminarias, etc.) se hace necesario recurrir a ID que tenga corriente eléctricas diferenciales mayores, como podría ser **300 mA**.

También es necesario tener en cuenta, cuando se trata de alimentaciones tetrapolares, que **el corte o seccionamiento del neutro es obligatorio**, a los fines de evitar hacer contacto con el mismo, ya que puede tener un potencial con respecto a tierra o ser alcanzado por los efectos de sobre-tensiones que se puedan producir en la red de alimentación.

6.8.2. Esquema TN. Se consideran dentro de la instalación eléctrica consumidora tres variantes de este sistema, de acuerdo con la disposición que adopte el conductor o cable que corresponde al neutro y al de protección: **TN-S, TN-C y TN-C-S.**

6.8.2.1. Esquema TN-S. La corriente eléctrica de defecto (**Id**) depende de la impedancia del lazo de falla, el cual estará formado por los cables o conductores, y de la falla propiamente dicha. Lo cual puede verse en los gráficos de las Figuras N° 6.15, 6.16 y 6.17.

La impedancia del circuito de falla dependerá de la longitud de los conductores o cables. O sea que la corriente eléctrica de falla dependerá de la distancia al punto de alimentación.

Puede ser que estas corriente eléctricas de fallas sean elevadas, las cuales a su vez originarán caídas de tensión elevadas o bien desarrollarán cantidades apreciables de calor. También puede suceder lo contrario, que al ser los conductores o cables de gran longitud la corriente eléctrica de falla sea extremadamente débil y no alcance a excitar a los dispositivos de protección.

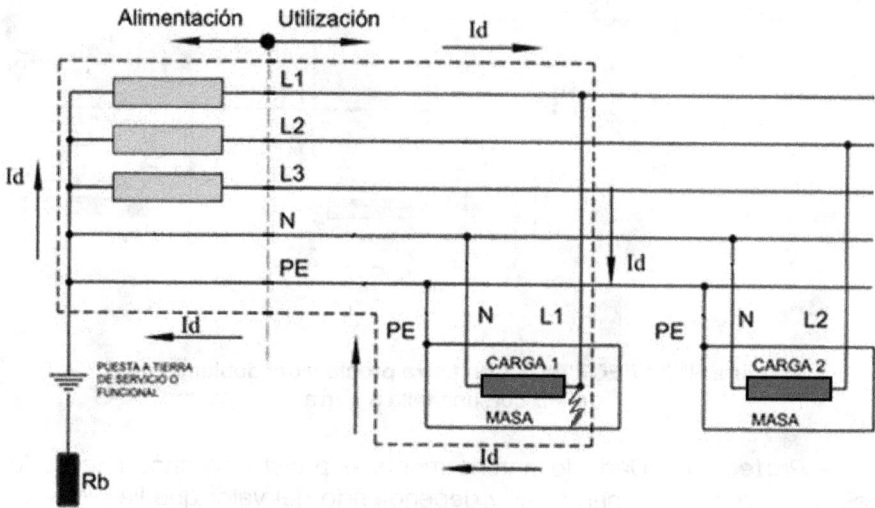

Figura N° 6.15 ECT TN-S Sin tierra propia con una falla a tierra

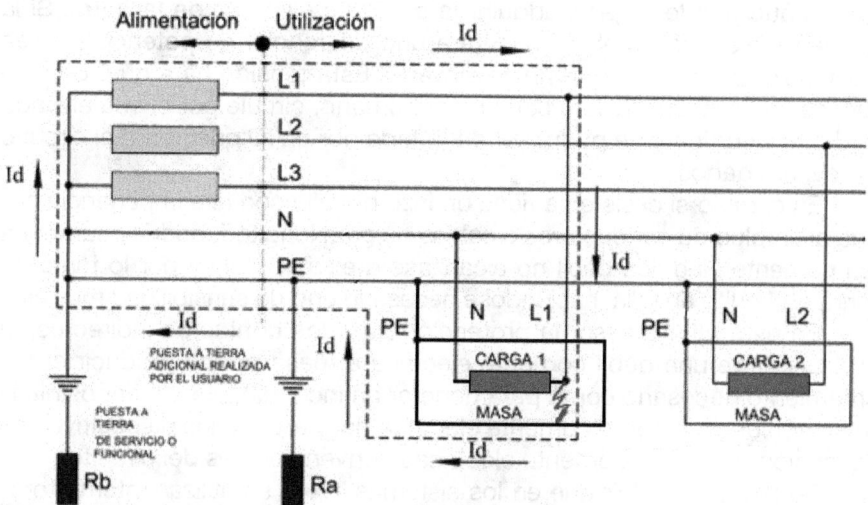

Figura N° 6.16 ECT TN-S Con tierra propia con una falla a tierra

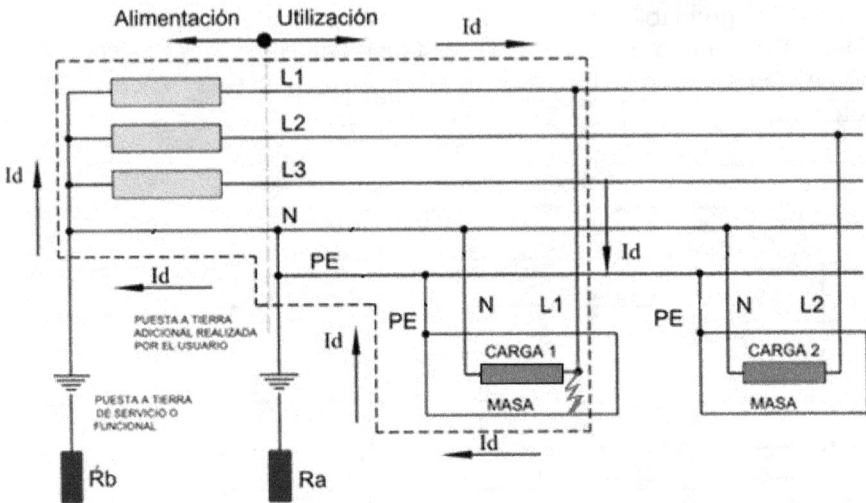

Figura N° 6.17 ECT TN-S Con tierra propia y desdoblamiento del PE con una falla a tierra

– *Protección.* Dado lo anteriormente expuesto se hace necesario analizar cada caso en particular y dependiendo del valor que llegue a tomar la corriente eléctrica de falla se debe determinar los dispositivos de protección a utilizar.

Evidentemente el problema de este sistema es la gran diferencia de valores que puede llegar a adquirir la corriente eléctrica de falla (**Id**). Si la misma es elevada, también generará una diferencial de potencial, o sea una tensión de contacto también elevada. Esta tensión hará que, de producirse un contacto directo con un ser humano, circule por él una elevada corriente eléctrica, que podrá ser detectada por un ID que abrirá el circuito y le evitará daños.

En cambio si el sistema tiene un lazo de falla con alta impedancia debida al empleo de conductores o cables de gran longitud, podría ocurrir que esa corriente eléctrica débil no alcanzase a excitar al ID y por lo tanto no abrirá el circuito en falla, haciéndose necesario uno de sensibilidad muy alta.

En este último caso, la protección para los contactos indirectos, la circulación de una débil corriente eléctrica a masa podría producir el calentamiento necesario como para generar un incendio, siendo imposible la detección de esta sobre corriente eléctrica por parte de los dispositivos de protección por sobre corriente eléctricas convencionales del circuito.

Se puede concluir que en los sistemas **TN-S** se utilizan interruptores diferenciales de $I_n \leq 30$ **mA** cuando hay riesgo debido a un contacto directo. En el caso de riesgo debido a un contacto indirecto hay que calcular si la corriente eléctrica de lazo de falla a tierra alcanza (sin elevarse el potencial de las masas sobre **24 V**) para disparar un interruptor automático, si no, se puede emplear un ID que según el tipo de usuario podría ser de **300** o más **mA**.

6.8.2.2. Esquema TN-C. Cuando ocurre una falla, el camino de la corriente eléctrica de defecto (**Id**) será el mostrado en la Figura N° 6.18. Vemos que el mismo está formado por los conductores o cables que se encuentran comprendidos entre el transformador y el circuito que tuvo la falla, más las masas involucradas. Este camino presenta la impedancia que limitará la corriente eléctrica de falla (**Id**), la que finalmente provocará la tensión de contacto (**Uc**) que deberá tener como máximo los valores establecidos que se indicaron previamente.

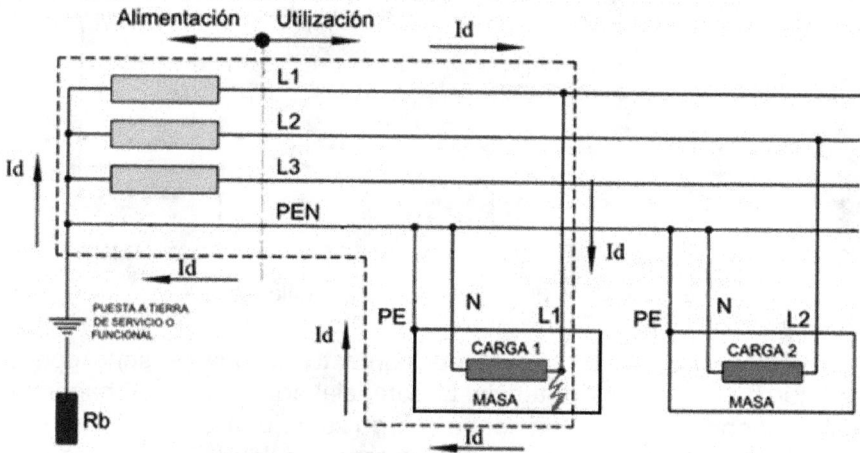

Figura N° 6.18 ECT TN-C Con una falla a tierra

–**Protección.** La situación que presenta este esquema de conexión a tierra es muy similar al anterior.

La peligrosidad del sistema **TN-C** dentro de los edificios radica en que la protección con un ID contra contactos indirectos es ineficaz pues las corriente eléctricas de falla retornan principalmente por el conductor **PEN,** sin producirse el desequilibrio de la corriente eléctrica en el ID. No se pueden adicionar interruptores tetrapolares dado que se interrumpirían el conductor o cable del neutro y el de protección al mismo tiempo. Por estas razones este ECT está **prohibido.**

6.8.2.3. Esquema TN-C-S. Si se interrumpiese el conductor o cable (**PEN**) en algún punto, las cargas que estuviesen entre la interrupción y el fin del circuito adquirirían un potencial con respecto a tierra debido a las corriente eléctricas de los retornos producidos por las cargas monofásicas (conectadas entre un vivo y neutro). El citado potencial podría superar el valor permitido. Su representación está mostrada en la Figura N° 6.19.

La puesta a masa de alguna de las cargas sería un cortocircuito. La intensidad de tal corriente eléctrica solo estaría limitada por la impedancia de la falla más la de los conductores o cables.

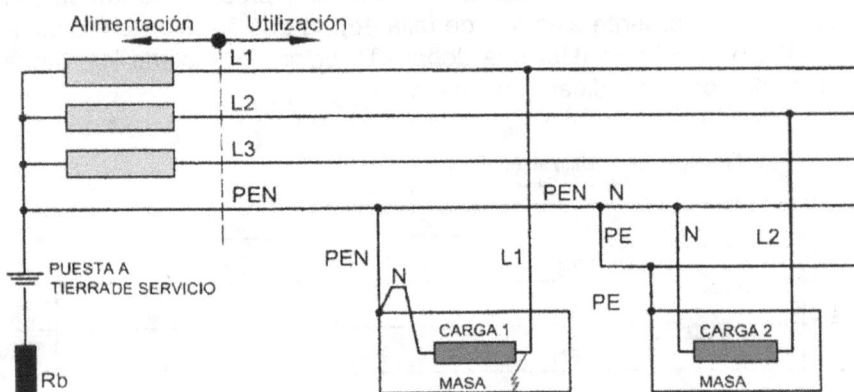

Figura N° 6.19 ECT TN-C-S Con una falla a tierra

– *Protección.* Si se tratase del contacto de una persona con la masa que ha elevado su potencial al potencial adquirido (**Uc**), hace que circule una corriente eléctrica por su cuerpo superior a la admisible y que no incrementará en forma notable la que está circulando por la línea, con lo cual los dispositivos de protección por sobre-corriente eléctricas no actuarán dentro del período de tiempo en el cual es posible soportar tal circulación.

Si no fuese el contacto de una persona, la circulación de una corriente eléctrica a masa podría producir el calentamiento necesario como para generar un incendio, siendo imposible la detección de esta sobre-corriente eléctrica por las mismas razones anteriores.

En el caso de un contacto franco entre alguno de los conductores o cables vivos y la masa de alguna carga, sería un cortocircuito a tierra que haría actuar a la protección del circuito en el tiempo prefijado en función de sus características, con lo cual el tiempo de actuación superaría a los valores mínimos establecidos como tolerables para el caso de un contacto humano o bien como para generar una cantidad de calor que no sea perjudicial.

Todo esto hace que no se pueda lograr protecciones adecuadas, como para hacer que la instalación eléctrica sea segura.

La peligrosidad del sistema **TN-C-S**, donde exista un tramo **C** dentro de los edificios y después de los elementos de protección y maniobra, radica en que la protección diferencial contra contactos indirectos es ineficaz pues las corriente eléctricas de falla retornan principalmente por el conductor **PEN** sin producirse el desequilibrio en el ID; adicionalmente no se pueden colocar interruptores tetrapolares dado que se interrumpirían el conductor o cable que corresponde al neutro y al de protección al mismo tiempo. Por estas razones este ECT está **prohibido,** salvo la excepción arriba indicada.

6.8.3. Esquema IT. La característica fundamental de este ECT, es que cuando ocurre un defecto o deterioro del aislamiento que permita un contacto de las partes vivas de la instalación eléctrica con las masas, no se genera ningún riesgo para las personas que eventualmente pudieran acceder (contacto directo) a estas últimas por un lado y por el otro no se produce la salida de servicio de la misma.

El problema aparece cuando se produce la segunda de las fallas con esas mismas características y aún está vigente la primera de las fallas. Es por ello que se debe recurrir a reparar la primera de las fallas antes de que se produzca la segunda.

Los circuitos de las corriente eléctricas de fallas serán, de acuerdo con las configuraciones anteriores, los siguientes.

- **Primer caso**. El lazo de falla está formado por el conductor o cable de la fase involucrada (**L3**), el cable **PE** con el cual está conectada la masa con su puesta a tierra, el suelo (**Ra + Rb**), las capacitancias a tierra distribuidas de las otras dos fases sanas (**C1** y **C2**) y los cables o conductores de las otras dos fases (**L1** y **L2**). Se muestra un esquema en la Figura N° 6.20.

- **Segundo caso**. El lazo de la falla estará formado por el conductor o cable de la fase en la que se produce la falla (**L3**), el cable **PE**, el electrodo de puesta a tierra funcional **Rb** (el neutro de la fuente de alimentación), la impedancia **Z** y el electrodo de puesta a tierra (jabalina) de protección al cual está conectada la masa (**Ra**).Este caso se muestra en la Figura N° 6.21.

- **Tercer caso**. El lazo de la falla está constituido por el circuito que comprende el conductor o cable de la fase en cual ocurre la falla (**L3**), el cable **PE** (que está conectado al neutro) y la impedancia **Z**. Este caso se aprecia en la Figura N° 6.22.

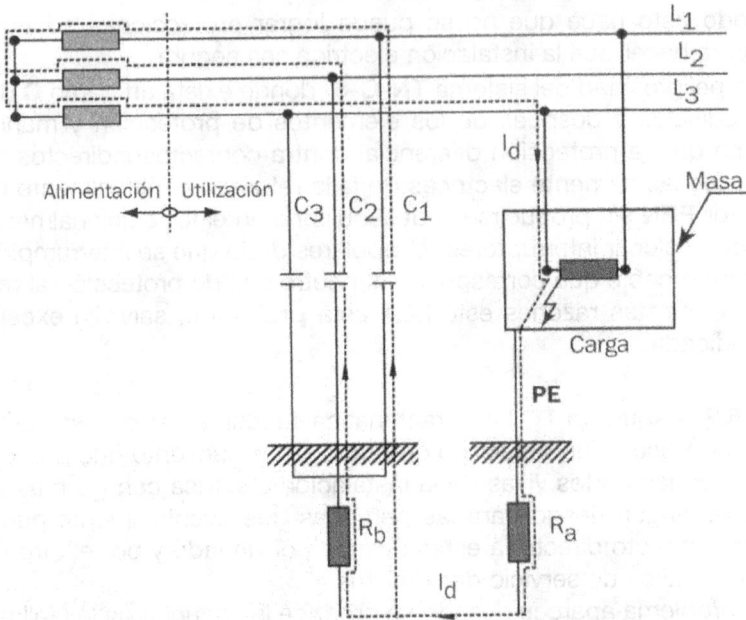

Figura N° 6.20 ECT IT Primer caso

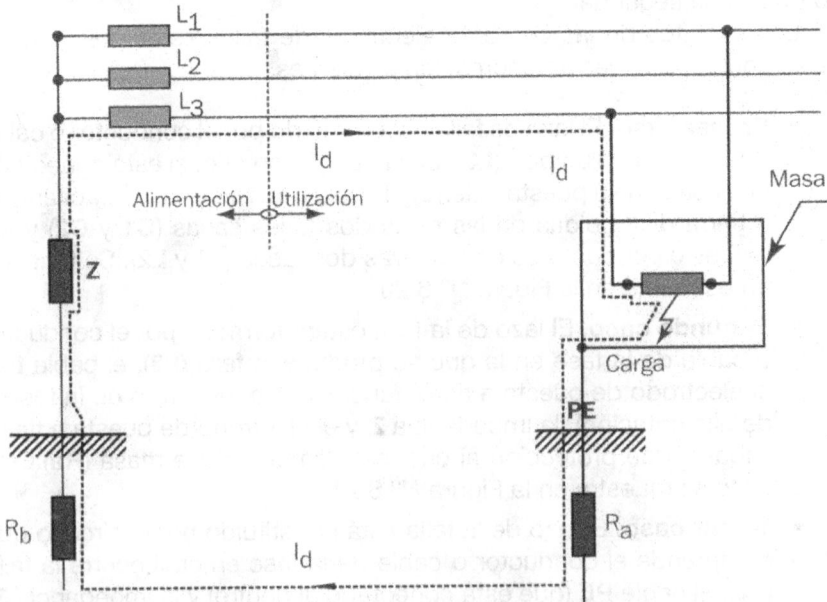

Figura N° 6.21 ECT IT. Segundo caso

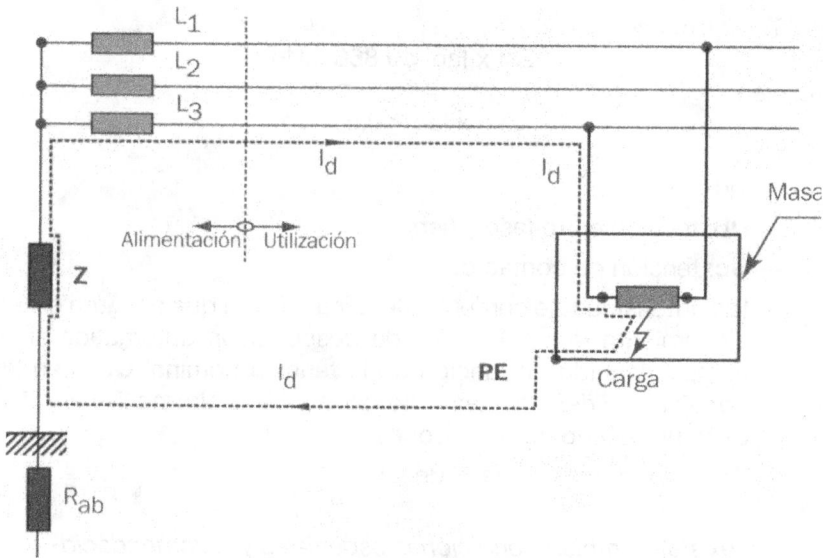

Figura N° 6.22 ECT IT Tercer caso

6.9. CARACTERÍSTICAS DE LAS FALLAS

6.9.1. Condiciones. Las condiciones que deben cumplir los dispositivos de protección y las impedancias de los circuitos involucrados en caso de falla en cada uno de los casos, son los que se muestran a continuación.

- **Primer caso**

$$Ra \times Id \leq 24 \text{ V}$$

Y que:

$$Ra \times Ia \leq Uc$$

Siendo:

$$Zsf \times Iao \leq 0,3 \times 1,732 \times Uo$$

O bien:

$$Zso \times Iao \leq 0,5 \times Uo$$

- **Segundo caso**

$$Ra \times Id \leq 24 \text{ V}$$

Y que:

$$Ra \times Ia \leq Uc$$

Siendo:

$$Zsf \times Iao \leq 0,5 \times 1,732 \times Uo$$

O bien:

$$Zso \times Iao \leq 0,707 \times Uo$$

- **Tercer caso**

$$Zsf \times Iao \leq 0,866 \times Uo$$

O bien:

$$Zso \times Iao \leq 0,5 \times Uo$$

En donde:

- **Uo**: tensión entre fase y tierra.
- **Uc**: tensión de contacto.
- **Iao**: intensidad de corriente eléctrica mínima que asegura el funcionamiento del dispositivo de desconexión automática en el tiempo definido en función de la tensión nominal **Uo** o en las condiciones definidas en el ítem 5.3.2 (de la Norma IRAM 2281-3) en un tiempo no mayor que 5 s.
- **Zsf**: impedancia del lazo de falla.

Nota: existen también condiciones especiales y recomendaciones para el caso que se trate de grandes edificios o cuando se trata de líneas aéreas que deberán ser vistas en el texto completo de la Norma IRAM 2.281-3.

6.9.2. Protección. La consideración fundamental en la adopción de esta disposición o **ECT**, es que cuando se produce una falla a tierra circula una corriente eléctrica de muy pequeño valor y por lo tanto la tensión de contacto que se produce no reviste ningún peligro.

Esta corriente eléctrica de falla es de muy poco valor y circula a tierra cuando se produce la primera falla, situación que cambia notoriamente si ocurre una segunda falla estando vigente la primera produciéndose una elevación del valor de la corriente eléctrica o sobre-corriente eléctrica, ya que se genera un cortocircuito entre fases o entre fase y tierra.

El valor y la circulación de las corriente eléctricas quedan supeditados al circuito que tendrán estas y la forma en que se han puesto a tierra las masas. Se puede asegurar que al producirse el segundo defecto la corriente eléctrica que se establecen son equivalentes a la de los esquemas **TN**.

Esto nos está diciendo que se hace imperativo detectar y señalizar la ocurrencia de la primera falla a los fines de poder eliminarla lo antes posible.

Si hay una sola puesta a tierra de las masas a través del cable de protección **PE**, la corriente eléctrica de falla tiene un cierto valor, que permite su detección, en cambio sí hay varias tomas a tierra, la corriente eléctrica se derivará por cada una de ellas, pudiéndoselas detectar individualmente.

6.9.3. Elementos de protección. De acuerdo con los distintos parámetros de los circuitos eléctricos se hace necesario disponer de los dispositivos o equipos de protección adecuados para efectuar la protección. A continuación se verán cada uno de ellos.

– *Sobre-intensidades.* Como en todos los circuitos eléctricos que se quieran proteger, es necesario determinar la corriente eléctrica admisible por el conductor o cable y establecer un calibre del dispositivo protector que tenga un valor menor. Recordamos que esa sección del conductor o cable debió ser verificada con la corriente eléctrica de cortocircuito disponible en la barra a la cual se va a conectar, la que deberá ser menor a la que puede maniobrar el elemento de corte asociado a esa protección.

La evolución de la corriente eléctrica que toma la carga en el tiempo determina el tipo de curva de respuesta (B, C y D) que debe tener el elemento de protección termo magnético.

– *Fallas de aislamiento.* El riesgo mayor de este esquema es el establecimiento de la segunda falla cuando aún está vigente la primera ya que la ocurrencia de la primera deriva en corriente eléctricas que por decirlo de alguna manera es difícil de detectar; así también la primera falla a tierra implica que el sistema deje de ser aislado y por consiguiente se torne peligroso para las personas, por lo tanto se debe detectar y reparar esta primera falla.

Sabemos que esa pequeña corriente eléctrica se establecerá si el aislamiento se deteriora, en consecuencia lo que se debe hacer es controlar el nivel de aislamiento que presentan los cables del circuito.

Para ello es que recurriremos a un dispositivo creado a ese efecto y que se denomina **monitor permanente de aislamiento**. El mismo **es imprescindible** en todo sistema **IT**, ya que de otra manera no se puede detectar la primera falla.

– *Corriente eléctrica de fuga.* Cuando se trata de varias puestas a tierra y dado que las corrientes eléctricas que se establecen en cada una de las derivaciones no son elevadas, se hace necesaria la utilización de interruptores o relés diferenciales para cada masa o grupo de ellas comprendidos en una sola puesta a tierra.

La protección contra corrientes eléctricas de fuga se realiza mediante el empleo de **dispositivos a corriente eléctrica diferencial de fugas o interruptor a corriente eléctrica diferencial de fuga**, elemento utilizado para las medidas de protección contra los contactos directos e indirectos.

– *Controlador permanente del valor del aislamiento.* Tal como su nombre lo indica es un dispositivo destinado a determinar en forma permanente el valor del aislamiento que presentan los componentes de la instalación eléctrica establecida. Cuando la magnitud del aislamiento desciende por debajo de un cierto valor preestablecido, el mismo dará una señal de alarma y de continuar descendiendo ese valor, se producirá la apertura del circuito.

Es importante destacar que el controlador del valor que toma el aislamiento se puede emplear en una instalación eléctrica o una red alimentada por tensión alterna o bien en continua.

El principio de funcionamiento de estos dispositivos está basado en un caso en la inyección de corriente eléctrica continua y en otro en la inyección de corriente eléctrica alterna.

– Controlador del valor del aislamiento basado en la inyección de una corriente eléctrica continua. El mismo dispositivo procede a inyectar una corriente eléctrica continua entre un punto de la instalación eléctrica y tierra, cuyo valor dependerá de la tensión aplicada y de la resistencia del aislamiento; un instrumento recorrido por esta corriente eléctrica cuya escala se gradúe en Kohm o Mohm nos indicará el valor de la aislamiento.

Esta corriente eléctrica, al circular por una resistencia que intercala el aparato, provoca una caída de tensión que es a su vez censada por el mismo controlador para tomar las acciones de control y protección (por ejemplo una alarma) o para hacer abrir un interruptor a través de los contactos de un relé.

– Controlador del valor del aislamiento basado en la inyección de una corriente eléctrica alterna de baja frecuencia. En este caso el dispositivo tiene un generador de corriente eléctrica alterna de baja frecuencia que permite inyectar una corriente eléctrica entre una fase o neutro y tierra.

Al igual que en el caso anterior, un instrumento graduado en valores de resistencias permite conocer el del aislamiento de la instalación bajo control.

Cuando la corriente eléctrica circula, también lo hace por una resistencia del equipo, lo cual produce una caída de tensión que es censada por un relé. En términos de valores pre-fijados, se generará una señal de alarma.

Este dispositivo puede utilizarse para sistemas o instalaciones eléctricas alimentadas por corriente eléctrica continua, alterna o mixta.

Cuando un defecto es detectado, se procede a abrir y volver a cerrar sucesivamente todas las salidas de la red, lo cual provoca una perturbación en el sistema o instalación eléctrica. Esto no siempre es admitido por el proceso o gestión que se lleva a cabo con esa alimentación.

– Controlador del valor del aislamiento basado en la inyección de una corriente eléctrica alterna de muy baja frecuencia. De forma parecida a lo que se describió anteriormente, en este caso, un generador de

tensión con muy baja frecuencia se conecta entre uno de los conductores (fase o neutro) a controlar y tierra.

Esta última tensión genera en el defecto o falla una corriente eléctrica de la misma frecuencia. Un receptor con un filtro selectivo sintonizado a esa frecuencia detecta esta corriente eléctrica.

Existen dos tipos de dispositivos detectores: el que se instala en forma fija en un punto y el portátil. La operatoria de cada uno de ellos es la siguiente.

El equipo fijo requiere que cada uno de los cables de salida tenga un transformador toroidal conectado a su vez a un conmutador manual que lo aplica sucesivamente sobre el equipo controlador, determinando el estado del aislamiento de cada uno de los cables de salida, esquematizado en la Figura N° 6.23.

En el caso del equipo portátil, este tiene asociada una pinza tipo amperométrica que se va colocando sobre cada una de las salidas o alimentadores que se quiere verificar. Esta disposición se ve en la Figura N° 6.24.

Este método se aplica a redes o instalaciones eléctricas no conectadas intencionalmente a tierra de corriente eléctrica alterna, continua o bien mixta. Y no tiene limitación en cuanto a los calibres de las salidas, así como tampoco el tipo y longitud. La baja frecuencia utilizada tiene por finalidad despreciar la reactancia capacitiva a tierra del sistema, que podría confundirse con una falla a tierra.

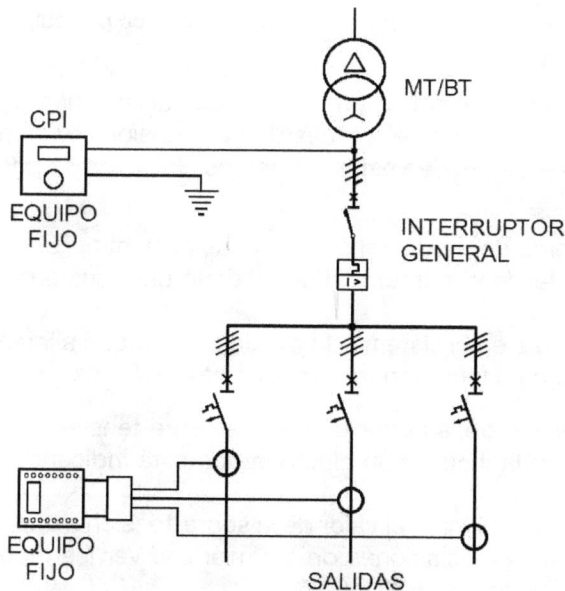

Figura N° 6.23 Protección con un equipo fijo

Para uso hospitalario se utilizan monitores de aislamiento de impedancia o corriente eléctrica total de fuga, dado que en este ámbito y a
consecuencia de la extrema sensibilidad de los pacientes, la capacitancia
a tierra puede ser mortal si excede determinados valores.

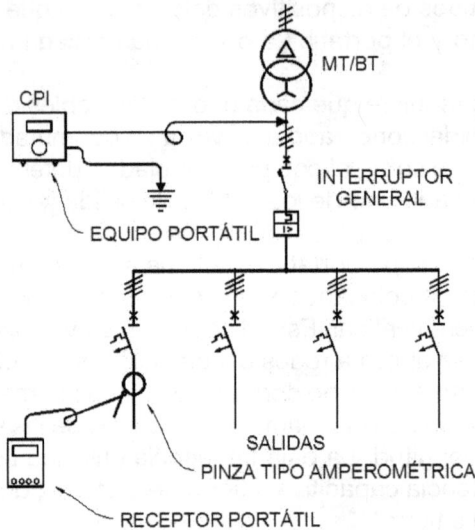

Figura Nº 6.24 Protección con un equipo portátil

– *Protección por sobre-tensiones.* Las aislaciones de los componentes de las instalaciones eléctricas de baja tensión corren riesgos por la
sobre-tensión a que pueden estar sometidas. Las mismas pueden tener su
origen en:

- el sistema de media tensión que las alimenta. Pueden producirse
  arcos desde el primario al secundario del transformador reductor
  (MT / BT),
- maniobras en el sistema de media tensión que alimenta,
- los distintos fenómenos de origen atmosféricos.

La posibilidad de la aparición de una sobre-tensión en el sistema de
distribución o en la instalación eléctrica nos está indicando la necesidad
de una protección.

La misma debe limitar el valor de la sobre-tensión a uno tal que pueda
ser admitido por las aislaciones de las mismas. Ver las representaciones
hechas en las Figuras Nº 6.25 y 6.26.

La función del limitador es derivar a tierra la tensión que supera determinado valor pre-establecido. Cuando ello ocurre se dice que el limitador se ha cebado y a esa tensión se la llama: **tensión de cebado**.

En el momento en que se produce el cebado del limitador; si el sistema cuenta con neutro, el mismo se pone a tierra.

La elección de los cebadores obedece a las siguientes consideraciones:

- tensión nominal de la instalación.
- nivel de aislamiento de la instalación.
- forma de conexión de los limitadores. Pudiendo ser: neutro-tierra o fase-tierra.

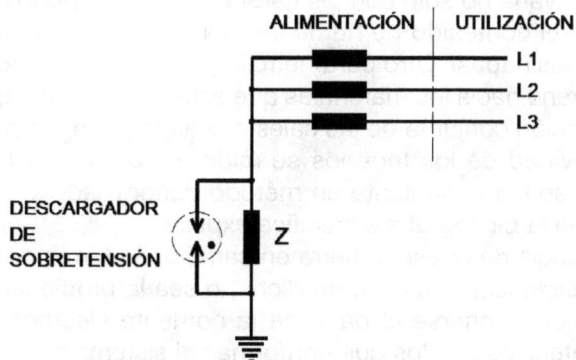

Figura N° 6.25 Protección contra sobre-tensión mediante descargadores

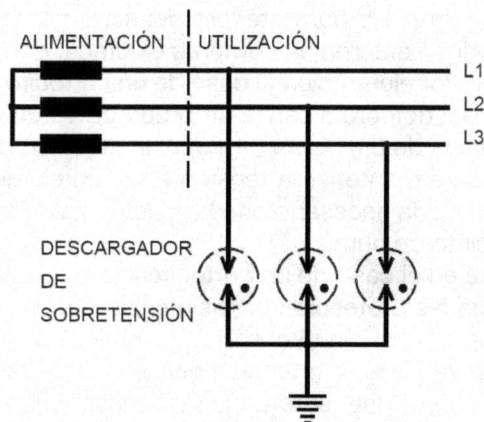

Figura N° 6.26 Protección contra sobre-tensión mediante descargadores

6.10. RESISTENCIA DE PUESTA A TIERRA

6.10.1. Introducción. Se hace necesario distinguir dos términos relacionados con este tema: resistividad y resistencia. En realidad deben ser **resistividad del terreno** y **resistencia de puesta a tierra**.

La resistividad del terreno es una característica propia del mismo y naturalmente muy variable no solo a lo largo y ancho de nuestro país sino también por las diversas características geográficas del mismo sino que, aun en una misma zona, puede tener una fuerte variación. Por ello se la suele medir antes de iniciar una obra a los fines de realizar el cálculo del sistema de puesta a tierra para obtener uno adecuado a las necesidades. Este parámetro varía no solo con las características propias del lugar sino también según el contenido de humedad del terreno (de acuerdo con las estaciones y a las napas). Otro parámetro importante es la agresividad que presenta el terreno hacia los materiales que estarán enterrados; esto último se debe a la acción conjunta de las sales disueltas y el agua presente.

La resistividad de los terrenos se mide en: **ohm-m** u **ohm-cm**. Su determinación se hace mediante un método denominado Wenner (cuatro electrodos), que la bibliografía específica explica.

La resistencia de puesta a tierra en cambio, en términos de electricidad es una resistencia propiamente dicha, o sea la propiedad que tienen los materiales de oponerse al paso de la corriente eléctrica. En nuestro caso estos materiales son los que conforman el sistema de puesta a tierra tales como electrodos, conductores, cables, soldaduras, etc. Este parámetro se mide en **ohm** y existen varios métodos para efectuar su determinación, que veremos en el Capítulo N° 11.

La importancia del valor que presente este parámetro radica en que cuando se produce una falla por deterioro del aislamiento o debida a una sobre-tensión de origen externo, la corriente eléctrica, debido a esto, debe circular hacia tierra. Por ejemplo en el caso de un cortocircuito a tierra, si la corriente eléctrica del defecto alcanza un orden de 10 000 ampere, al pasar por una resistencia de 0,01 ohm provoca una tensión del orden de 100 volt. Por lo tanto, para mantener la tensión entre un elemento y tierra por debajo de este valor sería necesario que la resistencia de puesta a tierra no superase el centésimo de ohm.

Es natural que en el caso de un cortocircuito de la intensidad señalada, el sistema tenga las protecciones (fusibles, interruptores automáticos) que sacarán de servicio el circuito en forma rápida, de tal modo que la persistencia de ese valor de esta tensión peligrosa sea transitoria.

El valor máximo permanente de la resistencia de puesta a tierra de protección debe ser menor o igual a 40 ohm.

6.10.2. Resistividad. Los sistemas de puesta a tierra están formados por varios elementos. Uno de ellos es el que contiene a los electrodos en sus diversas formas constructivas es el terreno en donde se ejecuta la misma. El terreno como todo elemento natural tiene una composición, que es la que le confiere las características para conducir la corriente eléctrica que se derivará a ella por las distintas razones que veremos.

Como sabemos los materiales conductores se caracterizan por un parámetro denominado **resistividad** (ρ). En el terreno o suelo ocurre exactamente lo mismo, o sea que es un parámetro característico del mismo.

Podemos definir a la resistividad como la resistencia que ofrece al paso de la corriente eléctrica un cubo de terreno de 1 x 1 x 1 m. Entonces, si partimos de la expresión general de la resistencia de un conductor:

$$R = \rho \times (l \, / \, s) \quad [\text{ohm}]$$

Para este caso será:

$$R = \rho \times (\, 1 \, [\text{m}] \, / \, 1 \, [\text{m}^2] \,) \, [\text{ohm}]$$

$$\rho = R \times (\, \text{ohm} \times [\text{m}^2] \, / \, \text{m} \,) \, [\text{ohm} \times \text{m}]$$

La resistividad de un tipo de terreno se expresa en $[\text{ohm} \times \text{m}^2]$ y se indica $[\text{ohm} \times \text{m}]$, aunque alguna bibliografía lo expresa en $[\text{ohm} \times \text{cm}]$ o sea que: 1 $[\text{ohm} \times \text{m}]$ = 100 $[\text{ohm} \times \text{cm}]$.

El símbolo utilizado habitualmente es la letra griega ro (ρ).

La resistividad de los terrenos depende de la naturaleza y de la estructura geológica, lo que a su vez determinará su variación en cuanto a la profundidad. A ello habrá que agregarle los factores que influyen sobre la misma como las sales disueltas, humedad, etc.

La resistividad puede ser muy variable de un lugar a otro; tales modificaciones pueden provenir de los siguientes factores:

- composición,
- sales solubles y su concentración,
- humedad,
- temperatura,
- granulometría,
- estratigrafía.

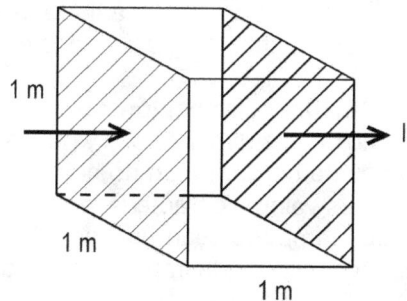

Figura N° 6.27
Determinación de
la resistividad

En cuanto a los valores que puede tomar, en la Tabla N° 6.1 se dan algunos valores orientativos.

TABLA N° 6.1
RESISTIVIDADES TÍPICAS

Tipo de terreno	Valor medio de la resistividad [ohm x m]
Pantanoso	30
Arcilloso, de greda, labrantío	100
Arena húmeda	200
Grava húmeda	500
Arena o grava seca	1 000
Rocoso	3 000

– **Otros factores.** La resistividad del terreno es, en ausencia de efectos secundarios, prácticamente independiente de la intensidad de la corriente eléctrica que lo recorre, pero existen otros factores que pueden modificarla apreciablemente, y que por su naturaleza eléctrica pueden surgir posteriormente a la construcción del sistema de puesta a tierra, como lo son los efectos de gradientes de potencial elevado y del calentamiento del suelo como consecuencia de la circulación de corriente eléctricas de puesta a tierra elevadas o que lo hacen permanentemente.

Magnitudes importantes de la corriente eléctrica de puesta a tierra generan gradientes de potencial de elevados valores en las cercanías de los electrodos de puesta a tierra, que se propagan en diversas direcciones.

El calentamiento del terreno tiende a aumentar la resistividad del mismo.

6.10.3. Circulación de las corrientes eléctricas. El terreno es un medio de tres dimensiones y posee generalmente una naturaleza heterogénea. Esta composición no homogénea hace imposible conocer con exactitud los valores característicos, lo cual conlleva a que los cálculos relacionados tampoco sean precisos. Por consiguiente lo que se haga permitirá conocer con cierta imprecisión lo que realmente ocurre.

Cuando una corriente eléctrica se está derivando por una toma de tierra, la misma busca el retorno al circuito por la vía de la menor impedancia. Alrededor de la toma de tierra, empieza a extenderse en todas las direcciones que se le ofrecen, inflexándose, después, los filetes de corriente eléctrica y tendiendo a concentrarse en una zona subyacente al trayecto de la línea considerada. Su representación esquemática se puede apreciar en la Figura N° 6.28.

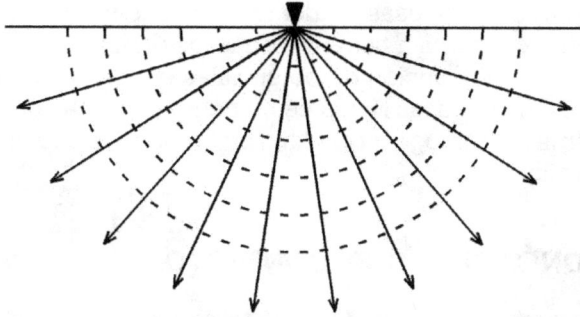

Figura N° 6.28 Electrodo esférico

Las corrientes eléctricas tienden a penetrar más profundamente en el suelo cuanto más elevada es la conductividad del mismo y, por el contrario, se reúnen hacia la superficie a medida que la frecuencia es más alta. En definitiva, a 50 Hz, la capa de filetes de corriente eléctricas de retorno por el suelo puede asimilarse a un conductor difuso único, situado a una profundidad que va desde algunos centenares hasta mil o dos mil metros, según la resistividad del terreno. La figura Figura N° 6.29 representa el caso.

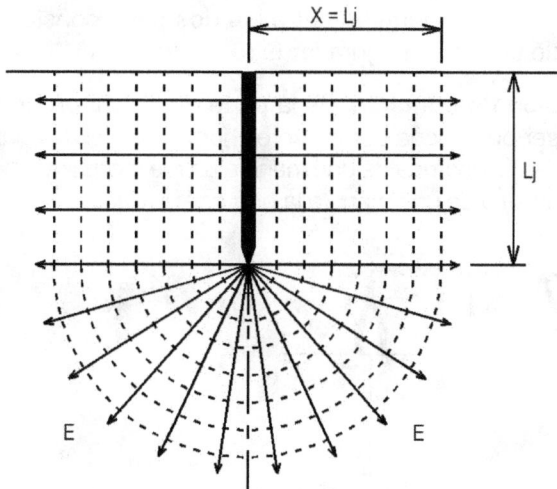

Figura N° 6.29 Esferas equipotenciales

La gran profundidad a la cual penetran los filetes de corriente eléctrica permiten considerar que en esa zona se expanden en forma radial, a partir de la propia puesta a tierra, distancias considerablemente grandes si se las compara con las dimensiones de los componentes de esta, aceptándose que el retorno de esas corriente eléctricas se efectúa desde una distancia infinita de la toma a tierra en todas las direcciones.

Esto originará la aparición de potenciales en torno a la red de tierra. La Figura Nº 6.28 muestra las líneas de corriente eléctricas de un electrodo esférico en un medio homogéneo; la falta de homogeneidad hará que estas líneas se deformen.

6.11. TENSIONES DE PASO Y CONTACTO

6.11.1. Introducción. Debido a una falla en el aislamiento de algunos de los componentes de la instalación eléctrica o bien del de alguna de las cargas conectada a ellas o también por una descarga de sobre-tensión, se produce una circulación de corriente eléctrica por el sistema de puesta a tierra hacia esta última.

Debido a la resistencia de puesta a tierra esta corriente eléctrica hará que el potencial en ese punto se eleve, decreciendo progresivamente con la distancia, justamente debido a la resistencia del terreno. O sea se tiene un gradiente de potencial (dU/dx).

6.11.2. Tensión de paso. Se la define como la tensión que puede ser puenteada por un ser humano entre los dos pies, considerando dicha distancia como de un metro (Figura Nº 6.30).

6.11.3. Tensión de contacto. Es la parte de la tensión de derivación a tierra que puede ser puenteada por los seres humanos y en la cual pasa la trayectoria de la corriente eléctrica de una mano a un pie (horizontalmente, aproximadamente un metro) o de una mano a la otra como muestra la Figura Nº 6.30.

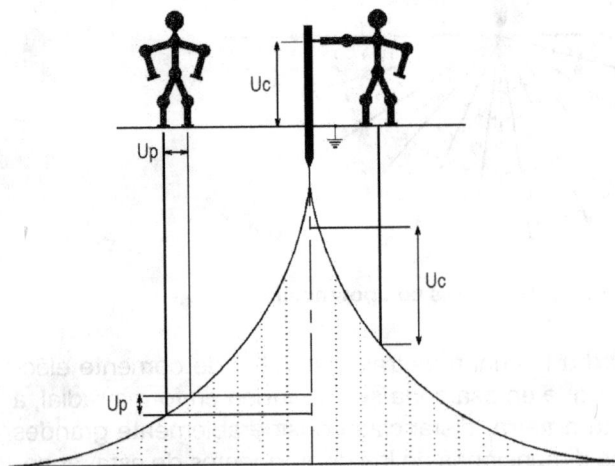

Figura Nº 6.30 Tensión de paso y contacto

6.12. CONEXIÓN EQUIPOTENCIALIZADORA

En los edificios se deben interconectar todas las masas de los mismos a los fines de que no se presenten tensiones de paso o contacto entre los distintos elementos metálicos que son propios de la construcción en sí, tales como cañerías de los servicios (agua, gas, etc.), eléctricas y estructuras (escaleras, conductos, rampas, etc.).

El tema adquiere verdadera importancia cuando se producen descargas atmosféricas ya que pueden aparecer arcos disruptivos.

Para lograr este objetivo hace falta un sistema de barras principales, otras secundarias y una serie de conexiones a las distintas masas como esquemáticamente se aprecia en la Figura Nº 6.31. El desarrollo de este tema excede a esta publicación.

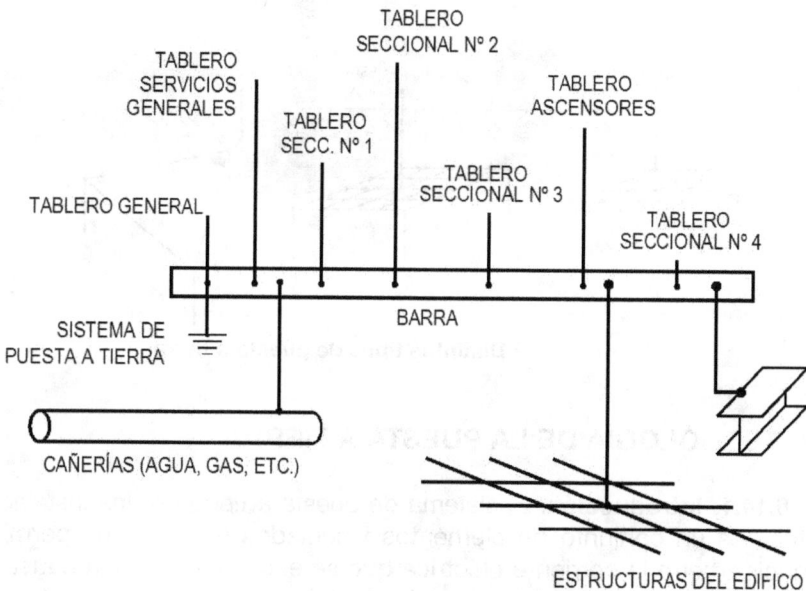

Figura Nº 6.31 Equipotencialización

6.13. TIPOS CONSTRUCTIVOS DE PUESTA A TIERRA

Básicamente podemos apreciar dos tipos de ejecuciones de puestas a tierra: las simples y las compuestas. Las primeras son aquellas formada por un electrodo de puesta a tierra (jabalina); se emplean en edificios unifamiliares o bien en aquellos relativamente pequeños destinados a comercios, talleres, etc., o sea para instalaciones eléctricas con cargas de baja potencia.

Las segundas, en cambio, pueden estar hechas con conductores simplemente enterrados, placas de material conductor (cobre o hierro galvanizado), anillos formados por conductores soldados o bien combinaciones de conductores con jabalina, como pueden ser las denominadas mallas o los piquetes de tres jabalinas (Figura N° 6.32).

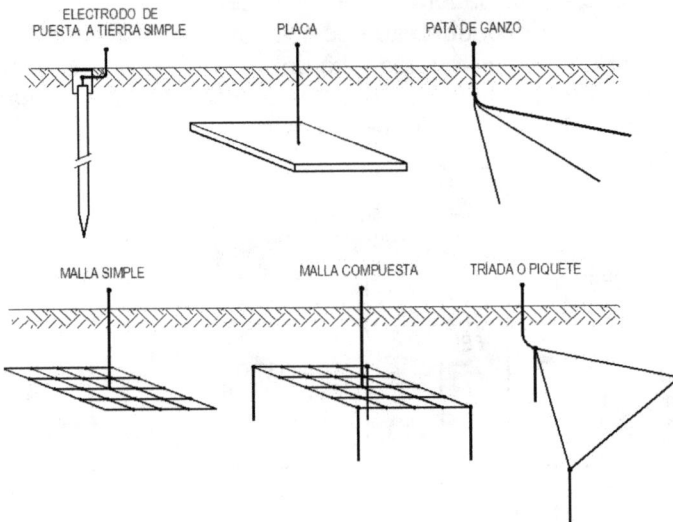

ELECTRODO DE PUESTA A TIERRA SIMPLE   PLACA   PATA DE GANZO

MALLA SIMPLE   MALLA COMPUESTA   TRÍADA O PIQUETE

Figura N° 6.32 Distintos tipos de puesta a tierra

6.14. TECNOLOGÍA DE LA PUESTA A TIERRA

6.14.1. Introducción. El sistema de puesta a tierra de una instalación eléctrica es un conjunto de elementos vinculados entre sí que permiten conducir a tierra la corriente eléctrica que se establece por una causa interna (cortocircuito o deterioro de aislamiento) o externa a la misma (sobretensiones de origen atmosférico, contacto con sistemas de tensiones más elevadas, etc.).

Este sistema, como todos los de protección, debe funcionar en el momento preciso y, aunque es necesaria, no siempre es posible una verificación de su estado en forma práctica y fundamentalmente periódica.

La ejecución de los sistemas de puesta a tierra requiere de la reunión de diseño correcto, materiales adecuados, ejecución idónea y verificación.

Los materiales y elementos componentes empleados son: cables, conductores, electrodos de puesta a tierra (jabalina), accesorios para su vinculación (soldaduras o grapas), caños, caja de medición, cámaras para la inspección y los denominados menores de montaje (tornillos, identificaciones, terminales, etc.).

6.14.2. Tipos de ejecuciones. Para determinados tipos de edificios la puesta a tierra propiamente dicha se puede hacer empleando electrodos de puesta a tierra (jabalinas) en número suficiente para obtener el valor deseado de resistencia; en otros (grandes construcciones, o fábricas) se recurre a las denominadas **mallas**. Las mismas se construyen, como muestra la Figura N° 6.32, con conductores (generalmente de cobre) y electrodos de puesta a tierra (jabalinas). La unión entre estos componentes se hace mediante la utilización de soldaduras exotérmicas o bien mediante grapas fijadas a presión o con tornillos.

La superficie ocupada, el largo de los conductores y el número de electrodos de puesta a tierra (jabalinas) se determina mediante un cálculo establecido en las normas (IRAM o IEEE).

La Figura N° 6.34 muestra cómo se realiza la toma de tierra de un edificio empleando una jabalina como la del esquema de la Figura N° 6.33.

En el caso de instalaciones eléctricas importantes, como pueden ser las de grandes edificios, la puesta a tierra se lleva a cabo por medio de una malla como se ve en la Figura N° 6.35, compuesta por conductores de cobre soldados entre sí y que tienen un determinado número de jabalinas. La soldadura de estos conductores se hace

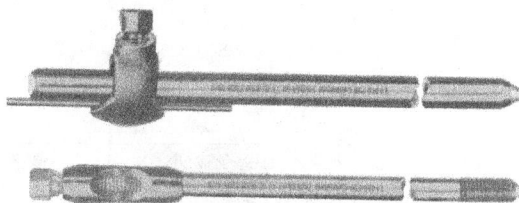

Figura N° 6.33 Electrodo de puesta a tierra o jabalina

mediante un procedimiento exotérmico que se denomina soldadura cupro-aluminotérmica.

La instalación eléctrica alcanza esa malla a través de un cable, que pasa por una caja de medición y de inspección, con lo cual en la primera es posible separar en forma temporaria la puesta a tierra y hacer mediciones para verificar el valor.

6.14.3. Conductores y cables. Los diversos componentes de las instalaciones eléctricas, así como las masas propias de las instalaciones eléctricas y la de los elementos conectados a ellas, se vinculan mediante los cables de protección **PE** o **PEN**, según corresponda.

Las conexiones se realizarán en un punto de cada elemento fijado expresamente para ello que no sea removible, cuando se deba trabajar en el lugar.

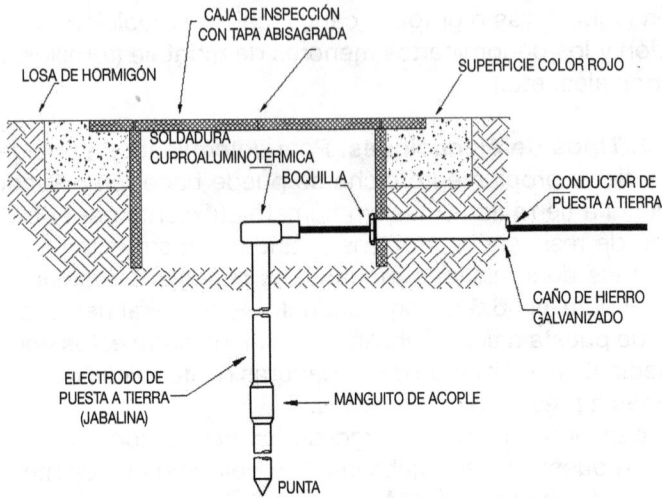

Figura Nº 6.34 Detalle de la instalación de un electrodo de puesta a tierra

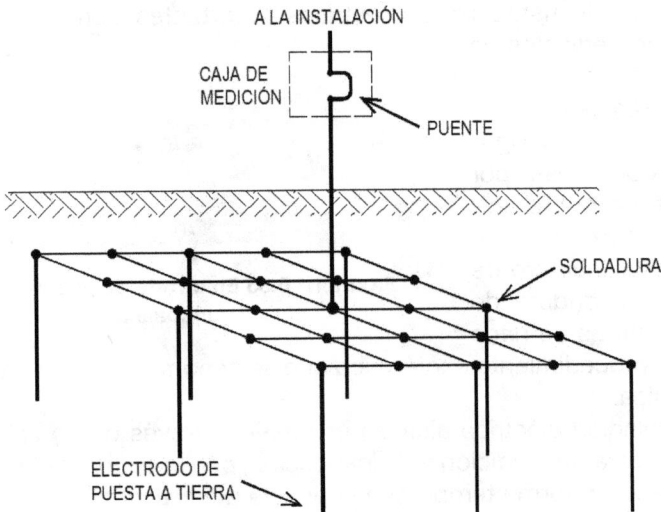

Figura Nº 6.35 Malla de puesta a tierra

Este cable no podrá ser cortado o interrumpido a lo largo de su recorrido; para hacer las conexiones a otros equipos se deberán hacer derivaciones del mismo.

Los cables deberán recorrer inexorablemente toda la instalación eléctrica para realizar las conexiones antes mencionadas y a su vez se deben conectar a la puesta a tierra a través de la correspondiente barra de equi-potencialidad principal, o a la barra de puesta a tierra, o a los bornes de puesta a tierra en el tablero principal, según corresponda de acuerdo con el tipo de construcción.

El cable utilizado para la puesta a tierra (**PE o PEN**) debe ser de cobre fabricado y ensayado según la norma respectiva, cuyo aislamiento deberá ser de color amarillo y verde.

Solamente en el caso de la interconexión de los componentes de los sistemas de bandejas porta-cables se puede utilizar un conductor de cobre (cable desnudo).

La sección de los cables utilizados como cable de protección (**PE**) en la instalación eléctrica deberán tener las secciones indicadas en la Tabla N° 6.2, siendo la **mínima** de **2,5 mm^2** .

TABLA N° 6.2
SECCIONES MÍNIMAS DE LOS CABLES O
CONDUCTORES DE PUESTA A TIERRA

Sección nominal de los cables de la líneas de la instalación eléctrica [mm^2]	Sección nominal del cable de protección y del de puesta a tierra [mm^2]
$S \leq 16$	S
$16 < S \leq 35$	16
$S > 35$	0,5 x S

6.14.4. Caja de medición. Como muestra la Figura N° 6.36 se trata de un gabinete en cuyo interior hay una barra de cobre a la cual se conec-tan por un lado los cables o conductores que recorren la instalación eléctri-ca (**PE**) y por el otro el que va directamente a la puesta a tierra propiamente dicha (electrodo de puesta a tierra, malla o el que se trate). Esta barra que hace de puente debe ser removible para permitir la separación temporaria de ambas partes para hacer la medición de los valores de la resistencia que presenta la puesta a tierra.

6.14.5. Cámara de inspección. Destinadas a verificar el estado de la conexión entre el electrodo de puesta a tierra (jabalina) y el cable que la conecta a la barra de puesta a tierra en el tablero.

Cuando se trata de una sola jabalina se vincula, mediante una grapa a tornillo como la mostrada en la Figura N° 6.36 o una soldadura como las que se aprecian en las Figuras N° 6.37 y 6.38, al cable que va al tablero es posible realizar las mediciones del valor de la puesta a tierra, cumpliendo la misma función que la caja de medición antes descrita (Figura N° 6.39).

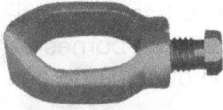

Figura N° 6.36 Grapa para electrodo de puesta a tierra

6.14.6. Electrodo de puesta a tierra o jabalinas. Los electrodos de puesta a tierra (jabalina), se fabrican en forma estándar (como las que se ven en la Figura N° 6.33) y son del tipo más utilizado en la actualidad, de acero recubierto en cobre, de forma cilíndrica y de diversas medidas. Este tipo constructivo está normalizado por IRAM. Aunque también se utilizan tramos de perfiles de acero (ángulos tipo "L" o "cruz") cuya terminación superficial se hace mediante un recubrimiento de cinc que se aplica mediante el procedimiento denominado galvanizado en caliente.

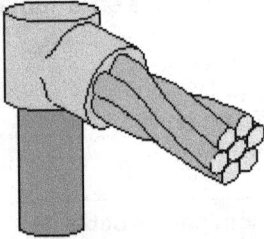

Figura N° 6.37 Soldadura de un cable a jabalina

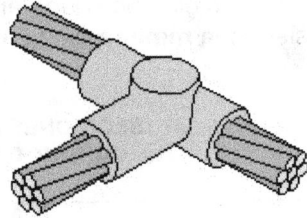

Figura N° 6.38 Soldaduras de dos cables en "T"

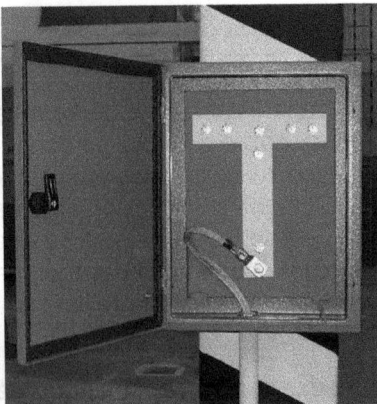

Figura N° 6.39 Caja de medición

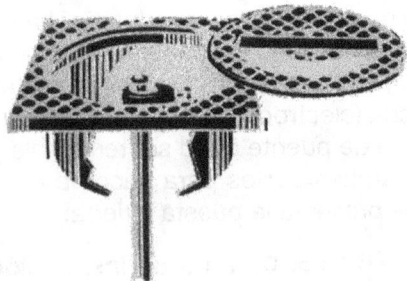

Figura N° 6.40 Cámara de inspección

6.14.7. Unión. Son las que vinculan los distintos elementos componentes del sistema de puesta a tierra. La realización de estas uniones puede requerir de alguno de los siguientes elementos.

- **Grapas**: se utilizan para fijar los conductores a los electrodos de puesta a tierra (jabalinas), o bien para hacer derivaciones a los distintos elementos componentes de la instalación eléctrica (masas). Existen distintos tipos constructivos, como las que utilizan tornillos o bien los que se comprimen.
- **Terminales**: se emplean para efectuar la conexión de los cables (**PE**) a las barras de puesta a tierra o a los distintos elementos que forman las masas.
- **Soldaduras**: se utilizan en principio para vincular todos los elementos del sistema de puesta a tierra que deban quedar enterrados o bien cuando la importancia de las uniones lo requiera (empalme de conductores principales, uniones de conductores con estructuras metálicas, etc.). El tipo de soldaduras empleado es exotérmico, denominado cupro-aluminotérmica. La realización de estas soldaduras requiere de moldes, manijas y de la carga de fundente El procedimiento exotérmico se realiza dentro de un molde como el que se muestra en la Figura N° 6.40. Una vez finalizado el proceso las soldaduras, dependiendo del tipo, son como las que se muestran en las Figuras N° 6.37 y 6.38. La primera es una soldadura entre un conductor y un electrodo de puesta a tierra en cambio la segunda es la unión en derivación de conductores.

Figura N° 6.41 Molde para las soldaduras

CAPÍTULO N° 7

PROTECCIÓN CONTRA CONTACTOS DIRECTOS E INDIRECTOS

OBJETIVOS

- Establecer las distintas formas de protección contra los contactos empleando la tecnología conocida.

- Describir la clasificación de los equipos eléctricos y electrónicos según las normas IRAM.

7.1. INTRODUCCIÓN

La definición del término proteger, expresa:

"Proteger: significa resguardar a una persona, animal o cosa de un perjuicio o peligro, poniéndole algo encima, rodeándole, etc.".

En nuestra temática el perjuicio o peligro proviene de la energía eléctrica y de sus manifestaciones y ello ocurre si los seres vivos llegan a tener acceso a las partes conductoras vivas o bajo tensión.

La forma en que esto sucede hace que este contacto sea **directo** o **indirecto**, por ello todos los equipos y aparatos deben contar con protección contra ambos contactos.

7.2. CONTACTOS

7.2.1. Contactos directos. Se producen en el momento en que los seres vivos acceden en forma voluntaria o involuntaria a partes que se encuentran bajo tensión cuando la instalación eléctrica o los equipos conectados a ellas están funcionando normalmente.

Figura N° 7.1 Contacto directo con dos conductores y piso aislado

Figura N° 7.2 Contacto directo con dos conductores y piso conductor

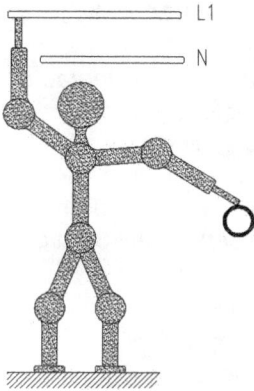

Figura N° 7.3 Contacto directo con un conductor vivo y una masa con piso aislado

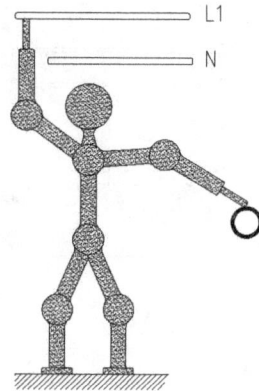

Figura N° 7.4 Contacto directo con un conductor vivo y una masa con piso conductor

Figura N° 7.5 Contacto con dos conductores vivos con piso aislado

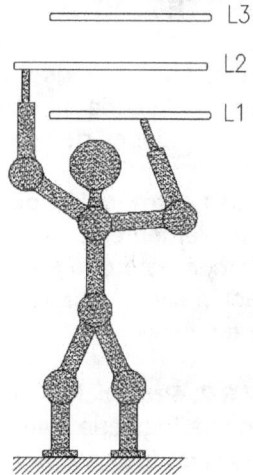

Figura N° 7. 6 Contacto con dos conductores vivos con piso conductor

Las distintas figuras anteriores muestran las diferentes formas y condiciones en las que se puede llevar a cabo un contacto directo.

7.2.2. Contactos indirectos. Son los que se producen cuando los elementos de la instalación eléctrica o los equipos conectados a ellas presentan una falla en su aislamiento. Así lo representa la Figura N° 7.7, en donde se pueda apreciar que la peor situación se dará cuando el piso sea conductor.

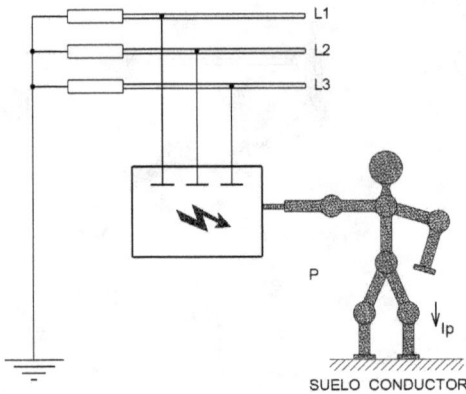

NOTA PARA AMBOS CASOS

Según sea el contacto, será la trayectoria de la corriente eléctrica que circulará a través del cuerpo de la persona, la cual derivará o no a tierra según sea que el piso sea o no conductor.

Figura N° 7.7. Contacto indirecto con piso aislado o conductor

7.3. PROTECCIÓN

A los fines de lograr una protección adecuada, se hace necesario implementar una serie de acciones y utilizar equipos o aparatos adecuados, según los orígenes de cada uno de los tipos de contactos.

7.3.1. Protección contra contactos directos. Se podrá lograr cuando se implementen medidas destinadas a proteger a los seres vivos de un posible contacto con las partes activas o vivas de los componentes de la instalación eléctrica o los equipos conectados a ellas, sin que los mismos presenten fallas.

7.3.2. Protección contra contactos indirectos. Podrá lograrse tomando medidas que eviten un posible contacto con las masas (partes metálicas o conductoras accesibles) puestas bajo tensión **accidentalmente** como consecuencia de una **falla del aislamiento** de alguno de los componentes de la instalación eléctrica o de los equipos conectados a ellas.

7.4. PROTECCIÓN CONTRA CONTACTOS DIRECTOS

7.4.1. Introducción. Esta protección se puede lograr mediante alguna de las variantes que a continuación se detallan. No todas las medidas de protección son aplicables en las viviendas o edificios, por lo que en algunos casos solo se las menciona y se da una breve descripción con fines ilustrativos.

7.4.2. Aislamiento. Las partes activas deberán ser recubiertas con un aislamiento que solo pueda ser retirado o eliminado si se lo destruye.

El aislamiento debe poder soportar las exigencias: eléctricas, mecánicas, térmicas y químicas del medio en donde se instale el equipo o aparato que lo utilice. La Figura N° 7.8 muestra esquemáticamente la disposición de un aislamiento funcional.

En donde el aislamiento no pueda soportar alguna de las exigencias anteriores se recurre a sumarle otra protección para suplir la falta.

En todos los equipos o aparatos, el aislamiento debe satisfacer las condiciones de rigidez dieléctrica acorde a su **clase** o función.

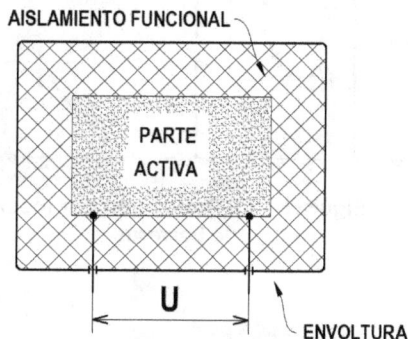

Figura N° 7.8 Protección por aislamiento

7.4.3. Barrera. Otro tipo de protección se puede lograr mediante el empleo de barreras o cerramientos diseñados de modo tal que no se pueda lograr un contacto con las partes activas.

Se exige un grado de protección mínima de IP4X (norma IRAM 2.444) para aquellas partes que sean más fácilmente accesibles.

Estos elementos deben ser fijados convenientemente y poseer la suficiente rigidez mecánica como para asegurar su función con el transcurso del tiempo y fundamentalmente deben estar construidos en forma acorde con el ambiente en el cual están instalados.

Para retirar o abrir cualquier tipo de barrera o envoltura es necesario: primero, que no haya tensión en las partes activas y segundo que para hacerlo se requiera de herramientas o bien que haya que abrir algún tipo de cerradura.

7.4.4. Puesta fuera de alcance. Está destinada a poner fuera de alcance a las partes activas de quienes puedan hacerlo inadvertidamente, como lo indica la Figura N° 7.9.

Estas zonas se definen de acuerdo con el volumen del lugar. El tema está más relacionado con las instalaciones de maniobra o distribución de la energía eléctrica que con los edificios en general.

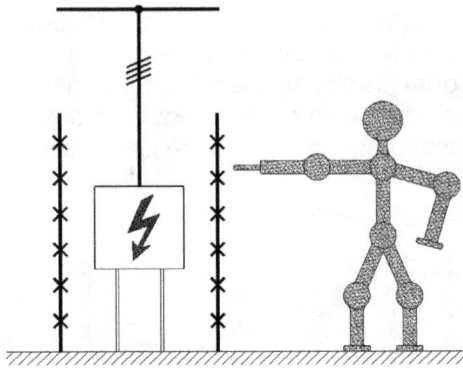

Figura Nº 7.9 Protección por medio de barreras

Figura Nº 7.10 Protección por puesta fuera de alcance

7.4.5. Obstáculo. Los obstáculos cumplen la función de impedir los contactos fortuitos con las partes activas, pero no los intencionales; esquemáticamente es representado por la Figura Nº 7.11.

Estos pueden ser desmontables sin la ayuda de herramientas o cerraduras, pero deberán ser construidos de modo que no puedan ser retirados involuntariamente.

7.4.6. Interruptor automático a corriente eléctrica diferencial de fuga (ID). Es de fundamental importancia comprender que la utilización de estos dispositivos no es una medida de protección completa contra los contactos directos, sino que está destinada sólo a aumentar o **complementar otras medidas** de protección contra contactos directos o choques eléctricos durante el servicio normal y, por lo tanto, no exime en modo alguno del empleo de por lo menos una de las medidas de seguridad descritas, pues, por ejemplo, este método no evita los accidentes provocados por contacto simultáneo de dos partes conductoras activas a potenciales diferentes, contacto con un conductor vivo y el neutro a la vez. En la Figura Nº 7.12 se representa la conexión de carga con la inclusión del ID.

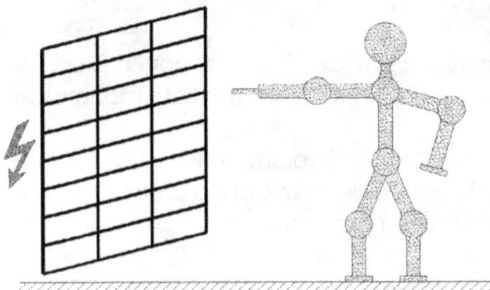

Figura Nº 7.11 Protección por medio de obstáculo

También debe tenerse en cuenta que todo circuito terminal deberá estar protegido por un ID con sensibilidad máxima de 30 mA, de actuación no retardada (instantánea).

Aunque el ID se puede encuadrar dentro de los interruptores o disyuntores automáticos, su misión está relacionada con la protección de las personas y los bienes. Dada la importancia de este dispositivo, el tema será abordado en el Capítulo N° 10.

7.4.7. Preferencia en la utilización de las protecciones contra contactos directos. El orden de preferencias es:

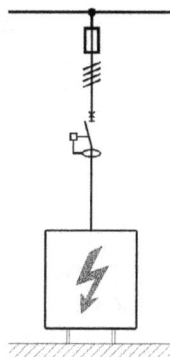

**Figura N° 7.12
Protección
con ID**

- protección por aislamiento de las partes activas,
- protección por medio de barreras o por medio de envolturas.

7.5. PROTECCIÓN CONTRA CONTACTOS INDIRECTOS

7.5.1. Corte automático de la alimentación. Para implementar el corte automático de la alimentación se hace necesario que exista un circuito para que pueda circular la corriente eléctrica de falla (que estará relacionado con el ECT empleado), y que el dispositivo empleado actúe de acuerdo con la tensión establecida y en el tiempo necesario como para evitar cualquier daño.

En el ECT denominado **TT** solo se podrán utilizar dispositivos de corriente eléctrica diferencial de fuga (ID) como elemento de protección contra contactos indirectos. No se permite el empleo de dispositivos de protección contra sobre-corriente eléctricas, a menos que la resistencia de la toma de tierra (que forma parte de la impedancia del lazo de falla) sea muy baja, debido a que esto es de muy difícil obtención y no se puede garantizar la permanencia de su valor en el tiempo. La protección contra los contactos indirectos en este esquema solo podrá realizarse por medio de ID.

Debemos resaltar que el corte automático por medio de ID, sirve también para evitar la generación de un incendio por los efectos de la corriente eléctrica de fuga a tierra.

7.5.2. Puesta a tierra e interconexiones equipotenciales. Las masas de todos los elementos componentes de las instalaciones eléctricas deberán estar conectadas a tierra, mediante derivaciones del cable de protección PE, el cual a su vez estará conectado a la puesta a tierra del edificio. Los circuitos deberán tener su propio cable PE, que tendrán las secciones establecidas al respecto (mínimo 2,5 mm^2).

Las masas extrañas varían según el tipo de edificio. El término equipotencialidad significa que todas estas masas extrañas deberán ser conectadas a tierra a fin de que no se presenten diferencias de potenciales.

La implementación de la misma requiere de una metodología adecuada a las situaciones que se pueden presentar.

7.5.3. Protección contra descargas atmosféricas. La equipotencialidad requiere la conexión de todas las masas (propias y extrañas) involucradas en la instalación eléctrica para evitar las diferencias de potenciales, lo cual también incluye el sistema de protección contra descargas atmosféricas.

Las distintas alternativas que se pueden producir exigen un análisis particular y la aplicación de una metodología específica, como se expresó en el sub-ítem anterior.

La Figura N° 7.13 muestra un ejemplo de una equipotencialización mínima o elemental a los fines de fijar el concepto.

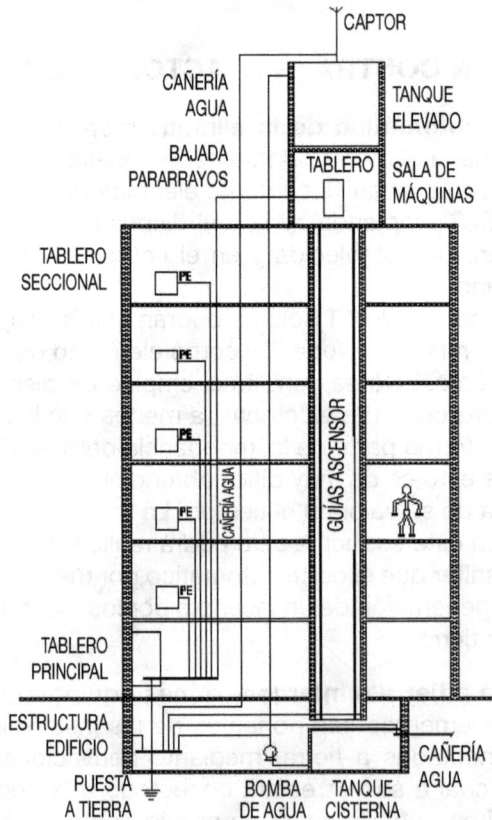

Figura N° 7.13 Ejemplo de equipotencialización elemental

7.5.4. Utilización de equipos, dispositivos y canalizaciones con doble aislamiento. La utilización de esta metodología tiene restricciones en su empleo y requiere de una tecnología particular que deberá ser tratada por idóneos en la materia.

Por ejemplo, si se la utiliza como **única** medida de protección, requiere de la rigurosa supervisión por parte de personal instruido en seguridad eléctrica (BA4) y/o calificado en seguridad eléctrica (BA5), y en ese caso no se podrán emplear bases tomacorriente.

Los materiales y equipos eléctricos deberán tener aislamiento doble o reforzadas o de clase II, y deberán contar con los ensayos y certificaciones correspondientes, así como su identificación con la marca correspondiente (dos cuadrados concéntricos) (Figura N° 7.18).

Figura N° 7.14 Doble
aislamiento

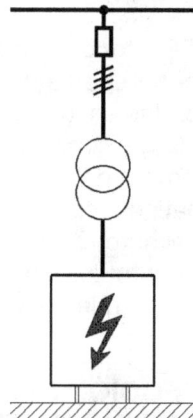

Figura N° 7.15 Alimentación
con tensión reducida

La utilización de un doble aislamiento (clase II) se prevé cuando el equipo o aparato está expuesto a posibles daños mecánicos que puedan deteriorar un aislamiento básico, dejando las partes activas expuestas a un contacto (Figura N° 7.14).

7.5.5. Separación eléctrica. El método de protección contra contactos indirectos se basa en el empleo de aislamientos.

Este sistema de protección está destinado al caso de la alimentación de un solo equipo eléctrico. Cuando se trata de la alimentación de mayor cantidad de equipos las instalaciones deberán estar bajo control, supervisión y operación de personal instruido en seguridad eléctrica (BA4) y/o calificado en seguridad eléctrica (BA5).

Las posibles separaciones son: simple (aislamiento básico), de protección (pantallas) y eléctrica (circuitos aislados de tierra).

7.5.6. Ubicación de los equipos o aparatos en locales no conductores. La protección por ubicación en un local o emplazamiento no conductor, sólo es permitida en instalaciones bajo estricto control, supervisión y operación por personal instruido en seguridad eléctrica (BA4) y/o calificado en seguridad eléctrica (BA5).

7.5.7. Conexiones equipotenciales locales no conectadas a tierra. La protección por conexiones equipotenciales dentro de un mismo recinto, no conectadas a tierra, sólo es permitida en instalaciones bajo estricto control, supervisión y operación por personal instruido en seguridad eléctrica (BA4) y/o calificado en seguridad eléctrica (BA5).

7.5.8. Protección contra los contactos indirectos en equipos o instalaciones especiales NO supervisadas. Existen numerosas instalaciones ubicadas en lugares donde no hay personal en forma permanente, por lo cual la desconexión arbitraria de algún equipo puede acarrear problemas. Ejemplo de estas instalaciones pueden ser: sistemas de ventilación automáticos, cámaras frigoríficas, equipos de retrasmisión de datos, pasos a nivel automáticos, etc.

El elemento utilizado por excelencia en este tipo de instalaciones es el ID que será expuesto en el Capítulo N° 9.

7.6. PROTECCIÓN SIMULTÁNEA CONTRA LOS CONTACTOS DIRECTOS E INDIRECTOS

La protección simultánea contra los dos tipos de contactos se puede lograr utilizando fuentes de tensión para alimentar los circuitos de **muy baja tensión de seguridad** (MBTS) **sin puesta a tierra**.

La tensión para ambientes secos, húmedos y mojados será de 24 V, en cambio cuando se trate de cuerpos sumergidos será de 12 V.

La implementación de este tipo de solución requiere de una tecnología especial tanto para la fabricación del transformador separador como del tendido y conexionado de los cables, que no será desarrollada en el presente libro por considerarlo un tema altamente especializado (Figura N° 7.15).

7.7. CLASIFICACIÓN DE LOS EQUIPOS ELÉCTRICOS

Esta clasificación es aplicable a los aparatos eléctricos y electrónicos (pero no a sus componentes) destinados a ser alimentados con una tensión no mayor a 380 V, para ser utilizados por el público en los hogares, despachos, talleres, escuelas, granjas y lugares análogos (Figura N° 7.16).

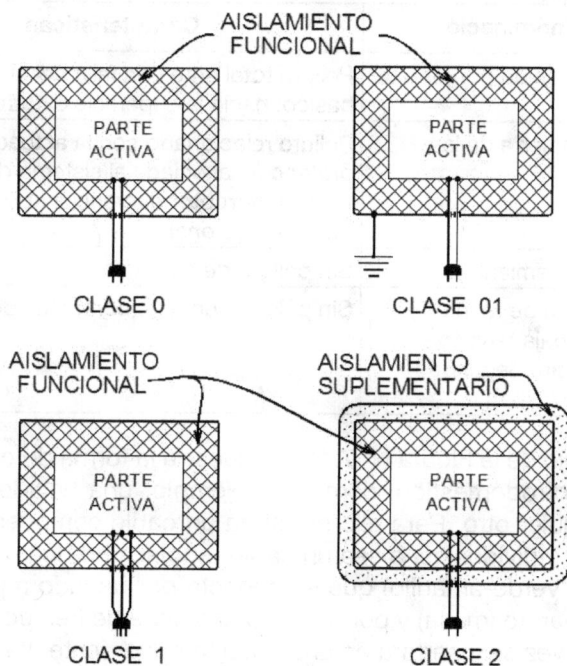

Figura N° 7.16 Clases de protección

- **Clase 0:** indica que es una protección contra shock eléctrico basada solo en un aislamiento básico. No se conectan las masas o partes metálicas a tierra o a un conductor de protección. Este tipo de clase no está permitido en nuestro país.
- **Clase I:** indica que la protección contra shock eléctrico está basada en su aislamiento básico y se conectan las masas o partes metálicas a tierra por medio de un conductor de protección incorporado al cable y ficha de conexión del equipo.
- **Clase II:** significa que es una protección contra shock eléctrico basada en su aislamiento básico más uno suplementario exterior (doble aislamiento). No es necesaria la conexión a tierra de las masas o partes metálicas internas.
- **Clase III:** indica que es una protección total basada en alimentar al equipo con una fuente de muy baja tensión de servicio (MBTS) de menos 24 V.

TABLA Nº 7.1
CLASES DE PROTECCIÓN DE LOS EQUIPOS ELÉCTRICOS

Clase	Denominación	Características
0	Sin protección por puesta a tierra	Peligro total ante una falla del aislamiento básico, hacia la superficie externa metálica
I	Puesta a tierra de las masas	Peligro relacionado con la actuación de la protección asociada al sistema de puesta a tierra. Interruptor diferencial obligatorio en el tablero seccional
II	Doble aislamiento	Sin peligro de contacto
III	Utilización de fuentes de muy baja tensión de servicio. Seguridad intrínseca	Sin peligro aun ante contactos directos

En el dibujo de la Figura Nº 7.18 se muestra la forma de poner a tierra un aparato electrodoméstico, como por ejemplo, una heladera, un lavarropas, o cualquier otro. Para ello se utiliza un cable compuesto a su vez por tres cables individuales, o sea un cable tripolar, uno de los cuales será el PE (de color verde-amarillo) que se conecta por un lado a la estructura metálica del aparato (masa) y por el otro a una ficha de tres pernos planos; esta ficha a su vez se insertará en una base tomacorriente apropiada.

En esta última uno de los pernos se conectará al cable PE de la instalación eléctrica, el cual a su vez estará conectado a la puesta a tierra (jabalina) del edificio.

Si fallara el aislamiento de un conductor vivo e hiciera contacto con la estructura metálica (masa) se produciría un cortocircuito a tierra, haciendo actuar la protección correspondiente. Si la puesta a tierra fuera defectuosa o de un valor inadecuado (muy alto) la estructura metálica quedaría a un determinado potencial, con el consiguiente riesgo para quien hiciera contacto accidentalmente.

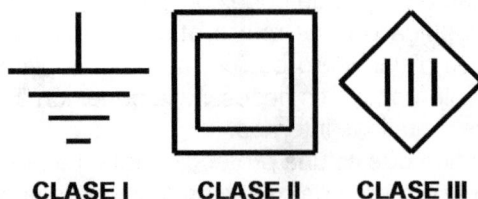

CLASE I   CLASE II   CLASE III

Figura Nº 7.17 Simbología de las distintas clases

En el dibujo de la Figura Nº 7.19 en cambio, se muestra la forma de poner a tierra un artefacto de clase II (doble aislamiento), en el que no hace falta la conexión a tierra (Tabla Nº 7.1).

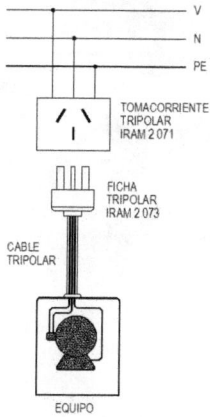

Figura Nº 7.18 Conexión de un artefacto clase I

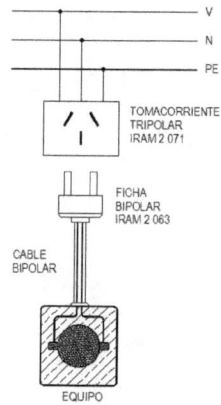

Figura Nº 7.19 Conexión de un artefacto clase II

CAPÍTULO Nº 8

PROTECCIÓN DE LOS
SISTEMAS ELÉCTRICOS

OBJETIVOS

- *Analizar los distintos tipos de fallas que se presentan en los sistemas eléctricos.*

- *Conocer los elementos que se deben emplear frente a cada uno de los casos de fallas.*

8.1. INTRODUCCIÓN

Los fenómenos posibles de afectar el normal funcionamiento de una instalación eléctrica y que pueden tener su repercusión directa o indirectamente sobre las personas, los animales y los bienes son:

- sobre-corrientes eléctricas provenientes de las sobrecargas,
- sobre-corrientes eléctricas derivadas de cortocircuitos,
- sobre-tensión de origen externo derivada de fenómenos atmosféricos,
- sobre-tensión de origen interno originada en la propias redes de distribución,
- deterioro de los aislamientos.

8.2. FALLAS

8.2.1. Introducción. Las instalaciones eléctricas pueden tener fallas de origen interno o externo.

8.2.1.1. De carácter interno.
- Sobre-corrientes eléctricas o sobre-intensidades que se pueden presentar en cualquier circuito eléctrico que pueden ser de dos tipos:
  - De larga duración. Se denominan sobre-corrientes eléctricas.
  - De muy breve duración. Son las corrientes eléctricas de corto-circuito.
- Deterioro de los aislamientos.

8.2.1.2. De origen externo.
- Sobre-tensión.
- Falta de fase.
- Asimetría de las tensiones.
- Sub-tensión.

8.2.2. Sobre-corriente eléctrica. Cada elemento que consume energía eléctrica toma de la red o de la instalación eléctrica al cual está conectado una determinada corriente eléctrica para poder desarrollar la función que debe cumplir de acuerdo con su diseño, que se denomina **corriente eléctrica nominal o corriente eléctrica asignada**; por ejemplo en el caso de una lámpara, para emitir el flujo luminoso nominal; en una estufa, la cantidad de calor para la cual está diseñada, etc.

Con respecto a las corrientes eléctricas que se pueden establecer son las ligeramente superiores a las nominales y las que son muchas veces superiores a estas.

En el primer caso, se las denomina **sobre-corriente eléctrica o corriente eléctrica de sobre-carga** y en el segundo, **corriente eléctrica de cortocircuito**.

Tanto en la sobre-corriente eléctrica como en la corriente eléctrica de cortocircuito, el tiempo de actuación es un factor asociado a su naturaleza; en el primer caso son de larga duración y en el segundo de muy breve duración.

8.2.3. Deterioro del aislamiento. El aislamiento de los equipos o elementos de uso en sistemas eléctricos puede sufrir los siguientes tipos de deterioro:

- mecánico: derivado de una acción puramente mecánica (golpe, cortadura, dobladuras de los cables en ángulo muy cerrado, roedores, mal manipuleo, etc.);
- degradación de sus propiedades dieléctricas: debido a la sobre-elevación de la temperatura, estar sometidos a una tensión superior a la admisible o bien por la acción de los rayos ultravioletas en el caso de cables tendidos a la intemperie.

8.2.4. Arco interno. A consecuencia del deterioro de los aislamientos antes descritos se producen arcos de pequeña magnitud entre dos cables, en un mismo cable o bien entre el vivo y el correspondiente al de protección (PE). Naturalmente la magnitud de estos arcos en las instalaciones de las viviendas o locales no tienen la misma envergadura que el que se produce en las instalaciones de potencia o de media tensión, pero son lo suficientemente importantes como para generar un incendio dependiendo del entorno en el cual se producen.

8.2.5. Sobre-tensión. Es una elevación del valor de la tensión por encima del nominal. Recordemos que el valor nominal en baja tensión es de 220 volt para la distribución monofásica y 380 volt para la trifásica.

La elevación de la tensión provoca el deterioro o la destrucción de los aislamientos de los receptores, lo cual dependerá naturalmente del valor que adquiera. El tema será tratado en forma particular más adelante.

8.2.6. Falta de fase y asimetría de las tensiones. El origen de estas anomalías está en la red de distribución de la energía eléctrica o en fallas en la instalación eléctrica propiamente dicha.

La falta de fases y la asimetría de las tensiones afectan a los circuitos trifásicos solamente, en cambio la sub-tensión no sólo a estos sino también a los circuitos monofásicos.

La asimetría de las tensiones se manifiesta cuando el valor de las tensiones de las fases de un circuito trifásico no presenta el mismo valor.

8.2.7. Sub-tensión. Significa que el valor de la tensión asignada o nominal desciende por debajo de este valor. Ello puede ocurrir porque el suministro por parte de la empresa distribuidora sea deficiente o bien porque la propia instalación eléctrica tenga caídas de tensión inadmisibles debidas a un aumento de la carga o a un mal diseño de los conductores o cables.

8.3. PROTECCIÓN CON LAS FALLAS DE ORIGEN INTERNO

8.3.1. Introducción. Las protecciones por sobre-corrientes eléctricas utilizadas en las instalaciones eléctricas se conectan en serie con los conductores o cables de la misma, y son mecanismos que actúan sacando de servicio la sección o circuito averiado desconectándolos, porque la persistencia de esas condiciones provoca daño a los seres vivos, y provoca la inutilización de elementos e incendios.

Todos los circuitos deben estar protegidos contra ciertas condiciones de funcionamiento anormales que, aunque no pueden llamarse accidentes, no son admisibles.

Los elementos destinados a las protecciones por sobre-corriente eléctrica son de dos tipos: **los interruptores automáticos termo-magnéticos** y los **fusibles**.

Ambos dispositivos basan su principio de funcionamiento en las manifestaciones del paso de la corriente eléctrica a través de ellos. O sea que las protecciones por sobre-corriente eléctrica están ligadas íntimamente con los interruptores. En cambio los denominados "de efecto" o llaves son los unipolares, que sólo pueden operar la apertura y el cierre en forma manual, es decir, de acuerdo con la voluntad o necesidad del usuario.

En cambio los **interruptores automáticos** son aquellos que no sólo conducen o cortan la corriente eléctrica a voluntad del operador, sino que también lo hacen abriendo el circuito si las condiciones no son las prefijadas, por ejemplo, si se verifica una sobre-carga o bien un cortocircuito.

8.3.2. Interruptor automático. Los dispositivos y acciones de protección para los interruptores automáticos son:

- la protección en caso de sobrecarga ligera o de larga duración (sobre-carga): se basa en un dispositivo denominado bimetálico, cuya acción se debe al calor desarrollado por el paso de la corriente eléctrica que está censando;

- los efectos electro-magnéticos: se emplean cuando se trata de corrientes eléctricas de elevado valor y con breve tiempo de actuación (cortocircuitos).

Las actuaciones de los diversos elementos destinados a la protección de los circuitos eléctricos se ven reflejadas en las curvas de funcionamiento o de respuesta, que muestran en forma gráfica la respuesta que tendrá el elemento de protección frente a las magnitudes que están controlando (por ejemplo, corriente eléctrica y tiempo). Estas curvas se representan en un plano formado por dos ejes perpendiculares: a uno se asigna la magnitud corriente eléctrica (A) a una determinada tensión, y al otro el tiempo (t).

Por convención, estos ejes se dibujan en escala logarítmica para que las curvas sean de más fácil comprensión y utilización.

En la Figura Nº 8.1 se muestra la curva de respuestas de un interruptor automático termo-magnético. Como se puede ver, está compuesta a su vez por dos tipos de curvas, indicadas con 1 y con 2 respectivamente, que se intersectan en el punto 0.

La primera de ella (1) representa la respuesta de la protección por sobrecarga y la segunda (2) por cortocircuitos; ambas, combinadas, ofrecen una protección completa frente a estas dos anomalías que pueden presentarse en los circuitos eléctricos.

Estas curvas son proporcionadas por los fabricantes, a través de los catálogos técnicos.

Existen elementos de protección que realizan estas funciones en forma separada, que se emplean en circuitos más elaborados.

Como se observa en la Figura Nº 8.1, todos los valores que se encuentran dentro de la **zona de protección**, que se muestra sombreada, corresponden a los estados en los cuales la protección actúa, desconectando el circuito eléctrico que se encuentra protegiendo.

Si se establece en el circuito una corriente eléctrica de valor I1, la protección actuará en el tiempo indicado con t1, o sea que ha transcurrido t1 segundos desde que se

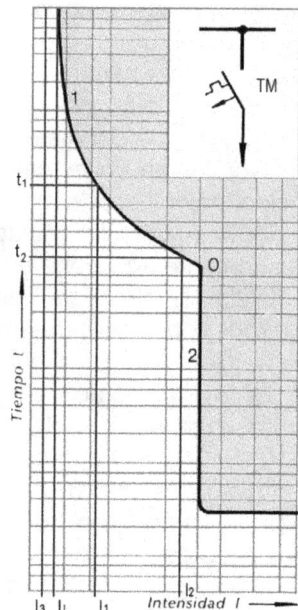

Figura Nº 8.1 Curvas de las protecciones de un interruptor termo-magnético

estableció esa corriente eléctrica. De igual manera si la corriente eléctrica establecida fuese **I2**, la protección actuaría en el tiempo **t2**, en cambio si la corriente eléctrica fuese **I3** la protección no actuará.

La corriente eléctrica indicada con **IL** es la intensidad límite, valor crítico que al ser sobrepasado hace actuar el mecanismo de protección en un tiempo finito.

La palanca de los interruptores automáticos tiene tres posiciones: arriba (circuito abierto), en el medio u horizontal (indica que abrió el circuito debido a la acción de las protecciones) y abajo (circuito cerrado). No son posibles las posiciones intermedias reguladas a voluntad.

Al producirse la apertura de los circuitos, tanto sea en forma normal como en el caso de falla, se establecen arcos dependiendo del tipo y magnitud de la carga conectada; es por eso que los interruptores tienen cámaras denominadas apaga-chispas (en donde se enfrían los gases) en la parte superior de los mismos, lo cual hace que se exijan ciertas distancias mínimas con respecto a otros componentes cuando se encuentran montadas en un tablero.

El proceso físico de extinción del arco en los interruptores automático es un asunto bastante complejo que no se desarrollará en este texto. No obstante, existe abundante bibliografía al respecto.

La apertura es siempre rápida. Al cerrar el interruptor automático, el operador debe hacer una cierta fuerza para cargar en un resorte una cierta energía potencial, que va a ser usada en la posterior apertura.

La acción del sistema de protección automática contra cortocircuitos se basa en un mecanismo compuesto por una pequeña bobina y un núcleo móvil; llegado el caso, este es capaz de destrabar el mecanismo y liberar la energía acumulada en los resortes si la corriente eléctrica toma bruscamente un valor elevado, por ejemplo a causa de un cortocircuito en la instalación eléctrica. Pero, además, el dispositivo destinado a la protección por sobre-carga es una lámina bimetálica que se calienta por la corriente eléctrica que circula por el interruptor automático, lo cual hace que se deforme por efectos de la temperatura y así se logre accionar también el mecanismo de destrabe del sistema. Pero ambos efectos ocurren en circunstancias diferentes.

Es necesario destacar que estos interruptores se fabrican en dos formatos: uno es el que se denomina pequeño interruptor automático termo-magnético (PIA) o comúnmente llamado en forma simplificada: "termo-magnético" (hasta 125 A) y el otro tipo como: "de caja moldeada" o "compacto" (mayores de 125 A) (IA). Los primeros pueden ser unipolares, bipolares, tripolares o tetrapolares. En cambio los segundos sólo pueden ser tripolares o tetrapolares; aunque para tensión continua existen bipolares.

En las Figura N° 8.2 y 8.3 vemos el aspecto constructivo de los interruptores automáticos termo-magnéticos o pequeños interruptores automáticos termo-magnéticos (PIA), uno bipolar y el otro tetrapolar. La Figura N° 8.4 en cambio muestra un interruptor automático termo-magnético del tipo caja moldeada o compacto tripolar.

Figura N° 8.2 Interruptor automático termo-magnético bipolar

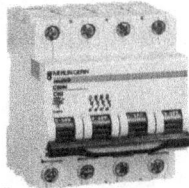

Figura N° 8.3 Interruptor automático termo-magnético tetrapolar

Figura N° 8.4 Interruptor automático termo-magnético compacto

Con respecto a los primeros, si bien su construcción es unipolar se proveen de tipo bipolar, tripolar y tetrapolar. La unión mecánica se logra mediante un accesorio que conecta las manijas de accionamiento de cada uno de ellos, como vemos en las figuras anteriores. Se fabrican para tensiones hasta 500 V y con rangos de corriente eléctricas entre los 0,5 A y los 125 A, con poder de corte de 10, 15 y 20 kA y distintas características operativas (lo cual se ve reflejado en las distintas curvas de funcionamiento, por ejemplo: C, D, etc.).

En cambio los interruptores automáticos de caja moldeada o compactos se construyen para tensiones de 1 000 V y corriente eléctricas que van desde los 100 A hasta los 6 300 A. En general su poder de corte de 25 a 120 kA.

Todos estos valores son generales, los distintos fabricantes presentan una variedad importante, por lo cual, llegado el caso hay que consultarlos y analizar la información técnica suministrada.

En las Figuras N° 8.5 y 8.6 se muestran los símbolos unifilares normalizados (IEC) de un interruptor automático termo-magnético unipolar cuya corriente eléctrica nominal es menor o igual a 125 A y en la Figura N° 8.7, según la misma norma el símbolo trifilar y unifilar de un interruptor automático termo-magnético compacto para corrientes eléctricas nominales mayores a esta última.

Es importante resaltar que el principio de operación de las protecciones antes descritos es para el caso de las que tienen una construcción electro-mecánica, o sea que están compuestas por mecanismos y elementos enteramente mecánicos. En la actualidad estas últimas van siendo paulatinamente reemplazadas por las del tipo electrónico o de estado sólido.

Figura Nº 8.5 Símbolo unipolar de un interruptor TM

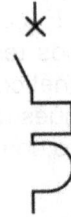

Figura Nº 8.6 Símbolo unipolar alternativo de un interruptor TM

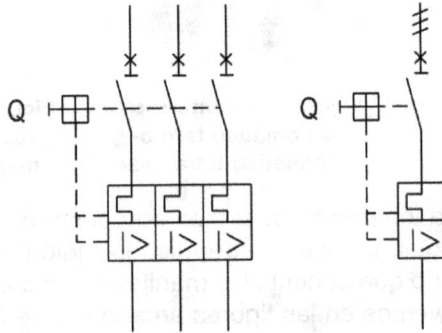

Figura Nº 8.7 Símbolos de un interruptor tripolar del tipo caja moldeada o compacto

La protección electrónica funcionalmente actúa de forma idéntica a la electro-mecánica antes descrita, pero tiene la ventaja de ser más versátil, exacta, confiable y a su vez puede comunicarse mediante algún tipo de red, con lo cual se pueden lograr regulaciones más precisas y que, además, actúan más rápidamente.

Dentro de la gama de los pequeños interruptores automáticos termo-magnéticos, como los que hemos descrito, encontramos los de conformación "unipolar" (todas las protecciones deben ser bipolares como mínimo para interrumpir tanto la fase como el neutro simultáneamente). Son más apropiados para uso domiciliario, aunque no deben descartarse en absoluto para otras aplicaciones, tales como grandes sistemas de iluminación o de circuitos de comando y control.

Al respecto es necesario resaltar el hecho de que aún existen interruptores automáticos termo-magnéticos que se identifican como 1P+N, 2P+N o bien 3P+N, lo cual significa que los elementos de protección están colocados sólo en uno, dos o tres polos respectivamente. Con la letra **N** se identifica al polo que no tiene protección, si bien este último está vinculado mecánicamente con los que sí la tienen. Este tipo de interruptores no están permitidos.

La utilización de los elementos de maniobra y protección se hace a través de:

- circuitos monofásicos: bipolar con elementos de protección en **ambos** polos,
- circuito trifásico tetrafilar o sea con neutro, en los tableros principal o seccional: tetrapolar con elementos de protección en los **cuatro** polos.

Si bien todos los interruptores automáticos de baja tensión tienen un mismo principio de funcionamiento, tal como es descrito más arriba, en la práctica cotidiana la identificación de los interruptores es la que se indica a continuación.

– Pequeños interruptores automáticos termo-magnéticos (PIA) o simplemente **termo-magnéticos**: son los interruptores unipolares con corriente eléctrica nominal máxima de 125 A y capacidad de ruptura máxima de 15 kA. Es posible acoplarlos de dos en dos, de tres en tres o de cuatro en cuatro, según que la instalación sea monofásica (en los circuitos monofásicos debe ser interrumpido el neutro también), trifásica de tres conductores o trifásica de cuatro conductores. Su utilización está más generalizada en las instalaciones domiciliarias. También son muy empleadas en los grandes circuitos de iluminación, circuitos de control y comando y en determinados tipos de tableros como interruptor general.

Según las distintas bibliografías también reciben el nombre de magneto-térmicos.

Se fabrican para tensiones de empleo de 290/400 V o 250/440 V de corriente eléctrica alternada y 60/125 V en corriente eléctrica continua.

Sus calibres o corrientes eléctricas nominales varían según los distintos fabricantes, es así como encontramos: 0,5, 1, 2, 9, 4, 6, 10, 16, 20, 25, 92, 40, 50, 69, 80, 100 y 125 A.

En cuanto a la capacidad de cortocircuito, los distintos fabricantes los hacen para distintas series de valores: 9, 5, 6, 10 y 20 kA.

Es necesario señalar que no todos los valores de corriente eléctrica nominales tienen este rango de capacidad de cortocircuito. De la misma manera no todos los valores de corriente eléctrica nominal tienen todas las curvas características de disparo (B, C y D).

A los fines de lograr una mejor aplicación que permita obtener la protección adecuada, las curvas características de la protección en sí han sido clasificadas según el uso que se le vaya a dar. Es así como podemos encontrar en la Tabla Nº 8.1 el empleo que se debe hacer de cada tipo de curva.

– **Interruptor automático termo-magnético.** Son los interruptores en los cuales los 3 o 4 polos, junto con los elementos de protección, vienen en una sola unidad a los cuales se los denomina *"de caja moldeada"* o bien *"compactos"*. El rango de corriente eléctrica es más amplio ya que abarca de los 69 a los 1 250 A, con poder de corte que llega a los 120 kA.

Su empleo mayoritario se hace en los tableros principales o en los tableros de fuerza motriz como interruptores generales o de cargas importantes. Son los que se utilizan por excelencia en los tableros de instalaciones eléctricas de potencia.

– **Accesorios de los interruptores automáticos termo-magnéticos.**

Como elementos que pueden ser adosados o incorporados a estos tipos de interruptores existen los denominados **accesorios**, que sirven para agregarles otras funciones, entre ellas la de seguridad. Algunas de las más comunes son las siguientes:

TABLA Nº 8.1
CARACTERÍSTICAS Y USO DE LAS CURVAS DE PROTECCIÓN

Identificación	Empleo
A	Protección limitada de semiconductores Protección de medición con transformadores
B	Protección de conductores Uso domiciliario con limitaciones
C	Protección de conductores Uso domiciliario con limitaciones Uso industrial con limitaciones
D	Protección de cables en circuitos de baja tensión (110 V) Uso industrial con fuertes corriente eléctricas de inserción

- **Contactos auxiliares:** son contactos normalmente abiertos o cerrados en cantidades predeterminadas por cada fabricante, que se utilizan para funciones de enclavamiento o señalización; por ejemplo para dar la señal de que el interruptor está abierto o cerrado o que abrió por la actuación de la protección;
- **bobinas de disparo:** permiten abrir el interruptor a distancia y a voluntad, por razones operativas o de seguridad; independientemente del que puede generar la protección del mismo;
- **bobina de cero tensión:** en caso de faltarle la tensión de alimentación al propio interruptor, la misma provoca la apertura del mismo, de modo que al restaurarse la misma alimentación se hace necesario volver a conectarlo (en forma local o a distancia), de esta manera

se evita la conexión intempestiva que en algún tipo de carga puede ocasionarle algún daño o bien puede causar alguna condición
insegura para quienes estén trabajando sobre un equipo en esos
momentos;

- **bloqueo mediante candados:** tanto sea en los interruptores con el
mando a palanca como en el caso de que sea rotativo permite la
colocación de candados para bloquear la maniobra del mismo en
cualquiera de sus dos posiciones;
- **enclavamiento manual:** es un accesorio que mecánicamente une los
dos mandos de otros tantos interruptores de forma tal que cuando se
opera uno de ellos en un sentido, el otro lo hace en sentido contrario.
O sea, cuando se abre uno de los interruptores se cierra el otro y viceversa.

– **Interruptor automático guarda-motor.** Como una variedad de
los interruptores automáticos termo-magnéticos, existen los denominados
guarda-motores. En cuanto a su formato son idénticos a los que hemos
venido tratando como de caja moldeada o compacto, sólo que las curvas de
respuestas de sus elementos de protección están diseñadas y construidas
de acuerdo con las características operativas de los motores eléctricos de
inducción o asincrónicos.

Existen a su vez dos tipos bien diferenciados. El **magnético**, que sólo
cuenta con la protección para la corriente eléctrica de cortocircuito, o sea,
que cumple la misma función que los fusibles. Se los emplean en forma
conjunta con un contactor y un relé de protección térmica o sobre-carga
para proteger un motor elécrtrico.

El segundo tipo es el **termo-magnético**, cuenta con ambas protecciones, o sea, para las corrientes eléctricas de cortocircuito y para las corrientes eléctricas de sobre-cargas de un motor eléctrico.

En ambos casos se dispone de distintos tipos de accesorios, al igual
que los interruptores automáticos termo-magnéticos antes descritos.

Los interruptores del tipo guarda-motores más pequeños se proveen
en un tablero o caja que los aloja en forma unitaria; se emplean en el caso
de bombas eléctricas pequeñas.

– **Montaje de los interruptores.** En cuanto a su montaje dentro de
los gabinetes, se hace sobre un riel de chapa plegada tipo DIN, el cual a su
vez se fija a la placa de montaje en el fondo de los mismos.

Se proveen gabinetes de fabricación estándar que permiten alojar distinta cantidad de interruptores automáticos termo-magnético, desde tres a
varias docenas. Las características constructivas son de lo más diversas,
pasando desde aquellas destinadas a talleres a las que deben ser coloca-

das en edificios destinados a residencias o públicos; por ende este último presenta detalles decorativos (distintos colores, puertas translúcidas, etc.).

El tema Tableros Eléctricos será abordado en el Capítulo N° 11.

8.3.3. Otros elementos para interrupción de los circuitos. Hasta aquí se ha desarrollado el tema de los interruptores automáticos del tipo termo-magnético como elemento de protección automático de los circuitos eléctricos, pero existen de otros tipos que no son automáticos como los interruptores manuales unipolares o multipolares que son mostrados en las Figuras N° 8.8 y 8.9 que se utilizan para estos circuitos destinados a cargas más pequeñas, como el que se muestra en la Figura N° 8.10, asociados a una función de seguridad como el mostrado.

Otra forma que puede adquirir un interruptor es la de pulsador, así es posible encontrar los que están destinados a cumplir funciones en los circuitos de control y otros para realizar las paradas de emergencia y que se muestra en la Figura N° 8.11.

Figura N° 8.8
Interruptor manual
tripolar

Figura N° 8.9
Interruptor manual
unipolar, bipolar o tripolar

Figura N° 8.10 Interruptor
manual de seguridad

Figura N° 8.11 Pulsador
de parada de emergencia

Finalmente se puede nombrar a los seccionadores, que son interruptores que actúan sin corriente eléctrica de carga; pueden conectarse como un elemento se seguridad: para abrir un circuito o bien asociarlo a fusibles para cumplir la función de protección de un determinado circuito.

8.3.4. Fusible

– **Introducción.** El fusible basa su funcionamiento en el principio de que, al circular una corriente eléctrica por un conductor, este genera calor. En el fusible este conductor es el denominado **elemento fusible**, de modo que cuando la corriente eléctrica que lo atraviesa llega a determinado valor el calor que se genera lo funde, con lo cual se abre el circuito dejando de circular la misma.

El diámetro o sección del "elemento fusible" determina la corriente eléctrica admisible del elemento fusible propiamente dicho, lo cual constituye su corriente eléctrica nominal. Dicha corriente eléctrica admisible debe estar en concordancia con la que se quiere controlar.

A partir de este principio elemental, se siguen fabricando fusibles de todos los diseños constructivos y funcionales imaginables. A través de los años su fabricación se fue modificando con los requerimientos de los distintos tipos de instalaciones eléctricas o fundamentalmente por los equipos a proteger y con el acceso a nuevos materiales y tecnologías. Es así como hoy es posible encontrar una gran variedad de ellos que están disponibles según para qué se los quiera usar. Su empleo es muy difundido por su eficacia y su bajo costo, de modo que es posible encontrarlos desde tensiones del orden de los 33 000 hasta fracciones de volt. Esto hace que tengan distintas formas constructivas así como un muy variado espectro de características eléctricas, por lo cual en los párrafos siguientes nos ocuparemos sólo de aquellos que se emplean en las instalaciones eléctricas propiamente dichas y en los circuitos de fuerza motriz más simples, dejando las aplicaciones particulares a la bibliografía específica.

– **Tipos de fusibles.** Dentro de los fusibles destinados a los sistemas eléctricos de baja tensión, existen diversos tipos y aplicaciones. A continuación se tratarán los más comúnmente empleados, tanto sea en los inmuebles destinados a viviendas como aquellos que se utilizan en los circuitos de fuerza motriz.

– **Fusible de uso domiciliario.** Para las instalaciones eléctricas domiciliarias elementales se usan los denominados **tapones**. Consisten en un cuerpo de porcelana cilíndrico, dentro del cual se aloja el elemento fusible por el cual circula la corriente eléctrica a proteger. Cuando esta toma un valor superior al esperado, el calor desarrollado al circular por este elemento fusible lo termina fundiendo, con lo cual se abre el circuito. El arco que se produce, así como el metal fundido, quedan confinados dentro del cuerpo de porcelana.

Estos fusibles se montan o se intercalan en el circuito eléctrico mediante el uso de una base porta-fusible que tiene un cuerpo de porcelana con rosca, llamado **interceptor** o base porta-fusible **tipo UZ**.

Si bien este tipo de fusibles y su base son muy comunes en las instalaciones domiciliarias, la tendencia es reemplazarlos por los pequeños interruptores termo-magnéticos automáticos por su mejor prestación y porque no hace falta ningún tipo de reparación en caso de actuación por una falla.

– **Fusibles tipo cartucho Diazed.** La utilización de estos elementos fusibles requiere de los siguientes componentes.

- **Base.** Permite la conexión o intercalación del fusible en el circuito a proteger. Se proveen para ser montadas sobre riel tipo DIN o sobre la placa de montaje de los tableros.
- **Tapa.** Es el elemento que fija el cartucho a la base. En su parte extrema tiene un visor que permite ver el calibre del elemento fusible propiamente dicho y si el mismo ha actuado o no.
- **Anillo.** Se fija en el fondo de la base mediante un tornillo y sirve para evitar que se coloque un cartucho de un calibre superior al seleccionado originalmente.
- **Protección del conjunto.** Se la utiliza cuando se emplea la base de montaje sobre riel DIN para evitar que se haga contacto con los bornes de conexión de esta.

La Figura N° 8.12 muestra el conjunto antes descrito.

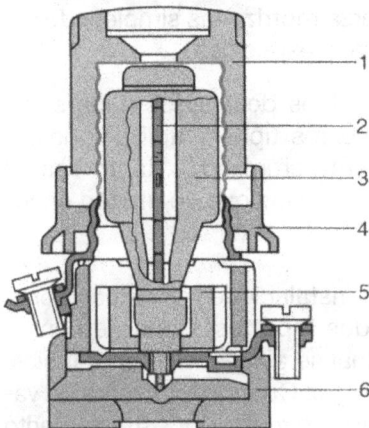

Figura N° 8.12 Conjunto base porta-fusible y fusible tipo Diazed
1. Tapa.
2. Elemento fusible.
3. Cartucho.
4. Protección.
5. Anillo de adaptación.
6. Base.

En este tipo, el elemento fusible propiamente dicho se encuentra dentro de un cartucho de porcelana hermético, el cual está lleno con arena de cuarzo para que apague el arco, absorbiendo la energía liberada por este ya que el mismo se produce en su seno.

Al estar montado dentro de un cartucho, el elemento fusible ofrece un cierto grado de dificultad para repararlo, aunque no es imposible hacerlo. Se pretende que no se reparen a los fines de asegurar una cierta calidad y precisión en la operación de corte.

Estos fusibles se emplean para la protección contra cortocircuitos y sobre-cargas de circuitos domiciliarias y en ciertos circuitos industriales que no sean de fuerza motriz. En cuanto a su capacidad de ruptura, podemos decir lo siguiente: hasta 220 V es ilimitada. En cambio, hasta 500 V la misma es de 70 kA.

Su característica de fusión se especifica con las siglas **GL** (lento/rápida) y responde a normas determinadas que se muestra en la Figura N° 8.13.

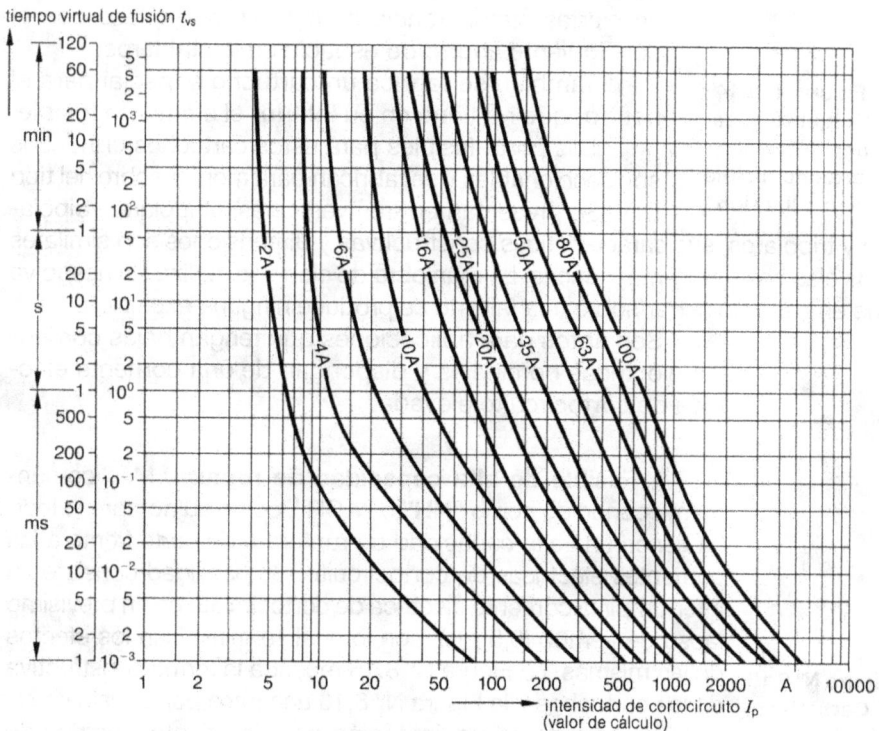

Figura N° 8.13 Curvas de un fusible tipo Diazed

A los fines de poder identificar el calibre del cartucho fusible y su estado, la tapa posee un visor a través del cual es posible ver una chapita circular coloreada fijada al elemento fusible la que se desprende cuando el mismo ha actuado. Cada color representa un calibre del cartucho.

– Fusible cilíndrico. Son del tipo cartucho pero de dimensiones reducidas: diámetro entre 8 y los 22 mm con un largo que va desde los 91 hasta los 58 mm.

Se fabrican con 2 tipos de características de fusión: **lentos (gL)** y **ultrarrápidos (aR).**

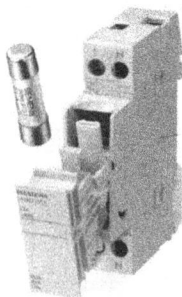

**Figura N° 8.14
Conjunto base
porta-fusible y
cartucho fusible
tipo cilíndrico**

La Figura N° 8.14 muestra la base porta-fusible y el cartucho.

Se fabrican con una gran diversidad de corrientes eléctricas nominales, tensiones y capacidades de ruptura. Es justamente sobre esta última característica que es necesario centrar nuestra atención ya que estos valores son los mismos, a pesar de su reducido tamaño, que los del tipo NH convencionales, lo cual, en ciertas circunstancia permite su reemplazo con el consiguiente ahorro de espacio en los tableros.

También se fabrica un cartucho especial para el neutro, que no tiene en su interior el elemento fusible.

Los porta-fusibles para estos cartuchos cilíndricos son seccionables y se fabrican para montar sobre riel tipo DIN. Se presentan en tres versiones: unipolares, bipolares y tripolares; sus características constructivas y dimensiones son similares a las clásicas termo-magnéticas. La maniobra de cierre se realiza sin riesgo ya que en caso de cerrar sobre una falla no se produce ninguna expulsión.

Son aptos para aplicaciones que tengan bajas corrientes eléctricas nominales y dispongan de una corriente eléctrica de cortocircuito elevada.

**Figura N° 8.15
Cartucho
fusible tipo
NH**

– Fusible de alta capacidad de ruptura. Más comúnmente conocido como **"NH"** o **"ACR"**, como su nombre lo indica tienen una alta capacidad de ruptura o de corte frente a las corrientes eléctricas de cortocircuito. Su habilidad consiste en interrumpir la corriente eléctrica de cortocircuito en un brevísimo lapso de tiempo (0,5 ms), con lo cual se minimizan los efectos de las mismas. La Figura N° 8.15 muestra la forma constructiva de los cartuchos y la Figura N° 8.16 una base porta-fusibles.

La capacidad de limitación de la corriente eléctrica de cortocircuito con tensiones de hasta 500 V supera los 100 kA;

en tensión continua suele ser menor y está acorde con la corriente eléctrica nominal del cartucho fusible.

La fabricación de estos cartuchos fusible se hace por tamaños, según van asociados a sus corrientes eléctricas nominales.

La Figura N° 8.17 muestra el símbolo de los fusibles y la Figura N° 8.18 uno del tipo de curvas de respuestas o actuación.

Figura N° 8.16 Base porta-fusible tipo NH

Figura N° 8.17 Símbolo de un fusible tipo NH

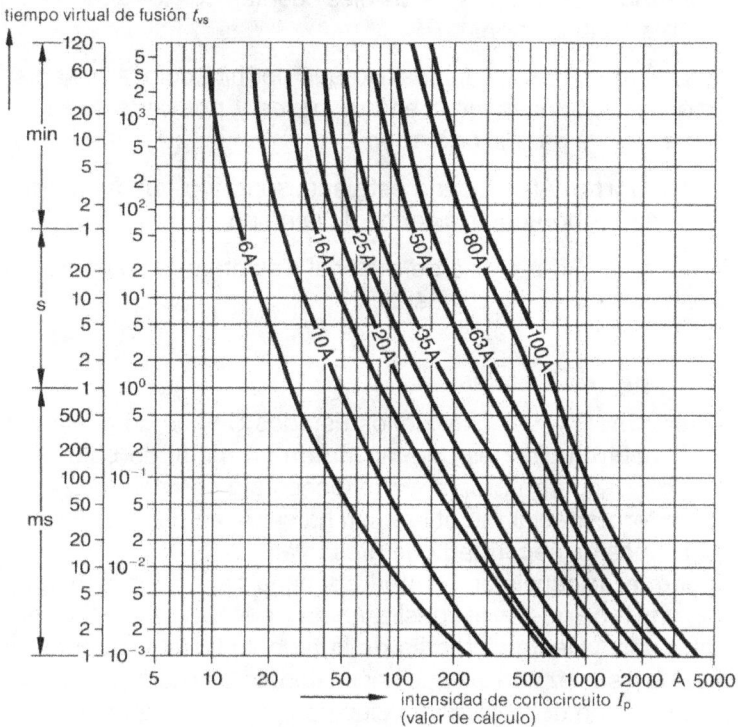

8.18 Curvas de un fusible tipo NH

– **Identificación y empleo.** Estos fusibles se identifican para su aplicación de acuerdo con las siglas mostradas en la Tabla N° 8.6.

TABLA Nº 8.6
IDENTIFICACIÓN DE LOS FUSIBLES Y SU UTILIZACIÓN

Identificación	Utilización
Gl	Conductores y dispositivos de maniobra en general
Ar	Semiconductores contra cortocircuito
GTr	Transformadores de distribución
Am	Motores contra cortocircuitos
Gc	Condensadores completos
GR	Semiconductores completos
GB	Equipamiento de industria minera

– **Accesorios.** Estos tipos de fusibles cuentan con los accesorios que se mencionan a continuación.

- **Empuñadura**. Es un dispositivo que permite colocarlos en su posición de funcionamiento en sus bases y por ende extraerlos en forma segura para el operador.

- **Cubre borne**. Al colocarle este accesorio, no quedan partes con tensión (sus bornes) al alcance de la mano.

- **Separador**. Son placas de material aislante que se colocan entre dos bases-cartucho de fusibles.

– **Otros tipos de fusibles**

- **Americano:** proveniente de los Estados Unidos de Norteamérica, el elemento fusible es una lámina de un metal de bajo punto de fusión y el cuerpo propiamente dicho está construido con un tipo de cartón especial. Su utilización ha caído en desuso debido a los problemas de seguridad que presentan.
- **Tabaquera:** consisten en una pequeña caja de material aislante con una tapa que se fija deslizándola y ejerciendo una leve presión. Entre dos salientes internas de la tapa se fija el elemento fusible, las que a su vez son las que hacen contacto en la base permitiendo la circulación de la corriente eléctrica por el elemento fusible. Este tipo encuentra su aplicación en los circuitos en donde la corriente eléctrica que circula es de muy poco valor y fundamentalmente donde la corriente eléctrica de cortocircuito disponible en la instalación eléctrica es muy baja.

8.3.4. Protección por arcos internos de las instalaciones eléctricas domiciliarias. Como hemos venido describiendo en los párrafos anteriores existen diversos dispositivos para proteger por varios tipos de fallas a las instalaciones eléctricas, los cuales basan su funcionamiento en la circulación de la corriente eléctrica que los circula o bien la diferencia entre las mismas tales como los interruptores automáticos termo-magnéticos (PIA) o bien los interruptores diferenciales (ID).

Cuando ocurre un arco estos últimos parámetros no se modifican como para hacer actuar a los citados dispositivos de protección, ello es debido a la propia mecánica del arco eléctrico en una instalación eléctrica domiciliaria, lo cual dista enormemente de los que se producen en las instalaciones de potencia de baja tensión o de media tensión, como ya se anticipó.

El encendido de un arco eléctrico, su mantenimiento y extinción es debido a complejos fenómenos electrotécnicos que se manifiestan con diversas magnitudes de los sistemas eléctricos (tensión, corriente eléctrica, temperatura, tiempo, etc.) que no serán tratados en esta obra.

Estas manifestaciones permiten ser utilizadas convenientemente por un dispositivo especialmente diseñado para desconectar el circuito afectado a los fines de evitar un daño mayor, como podría ser un incendio; el citado elemento se denomina **Detector de fallas por arcos**, el cual también es capaz de detectar sobretensiones ajenas a las que se puedan producir en las cargas comunes conectadas a la instalación eléctrica.

Este dispositivo se utiliza acoplado a interruptores automáticos termo-magnéticos (PIA) del tipo bipolar.

8.4. PROTECCIÓN CONTRA FALLAS DE ORIGEN EXTERNO

8.4.1. Falta de fase, asimetría de la tensión, baja tensión y sobre-tensión. Consideramos como tales aquellas fallas que no se originan en la instalación eléctrica del usuario, sino que provienen del exterior, tanto sea de la red de distribución de la energía eléctrica a la cual están conectadas o debido a fenómenos atmosféricos.

Entre las primeras podemos citar: falta de fase, asimetría de la tensión, baja tensión y sobre-tensión interna.

La protección de los circuitos se realiza mediante los denominados **relés de protección**, los cuales se conectan al sistema de alimentación del circuito que se quiere controlar. Existe una diversidad de los mismos de acuerdo con la magnitud o parámetro que se quiere verificar. En la Figura N° 8.15 se muestra un tipo de estos relés.

Figura N° 8.19
Relé de
monitoreo

8.4.2. Sobre-tensiones

– **Introducción.** Uno de los fenómenos a los que se encuentran sometidas las instalaciones eléctricas (potencia, fuerza motriz y control), de comunicación (imágenes y datos), de instrumentación, etc., es la **sobre-tensión.** Esto representa un riesgo para todos los componentes de la instalación eléctrica en sí, o los vinculados a ella, y para las personas que se encuentran en las cercanías u operando en la red.

En nuestro país la falta de datos estadísticos sobre los siniestros provocados por las sobre-tensiones impiden hacer una evaluación en cuanto a las pérdidas que ocasionan, tanto sea a las personas como a los bienes. Debemos resaltar que estos daños no deben ser pocos si tenemos en cuenta la gran cantidad de equipos electrónicos que se van incorporando a los procesos productivos, comerciales u hogareños y el incremento de las tormentas eléctricas. Decimos equipos electrónicos porque presumiblemente son los que menor robustez estructural presentan, pero los demás artefactos también son vulnerables.

– **Definición.** La sobre-tensión es una elevación súbita del valor de la tensión que llega a ser muchas veces la nominal (y máxima) del sistema. Esta se manifiesta como una onda que tiene un tiempo brevísimo de elevación para llegar al valor máximo y otro un poco mayor para disminuir, o sea que el primer tiempo es mucho menor que el segundo.

– **Efecto de la sobre-tensión.** Los distintos componentes de las instalaciones eléctricas, tales como cables, interruptores, etc. se fabrican con un aislamiento acorde a la tensión nominal del sistema a la cual estarán conectados. Por ejemplo: 3 x 380 + N V. De allí que se define la **tensión nominal** y la **tensión máxima** a que podrían llegar a operar.

Para cada una de estas tensiones nominales se define a su vez un nivel de tensión a impulso u onda que pueden soportar, o sea que superado el mismo se produce el deterioro o destrucción del aislamiento, que puede provocar a su vez la del elemento en sí y la del equipo al cual pertenece. De no mediar la destrucción inmediata se produce una disminución de las propiedades del material aislante, o sea que se debilitan y quedan expuestas a una falla en el futuro.

La destrucción de los aislamientos se produce acompañado de la generación de calor y llamas que al propagarse pueden producir un incendio o una explosión.

Otro efecto no deseado es el de los campos electromagnéticos derivados de las sobre-tensiones, las cuales producen tensiones inducidas en distintos elementos circundantes que pueden alcanzar valores que resulten peligrosas para las personas o las instalaciones.

Un efecto tal vez más conocido es la actuación intempestiva de los interruptores diferenciales, que se puede producir aun cuando la perturbación sea un tanto lejana. A consecuencia de esta apertura se pueden producir problemas, tema que se tratará en el capítulo de los interruptores o disyuntores diferenciales (Capítulo N° 10).

– Procedencia de la sobre-tensión. Se pueden producir en el **exterior** del inmueble o instalación considerada o en el **interior** de las redes (de baja o media tensión) que proveen la alimentación.

– Sobre-tensión procedente del exterior. En cuanto a las causas del origen podemos citar:

- El contacto de líneas de baja o muy baja tensión con otras de mayor tensión, por ejemplo una línea para la transmisión de datos o telefonía con una de 3 x 380 V (o mayor).
- La inducción provocada en las líneas de menor tensión por otra de mayor tensión. Esto se produce cuando las mismas no guardan las distancias debidas en los tendidos paralelos o cruces por compartir columnas o soportes.
- Derivadas de fenómenos climatológicos como las tormentas. Sobre-tensiones originadas por fenómenos climatológicos tales como tormentas producen descargas de rayo o sobre-elevación de la tensión por nubes cargadas que se aproximan a las instalaciones o líneas. La primera de ellas es la más conocida (luego la veremos con mayor precisión).

– Causas originadas en los propios sistemas eléctricos. Las sobre-tensiones originadas en los propios sistemas de distribución de la energía eléctrica se deben a los fenómenos derivados de las conmutaciones.

Las maniobras que se realizan en los sistemas de distribución en media tensión suelen traer consecuencias en las líneas de baja tensión debido al efecto de acoplamiento.

Las causas que pueden producir este efecto son la desconexión de cargas inductivas, y la desconexión de inductancias en la rama serie del circuito de corriente eléctrica. Esta apertura de los circuitos puede efectuarse intencionadamente mediante interruptores o por la apertura de un fusible.

Esta sobre-tensión producida en los procesos de conmutación de las instalaciones eléctricas de media tensión derivan del acoplamiento capacitivo con las líneas de baja tensión.

Los orígenes pueden estar dados por:

- desconexión de una línea en vacío (comportamiento capacitivo);
- desconexión de un transformador en vacío;
- derivación a tierra de redes aisladas de tierra.

– **Variación de la sobre-tensión.** Cuando se menciona que la sobre-tensión es una variación brusca de la tensión, implícitamente se hace referencia al tiempo en que se lleva a cabo, o sea a la duración del fenómeno tanto en su crecimiento como en su decrecimiento.

Entonces, si nos atenemos a la duración de las sobre-tensiones, pueden ser: **temporarias** (de duración relativamente larga) o bien **transitorias** (de corta duración o sea de pocos milisegundos).

A los fines de poder realizar un ensayo en los equipos para poder comprobar su comportamiento es que las normas han definido distintos tipos de ondas de sobre-tensión.

– **Clasificación.** Para poder determinar las características de las protecciones necesarias y en base a las experiencias registradas es que se ha establecido una clasificación en **niveles**, que permitirán determinar la ubicación de las protecciones de los distintos componentes de la instalación eléctrica o bien de los equipos conectados a ella.

Siguiendo un camino en sentido inverso del que hace la energía eléctrica podremos encontrar **cuatro niveles**, que van desde el consumo propiamente dicho a la alimentación de la instalación eléctrica que se está considerando por parte del sistema de distribución de la energía eléctrica.

Estos niveles a su vez determinan los valores de tensión de impulso que pueden admitir, o sea que será el valor de la tensión a la cual se somete esa parte de la instalación eléctrica o equipo.

Los aparatos de protección se consideran conectados en forma fija a las instalaciones eléctricas a proteger.

- **1er. Nivel.** La protección está conectada en el exterior de los equipos a proteger. Están destinadas a los equipos electrónicos. La tensión admisible no supera los 1,5 kV.
- **2do. Nivel.** Se instalan para proteger los equipos y aparatos de uso corriente eléctrica. Permiten una tensión de 2,5 kV.
- **3er. Nivel.** Se conectan después o en el tablero de distribución principal. Soportan una tensión de impulso de 4 kV.
- **4to. Nivel.** Se emplean en las cercanías de la fuente de alimentación de la instalación eléctrica, o sea antes del tablero de distribución principal. Soportan una tensión de impulso elevada (6kV)

– Protecciones

- **Principio.** El principio en que se basan las protecciones contra las sobre-tensiones es limitar el valor de la misma a una tensión que pueda ser admitida por el aislamiento normal de los materiales, los aparatos y los equipos integrantes de la instalación eléctrica o bien de los equipos que se encuentran conectados a ella.
- **Tipos de protecciones.** Los elementos que se utilizan para llevar adelante las protecciones básicamente son los siguientes:
  - descargadores de corriente eléctrica;
  - descargadores de sobre-tensiones.

Las protecciones propiamente dichas necesitan de ciertos accesorios para completar su acción protectora, como pueden ser los desacopladores que se utilizan para desacoplar los circuitos de modo de lograr la coordinación de los descargadores.

El funcionamiento de estos elementos de protección se basa en la combinación de electrodos montados dentro de cápsulas con un ambiente gaseoso, así como elementos en que su resistencia varía con la tensión aplicada (varistores).

Los dispositivos que se utilizan en las distintas zonas son combinaciones de estos elementos, y a su vez tienen distintas formas constructivas aunque se basen en los mismos principios.

Con referencia a las distintas formas que adoptan estos dispositivos, también es necesario destacar que también se adaptan al lugar de montaje.

Otra cuestión que hace a la ubicación y tipo de protección es el Esquema de Conexión a Tierra (ECT), ya que las conexiones están íntimamente relacionadas con las disposiciones y cantidades de cable.

– Sobre-tensión de origen atmosférico.
Dentro de las de este último tipo están las descargas de rayos, que a su vez pueden ser: **directas, cercanas** o **lejanas.**

- **Directa:** cuando el rayo cae directamente sobre el inmueble o equipo, según se trate. Los efectos que se producen son: elevación de la tensión en la resistencia de puesta a tierra y la inducción de tensiones peligrosas en bucles metálicos.
- **Cercana:** la descarga se efectúa en las líneas (energía eléctrica, teléfonos, etc.) o en las cañerías de los servicios (agua, gas, etc.) que ingresan al área considerada.
- **Lejana:** en este caso las ondas de sobre-tensión se propagan a la velocidad de la luz por los cables o conductos, pudiendo alcanzar distancias considerables si se trata de una población.

Las ondas de la sobre-tensión se pueden acoplar en forma óhmica, inductiva y capacitiva a los cables que se encuentren en las cercanías.

Dada la importancia de las sobre-tensiones de origen atmosférico es que veremos cuál es su mecanismo y su posible protección.

En el caso del rayo existen varias teorías para explicar la acumulación de cargas eléctricas en las nubes. Citaremos sólo una de ellas. Las pequeñas gotas de agua existentes en toda nube, por la acción de corrientes eléctricas de aire frío que suben, se congelan y aparecen cristales de hielo. Entre las gotas y los cristales se forma una diferencia de potencial. Las gotas de agua quedan cargadas en forma positiva y tienden a ubicarse en la parte superior de la nube. Las gotas que se congelaron y son más pesadas, se tornan negativas y van hacia abajo. La parte inferior de la nube se comporta como un gran cuerpo negativo que da frente a la tierra e induce, por esta causa de proximidad, cargas positivas en la superficie, como se ve en la Figura N° 8.20. El gradiente de potencial en relación a la tierra es bajo, por la gran extensión, pero en los lugares protuberantes como árboles, torres, postes y demás elementos semejantes, se torna importante. Por ello, no es de extrañar que se produzca un arco eléctrico entre la nube y la parte de la tierra que tiene forma aguda. El primer movimiento de cargas es negativo y de poca intensidad, pero enseguida se genera una fuerte corriente eléctrica de tipo positivo y de sentido inverso. Eso se trata de ilustrar en la Figura N° 8.21.

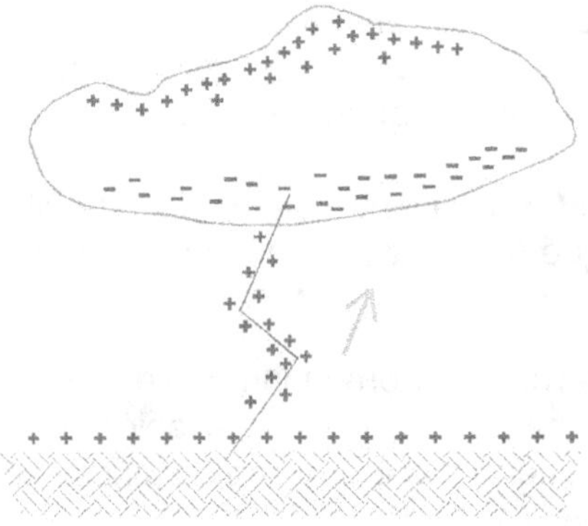

Figura N° 8.20 Cargas ascendentes

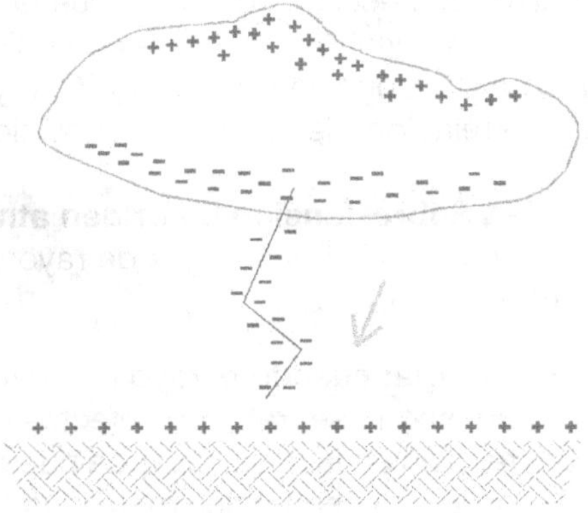

Figura N° 8.21 Cargas descendentes

– **Protección.** El elemento natural para la protección de los rayos es justamente el denominado **pararrayos**; ahora bien, a diferencia de los otros tipos de protecciones, este elemento no evita ni detiene al rayo propiamente dicho, sólo trata de conducir la descarga por un camino seguro. No se trata de un solo elemento sino que está constituido por una serie o formando un sistema.

El pararrayos constituye simplemente una buena conducción a tierra de las descargas atmosféricas. Es un dispositivo de seguridad, no sólo para las personas sino también para los bienes.

El rayo es una descarga que ocurre entre una nube y la tierra o viceversa, debido a que por diversas circunstancias están a distinto potencial, estimándose que la tensión en el momento de la ruptura puede valer entre 10 millones y 50 millones de volt.

Funcionalmente la protección se puede lograr mediante dos tipos de pararrayos: **pasivos** o de **Franklin** y **activos,** así como también con conductores formando una **jaula de Faraday.**

– Pararrayos pasivos o de Franklin. El nombre de Franklin se asocia a Benjamín Franklin, un estadounidense que fue quien primero lo utilizó; en cuanto al término "pasivo", es contrapuesto al tipo "activo" en cuanto a que no contiene o utiliza ningún tipo de circuito ya que es un elemento mecánico. A ambos pararrayos se los denomina **captores.**

Puede ser de una punta o de varias, como muestran las Figuras Nº 8.22 y 8.23; los construidos en bronce tienen las puntas de acero inoxidable para evitar los efectos de la corrosión.

Un pararrayos de este tipo se monta en un lugar prominente del inmueble, equipo o instalación que se quiere proteger, y se vincula a una puesta a tierra por medio de un camino de baja resistencia (conductor). En la Figura Nº 8.24 se ilustra la silueta de un edificio en cuya parte más alta hay un pararrayos (tanque de agua).

La eficacia o cobertura que proporciona, o sea la zona en que existe la mayor probabilidad de que el rayo no caiga es un cono, cuyo vértice es la punta del pararrayos; la generatriz del cono

Figura Nº 8.22 Pararrayo de una punta

Figura Nº 8.23 Pararrayo de varias puntas

tiene un ángulo de 45 grados con respecto a la vertical (admitiendo una tolerancia del 10%).

Conforme sea la forma del edificio a proteger, se ubican los pararrayos necesarios para que toda la silueta del edificio quede dentro de uno o de varios conos de protección, formando adecuadas figuras geométricas.

– Pararrayo activo. En contraposición con los anteriores, estos artefactos cuentan con circuitos que emiten un tren de ondas de determinada polaridad que, dirigiéndose a la nube que se encuentra cargada en sus proximidades, facilita el camino para la descarga (emisión del líder ascendente, para asegurar la captación del rayo), o sea que se activa cuando las condiciones atmosféricas están dadas para una descarga. Su radio de captación es mayor que el de los pasivos.

Se utiliza un fenómeno de los materiales denominado "piezo-eléctrico" cuyo antecesor, de tipo radioactivo, se encuentra prohibido.

– Pararrayo que utiliza el principio de la jaula de Faraday. La construcción y montaje de este tipo de captor se basa en el principio de la denominada jaula de Faraday. Se trata de que las instalaciones a proteger queden dentro de una jaula que se forma mediante el tendido de conductores y de ser posible con partes de la propia estructura, si son metálicas (chapas, columnas, vigas, etc.) que se interconectan entre sí y luego al sistema de puesta a tierra.

– Montaje del pararrayo. Como ya se dijo, se montan en la parte más prominente o saliente del inmueble, equipo o instalación que se pretende proteger.

En el caso de los inmuebles se recurre a un barral, que por lo general es un caño de hierro galvanizado de unos cinco metros que se fija al techo o piso mediante una base atornillada al mismo. En otros casos se deberá hacer un soporte especialmente.

Los efectos del rayo son siempre peligrosos para los seres vivos y los objetos físicos. La instalación debe conferir una protección eficaz durante toda la vida útil de la construcción. Se ajustará a todos los planos, especificaciones reglamentarias y muestras aprobadas. La Figura N° 8.24 muestra una disposición típica.

La instalación, que deberá ejecutarse de abajo arriba comenzando por la toma de tierra, se compone de tres partes, que se describen a continuación según el orden de ejecución:

– Conductor de bajada. Se denomina de esta manera al conductor que une el captor con el sistema de puesta a tierra. El extremo superior del conductor se suelda al cuerpo central del captor y el extremo inferior va soldado a la toma de tierra.

Se emplea un conductor semirrígido de cobre, preservado contra la oxidación por un baño de barniz especial o bien mediante un cable de acero galvanizado.

El conductor se va fijando de modo que quede tenso y recto siguiendo el camino más corto. No se admiten ángulos agudos, y los cambios de dirección tendrán un radio de curvatura mayor de 50 centímetros.

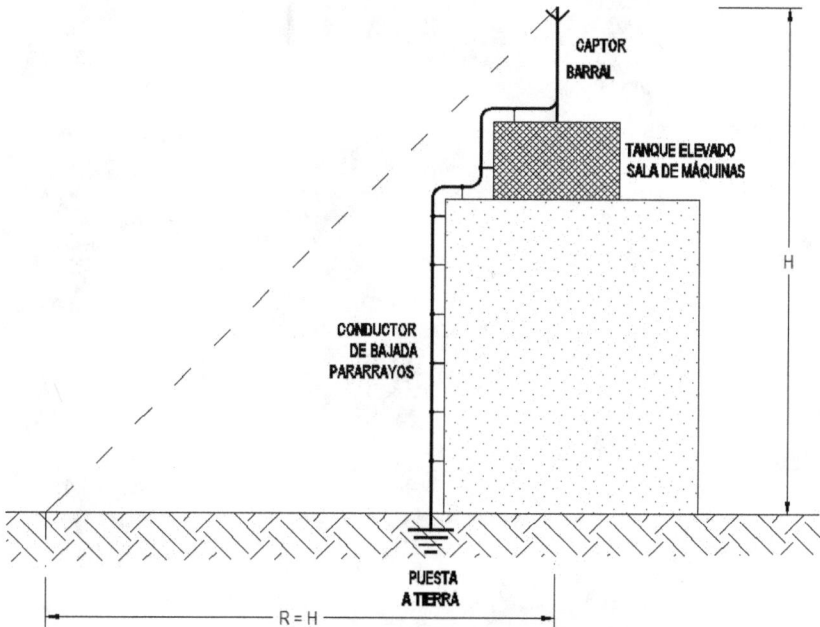

Figura N° 8.24 - Instalación de un pararrayos
1. Captor - 2. Barral - 3. Conductor de bajada - 4. Puesta a tierra
h: Altura - r: radio de cobertura

– **Toma de tierra**. Se emplean electrodos de acero recubiertos con cobre; la resistencia total de la toma no debe exceder los 10 ohm. El tema fue tratado en el Capítulo N° 7.

– Recomendaciones

• La punta del pararrayo no deberá estar a menos de un metro sobre las partes circundantes (torres, tanques, mástiles, chimeneas, cúpulas, antenas, etc.).

• Se impedirán los contactos casuales con el cable de bajada en todo su recorrido, por medio de defensas apropiadas, o alejándose suficientemente de lugares fácilmente accesibles (vanos, balcones, entrada a la tierra, etc.).

• Se evitarán los efectos peligrosos de inducciones sobre otros conductores (eléctricos, telefónicos, etc.), manteniéndolos convenientemente alejados.

NOTA: *La RIEI estipula que la toma de tierra usada para estos fines debe estar unida a las otras y la Ley de Higiene y Seguridad en el Trabajo dice lo contrario.*

CAPÍTULO N° 9

INTERRUPTOR AUTOMÁTICO DE CORRIENTE ELÉCTRICA DIFERENCIAL DE FUGA

OBJETIVOS

- *Conocer el principio de funcionamiento de los ID. Distintos tipos.*

- *Describir las aplicaciones de cada uno de los tipos cuando son empleados en forma unitaria o en grandes edificios.*

9.1. INTRODUCCIÓN

Si bien el nombre técnicamente correcto es el del título de este capítulo, **Interruptor automático de corriente eléctrica diferencial de fuga**, popularmente o en la jerga se lo denomina: **disyuntor diferencial** o más simplificadamente **interruptor diferencial (ID)**. Esta última denominación y estas siglas son las que se adoptarán a partir de aquí para el resto del texto.

Alguna bibliografía lo denomina como: *"dispositivo diferencial residual (DDR)"*.

Tanto las formas constructivas como la funcionalidad y su instalación requieren de algunos conocimientos conceptuales importantes que a continuación se desarrollarán.

9.2. PRINCIPIO

Aunque el interruptor diferencial (**ID**) se puede encuadrar dentro de los interruptores o disyuntores automáticos, su misión está relacionada con la protección de las personas y los bienes.

El ID es un interruptor que funciona automáticamente cuando la **corriente eléctrica diferencial** (I_d) excede un valor pre-determinado. La corriente eléctrica diferencial es la suma vectorial de los valores instantáneos de las corrientes eléctricas que circulan por los conductores o cables del circuito principal del propio interruptor diferencial expresada en valores eficaces. A continuación se ampliará este concepto.

Si a un sistema de distribución de la energía eléctrica trifásico tetrafilar (**R**, **S**, **T** y **N**) le conectamos una carga trifásica se establecerán las corrientes eléctricas Ir, Is, It e In; en funcionamiento normal o sea sin fallas tendremos que:

$$Ir + Is + It + In = 0 \quad (9.1)$$

Al producirse una falla a tierra sucederá que:

$$Ir \pm Is + It \pm In = I_d \quad (9.2)$$

Esta corriente eléctrica diferencial de fuga (I_d) será la que hará actuar el ID, con lo que provocará la apertura del circuito eléctrico que se está protegiendo.

9.3. EMPLEO

El empleo de los ID está dado en dos grandes campos de la protección, que son:

- las personas,
- los bienes.

Naturalmente la faz más conocida es la primera, pero la segunda no es menos importante ya que cuando decimos "bienes" en realidad nos estamos refiriendo a la posibilidad de generar un incendio, lo cual no es privativo de los inmuebles habitados ya que a veces también se hace necesario este tipo de protección en alguna de las fases de la producción o sector de una planta.

El principio de funcionamiento es el mismo en ambos casos, solo que varían las formas constructivas que están de acuerdo con los parámetros funcionales en cada caso.

A los fines de poder desarrollar el tema con más claridad dividiremos el tratamiento en dos: primero la protección de las personas y a continuación la de los bienes.

9.4. NORMA

La norma IRAM de aplicación a estos aparatos (ID) es la que lleva el número 2 301 (octubre 1 981), la cual fija como su alcance el siguiente:

"Esta norma se aplica a los interruptores automáticos por corriente eléctrica diferencial (de fuga) con seguridad intrínseca (en adelante denominados 'interruptores diferenciales' para usos domésticos y similares de tensión nominal y corriente eléctrica nominal no mayores que 500 V y 63 A, respectivamente, con o sin fuente auxiliar. Estos interruptores son utilizados esencialmente por personas no expertas y diseñados para no requerir mantenimiento."

Y tiene como objetivo:

"Los ID se destinan para la protección de las personas contra los efectos de los contactos eléctricos directos e indirectos. Ellos

*pueden así asegurar la protección contra los peligros de incen-
dios provocados por las corrientes eléctricas de fallas a tierra y,
como cuentan con sensibilidad adecuada, pueden también ser
utilizados como medios de protección complementarios en caso
de falla de otros sistemas de protección contra los contactos
directos si el usuario está en contacto con tierra o en caso de
descuido por parte de los usuarios."*

9.5. VOCABULARIO Y DEFINICIONES

A continuación se desarrollará el vocabulario y las definiciones toma-
das de la norma anteriormente citada.

9.5.1. General

- **Interruptor automático de corriente eléctrica diferencial de fuga o interruptor diferencia (ID)l.** Funciona automáticamente cuando la corriente eléctrica diferencial (I_d) excede un valor deter-minado.
- **Interruptor diferencial sin fuente auxiliar.** Es aquel cuyo funcio-namiento no depende de una magnitud de alimentación auxiliar.
- **Interruptor diferencial con dispositivo incorporado de protec-ción.** Por cortocircuito o sobrecarga.
- **Dispositivo de interrupción.** Es un elemento o asociación de ele-mentos mecánicos destinados a provocar la apertura de los con-tactos principales cuando la corriente eléctrica diferencial (I_d) al-canza, en condiciones especificadas, un valor dado.
- **Dispositivo de ensayo.** Es el destinado a verificar el funciona-miento del ID mediante la simulación de una corriente eléctrica diferencial (I_d)

9.5.2. Corriente eléctrica

- **Corriente eléctrica de falla a tierra.** Es la que fluye a tierra debido a una falla de aislamiento.
- **Corriente eléctrica de pérdida.** Es la que circula desde las partes activas a tierra, en ausencia de todo defecto de aislamiento.
- **Corriente eléctrica nominal (I_n).** Valor de la corriente eléctrica ininterrumpida, especificada por el fabricante, que el interruptor puede conducir en servicio continuo.
- **Capacidad de conexión.** Valor máximo de la corriente eléctrica presunta de cortocircuito que un ID es capaz de establecer a una

tensión dada y en las condiciones prescriptas de utilización y funcionamiento.

- **Capacidad de ruptura.** Valor máximo de la corriente eléctrica presunta de cortocircuito que un ID es capaz de interrumpir a una tensión dada y en las condiciones prescriptas de utilización y funcionamiento.
- **Corriente eléctrica diferencial de fuga (I_d).** Valor eficaz de la suma vectorial de los valores instantáneos de las corrientes eléctricas que circulan en circuito principal del ID.
- **Corriente eléctrica diferencial nominal de funcionamiento (I_{dn}).** Es la asignada por el fabricante al ID y para la cual este debe funcionar en condiciones especificadas.
- **Corriente eléctrica diferencial nominal de no funcionamiento.** Es asignada por el fabricante al ID y para la cual no debe funcionar en condiciones especificadas.

9.5.3. Tiempo de funcionamiento. Al respecto la norma anterior define los términos siguientes.

- **Tiempo de ruptura de un ID.** Es el que transcurre desde el instante en que la corriente eléctrica diferencial de un valor especificado se aplica repentinamente al ID hasta el instante de la extinción del arco.
- **Tiempo límite de no funcionamiento.** Tiempo máximo durante el cual se puede aplicar al ID un valor I_{dn} susceptible de hacerlo funcionar sin provocar su funcionamiento efectivo.
- **Interruptor diferencial con retardo.** Es el que han adoptado las disposiciones constructivas particulares para aumentar su lapso límite de no funcionamiento correspondiente a un valor determinado I_{dn}.

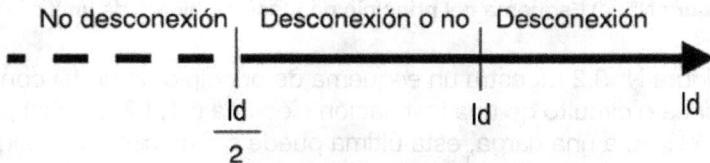

Figura N° 9.1 Tiempos de actuación

9.5.4. Magnitudes

- **Corriente eléctrica presunta de corto circuito.** Es la que circularía en el circuito, si el ID fuera reemplazado por un conductor de impedancia despreciable.

- **Capacidad nominal de ruptura y de conexión (I_m).** Valor de la corriente eléctrica de ruptura y de conexión expresado en valor eficaz, asignado por el fabricante al ID, provisto o no de un dispositivo incorporado de protección contra cortocircuitos.
- **Capacidad diferencial de ruptura y de conexión (I_{dm}).** Valor de la corriente eléctrica de ruptura y de conexión expresado en valor eficaz, asignado por el fabricante al ID, provisto o no de un dispositivo incorporado de protección contra cortocircuitos.

9.6. MECÁNICA DEL FUNCIONAMIENTO

La explicación siguiente se hace para un ID tetrapolar con una línea o circuito trifásico tetrapolar; también es válida para uno que sea bipolar y conectado a una línea monofásica bipolar.

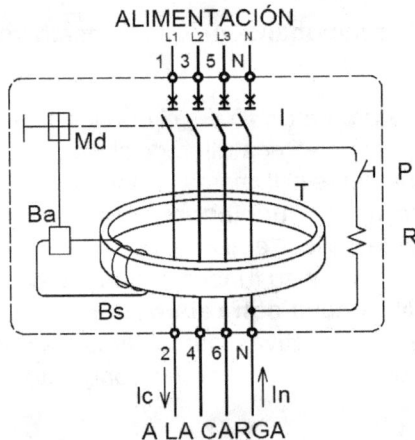

Figura N° 9.2 Esquema del principio de funcionamiento de un ID

La Figura N° 9.2 muestra un esquema de principio de un **ID** conectado a una línea o circuito de una instalación eléctrica (L1, L2, L3 y N) por un lado y por el otro a una carga, esta última puede ser un circuito cualquiera o bien un determinado artefacto o equipo. En esta última figura es posible distinguir:

- **I:** interruptor propiamente dicho.
- **Md:** mecanismo de disparo.
- **Bs:** disparador.
- **Ba:** bobina auxiliar.
- **T:** transformador sumador de corrientes eléctricas.

- **P:** pulsador de prueba.
- **R:** resistencia para la prueba.
- **1, 3, 5** y **N:** bornes de entrada).
- **2, 4, 6** y **N:** bornes de salida.
- **C:** carcasa.

En cuanto a las corrientes eléctricas:

- I_c: corriente eléctrica que absorbe la carga en cada una de las fases en condiciones normales (corriente eléctrica nominal).
- I_N: corriente eléctrica por el neutro.
- I_d: corriente eléctrica de fuga o pérdida.

Con respecto a las cargas trifásicas, pueden ser: simétricas y equilibradas (o sea con I1=I2=I3), en cuyo caso la corriente eléctrica en el neutro es nula (I_N=0), o bien asimétrica (I1 distinta de I2 y de I3), en cuyo caso la corriente eléctrica por el neutro (I_N) ya no será nula.

Debemos recordar que el principio de funcionamiento de los **ID** se basa en el hecho de que, cuando la suma vectorial de las corrientes eléctricas que atraviesan el transformador sumador (**T**) no es nula, produce su accionamiento abriendo el interruptor (**I**). Ello ocurrirá si se establece la corriente eléctrica a tierra o corriente eléctrica diferencial de fuga (I_d).

Esta corriente eléctrica diferencial de fuga (I_d) se puede establecer en cualquiera de los siguientes casos:

- si un ser vivo accede a uno de los conductores o cables vivos de la instalación eléctrica (contacto directo) estando en contacto con un potencial nulo (tierra);
- si como consecuencia de una falla en el aislamiento del equipo, una parte del mismo con tensión hace contacto con las masas, las que adquirirán un potencial con respecto a tierra al que puede ser sometido un ser vivo.

Los cables que alimentan la carga (sea trifásica o monofásica) atraviesan el transformador sumador de corrientes eléctricas o diferencial (**T**) (un núcleo magnético de forma anular o toroidal). Al no haber una falla (I_d=0), la suma de las corrientes eléctricas que circulan por los cables es nula, por consiguiente, sus efectos magnéticos son nulos y no se produce ninguna acción sobre la bobina que está arrollada (**Bs**) en el núcleo magnético.

Al establecerse la corriente eléctrica diferencial de fuga (I_d) se suma a las corrientes eléctricas de la carga (**Ic**), con lo cual se produce un desequilibrio de las corrientes eléctricas (la suma deja de ser nula), la corriente eléctrica de desequilibrio origina una fuerza electromotriz alterna inducida en la bobina del núcleo (**Bs**), porque el flujo alterno abarcado por el núcleo deja de ser nulo.

Esa fuerza electromotriz da lugar a una corriente eléctrica en la bobina exterior (**Bs**), la que acciona su núcleo (**Ba**) y destraba el mecanismo del cerrojo (**Md**), lo cual hace abrir el interruptor (**I**) que había sido cerrado con anterioridad a voluntad del operador y de ese modo, tenía la energía acumulada en sus resortes, como para hacer una apertura rápida.

Los ID deben actuar bajo dos condiciones fundamentales.

- Con una corriente eléctrica que no alcance a dañar a las personas.
- Con un tiempo de actuación muy breve, como para que ese efecto no sea perjudicial.

Todos los **ID** que se ofrecen en el comercio cumplen esas condiciones porque están normalizados y están correctamente dimensionados para sus fines específicos. Solo resta que sean instalados bajo las condiciones que sus especificaciones indican. Debe cuidarse que el conductor del neutro no sea conectado a tierra, después del **ID**.

El valor de la corriente eléctrica de falla aceptable es:

$$I_{dn} = 0,03 \text{ ampere} = 30 \text{ miliampere} = 30 \text{ mA}$$

El tiempo de apertura o corte debe ser menor que 30 milisegundos, es decir,

$$It = 30 \text{ milisegundos} = 30 \text{ ms}$$

Estos valores corresponden a las prescripciones de la IEC e IRAM antes citada.

Con respecto al funcionamiento de los **ID** es necesario destacar que todos los aparatos o equipos eléctricos, y debido a que los aislantes no son perfectos o bien por sus características constructivas (conexiones a tierra hechas en el chasis, fuentes conmutadas), provocan siempre la circulación de una corriente eléctrica de fuga muy pequeña a tierra. Como caso concreto pueden mencionarse las computadoras u otros equipos electrónicos.

Individualmente cada uno de ellos no provocará la actuación de un **ID**, pero si la cantidad de los equipos conectados es grande, la suma de esas pequeñas corrientes eléctricas de fuga (del orden de los miliampere) superará los 20 mA aproximadamente, con lo cual el mismo en forma aleatoria puede actuar (de acuerdo con la norma). En esos casos no queda otra solución que subdividir los circuitos o bien recurrir a **ID** especialmente construido, o sea con protecciones adicionales para estos casos, como veremos luego.

9.7. PRUEBA DE FUNCIONAMIENTO

Para mayor seguridad, los **ID** vienen provistos de un sistema que permite verificar su eficaz funcionamiento (dispositivo de prueba).

Según la Figura N° 9.2, si se oprime el pulsador de prueba (**P**), circulará una corriente eléctrica por una resistencia óhmica (**R**) que simula ser la corriente eléctrica de defecto (I_{dn}) y hace actuar el ID con una corriente eléctrica que debe estar comprendida entre **1,25 x I_{dn}** y **2,5 x I_{dn}**, a la tensión nominal (220 o 380 V).

En general este dispositivo de prueba no está previsto como medio normal de ejecución para la apertura del ID, a menos que sea especificado de otra forma por el fabricante, en cuyo caso responderá a otras especificaciones mecánicas y eléctricas adicionales.

Las Figuras N° 9.3 y 9.4 muestran físicamente aparatos monofásicos (bifilares o de dos cables) y trifásicos tetrapolares (para sistemas trifásicos de cuatro cables) respectivamente. En ambos casos se puede observar el citado botón de prueba (**P**), encima de la palanca de conexión y desconexión. En la Figura N° 9.5 se muestra la simbología normalizada para representar a los ID en los dibujos tanto sea en forma unifilar como multifilar.

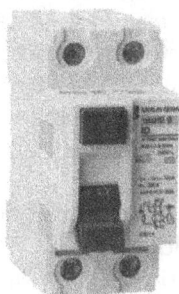

Figura N° 9.3 ID bipolar

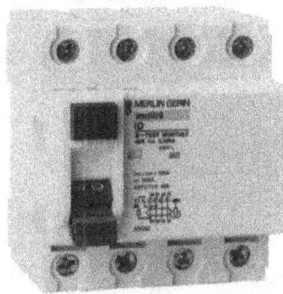

Figura N° 9.4 ID tetrapolar

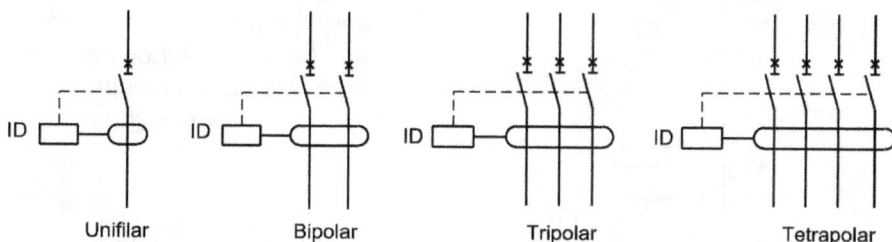

| Unifilar | Bipolar | Tripolar | Tetrapolar |

Figura N° 9.5 Simbología de los ID.

La Figura N° 9.6 muestra las formas de conectar los ID utilizando la forma multifilar.

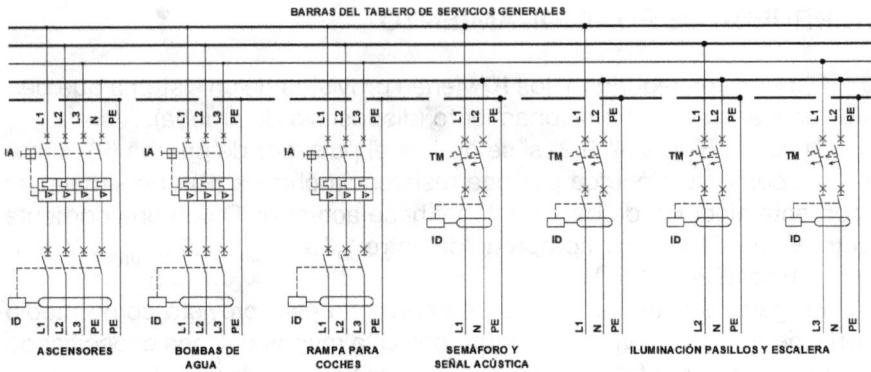

Figura N° 9.6 Conexiones de los ID

El elemento de operación del dispositivo de prueba de funcionamiento se designará con las letras: **T, C** o **P** y su color no debe ser ni verde ni rojo (excepto si se usa como elemento de desenganche normal).

Se recomienda hacer este ensayo una vez por mes.

Existen en el mercado las denominadas **fichas de testeo**, que se insertan en una base tomacorriente eléctrica cualquiera de la instalación eléctrica o parte de ella protegida por el **ID**, y mediante un pulsador y dos luces de señalización permiten comprobar si hay tensión en la línea, que la polaridad sea la correcta y si el **ID** funciona con la calibración adecuada.

El primer método está establecido por una norma y el segundo ha sido diseñado especialmente a esos efectos, por lo cual no es conveniente realizar otros tipos de pruebas para verificar el funcionamiento ya que podría resultar peligroso para quien lo intente.

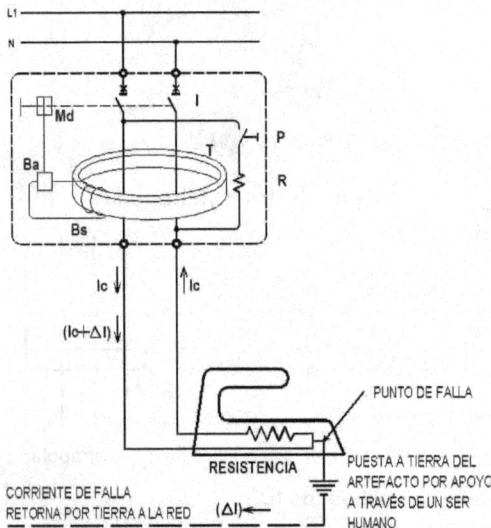

Figura N° 9.7 Aplicación de un ID

9.9. EJEMPLO DE APLICACIÓN DOMÉSTICA

En la Figura N° 9.7 se muestra a modo de un ejemplo de aplicación doméstico.

9.8. PARÁMETROS DE LOS ID

Los **ID** se fabrican con una carcasa o formato que les permite ser montados sobre un riel del tipo DIN y presentan dimensiones similares a las de los interruptores termo-magnéticos, en versiones de 2, 3 y 4 polos.

Para las versiones bipolares, las sensibilidades o corrientes eléctricas diferencial de fuga I_d son: 10, 30 y 300 mA; las corrientes eléctricas nominales In: 25, 40, 63, 80 y 100 A. Son posibles las combinaciones de estos valores, por ejemplo: 30 mA y 25 A o bien 300 mA y 25 A.

Las versiones tetrapolares tienen corrientes eléctricas diferenciales de fuga I_d de 30 y 300 mA, con corrientes eléctricas nominales de 25, 40, 63, 80 y 100 A. En este caso también son posibles las combinaciones como en el caso de los bipolares.

9.9. FORMAS CONSTRUCTIVAS

9.9.1. Con respecto a la protección contra sobrecargas y cortocircuito, puede que las mismas estén incorporada o no al ID propiamente dicho. Las Figuras N° 9.3 y 9.4 muestran **ID** sin protecciones y la N° 9.7 exhibe uno con estas protecciones.

9.9.2. Se puede obtener la combinación de estas protecciones mediante el agregado de un relé diferencial a un interruptor automático con protección termo-magnético convencional (Figura N° 9.9).

9.9.3. Los ID se fabrican con corrientes eléctricas nominales hasta 100 A en un formato o carcasa que permite su montaje sobre riel tipo DIN, como los mostrados en las Figuras N° 9.3, 9.4, 9.8 y 9.9. Cuando se requie-

Figura N° 9.8 ID con Interruptor automático

Figura N° 9.9 Interruptor automático y relé diferencial

ren corrientes eléctricas nominales (**In**) mayores se recurre a los interruptores termomagnéticos automáticos del tipo caja moldeada o compactos como el que se ilustra en la Figura N° 9.10, al cual se le incorpora un módulo diferencial que se monta en la parte inferior del mismo, pasando a formar una sola unidad.

**Figura N° 9.10 Interruptor
con relé diferencial
automático incorporado**

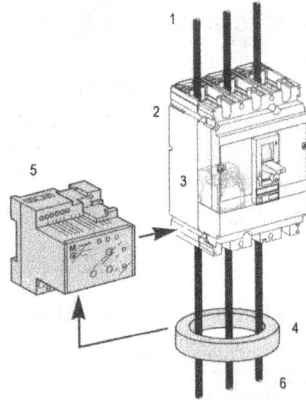

**Figura N° 9.11 Interruptor
automático con transformador
y relé diferencial externo**

9.9.4. Otra configuración alternativa a la anterior, consiste en la disposición mostrada en la Figura N° 9.11, en la cual es posible apreciar un interruptor termo-magnético automático (2) con bobina de disparo (3), conectado a la línea de alimentación (1), un transformador toroidal o sumador (4) conectado a la salida del anterior y antes de la carga (6) y un relé diferencial (5).

El transformador toroidal o sumador (4) es el que realiza la suma algebraica de las corrientes eléctricas, de producirse un desequilibrio o sea la aparición de una corriente eléctrica de fuga (I_d) la misma es censada por el relé diferencial (5), el cual le da la señal para que el relé de disparo (3) efectúe la apertura de los contactos del interruptor (2).

Estos componentes y la secuencia de funcionamiento son los mismos que los descritos al principio del capítulo, solo que los componentes presentan otra disposición y tamaño.

Las tres disposiciones diferenciales referidas permiten regular la corriente eléctrica diferencial (**Id**) y el tiempo de actuación (**Ta**), con lo cual es posible realizar la coordinación antes enunciada.

9.10. TIPOS DE INTERRUPTORES DIFERENCIALES

9.10.1 Por las características de la red. La proliferación de equipos electrónicos hace que se introduzcan en las redes de distribución de la energía eléctrica los denominados "armónicos", los cuales producen la deformación de las formas de ondas, que dejan de ser sinusoidales puras, con lo cual los **ID** se ven afectados y es por eso que se han definido tres tipos constructivos de **ID** que tienen distintos campos de aplicación, ellos son AC, A y B. Esta diferenciación tiene que ver con la forma de onda de la corriente eléctrica.

- **Tipo AC:** para corrientes eléctricas alternas sinusoidales.
- **Tipo A:** para corrientes eléctricas alternas sinusoidales, continuas pulsantes o continuas pulsantes con una componente continua de 0,006 A, con o sin control de ángulo de fase, tanto si se aplican bruscamente como si aumentan lentamente.
- **Tipo B:** para las mismas corrientes eléctricas que el tipo A, pero más puras porque provienen de rectificadores:
  - de media onda, que con una carga capacitiva produce una corriente eléctrica continua alisada,
  - trifásicas de media onda o doble onda.

9.10.2 Por las características de las cargas. Ateniéndonos a lo expresado en el párrafo anterior, también se construyen **ID con protecciones adicionales** de Clase A, que reciben diferentes denominaciones según cada fabricante.

Se trata de ID que tienen incorporados determinados filtros para evitar que esas corrientes eléctricas armónicas puedan provocarles disparos intempestivo.

9.11. ACCESORIOS

Los **ID** cuentan con accesorios que se acoplan a los fines de complementar sus funciones específicas, entre ellos:

- contactos auxiliares de diversos tipos: destinados a señalar el estado (abierto o cerrado);
- bobinas de disparo: a los fines de poder accionarlo a distancia;
- módulo para detección de sobre-tensiones;
- bloqueo mecánico: mediante candado en la posición de abierto.

9.12. INSTALACIÓN

Se mencionó al principio del capítulo que el **ID** es un **interruptor automático de corriente eléctrica diferencial de fuga**, o sea un interruptor automático que actúa de acuerdo con la corriente eléctrica diferencial de fuga a tierra. Como todo interruptor automático tiene una tensión y corriente eléctrica nominal, pero también tiene una determinada capacidad de apertura cuando se trata de una corriente eléctrica extraordinaria como lo es la de cortocircuito, la cual se denomina corriente eléctrica de ruptura del **ID**.

La magnitud de la corriente eléctrica de cortocircuito disponible en la instalación eléctrica depende de varios factores, cuyo tratamiento escapa a esta publicación. Lo cierto y real es que en cada una de ellas hay una que dependerá de la red de distribución a la cual esté conectado.

Comparativamente los **ID** tienen una capacidad muy limitada para conducir u operar frente a las corrientes eléctricas de cortocircuito de las instalaciones eléctricas; en consecuencia es necesario que todos los **ID** deban estar protegidos contra los cortocircuitos mediante un dispositivo apropiado incorporado o no al mismo.

De la misma manera ocurre con las corrientes eléctricas de sobrecarga: los interruptores diferenciales que no tienen acoplada la protección deben ser protegidos mediante interruptores termomagnéticos de las sobrecargas que se puedan presentar en el circuito del cual están siendo parte, así lo muestra la Figura N° 9.12.

El número de circuito de cada inmueble queda determinado por el grado de electrificación, el cual a su vez está relacionado con la superficie cubierta y semi-cubierta que ocupa, y que determinará la cantidad de **ID** que sean necesarios.

La forma de realizar la conexión a tierra (ECT) de la alimentación y de la instalación eléctrica, tiene una relación directa con los **ID** y es de extrema importancia, por lo cual este tema ha sido tratado oportunamente en particular.

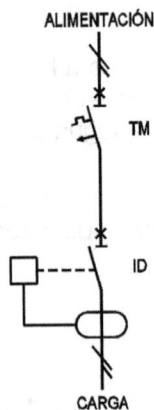

Figura N° 9.12
Protección de un ID

9.13. COORDINACIÓN

La complejidad que llegan a tener las instalaciones eléctricas en cuanto al número de tableros seccionales y cantidades de circuitos hace necesaria la instalación de diversos tipos de aparatos de maniobra y protecciones en serie. Cuando se produce una falla en algún sector debe actuar el dispositivo de protección del mismo sin que afecte a otros, o sea que es necesario que el defecto sea eliminado en el sector que corresponde sin que se propague a otro u otros.

Para que esto ocurra se hace necesario realizar la denominada **coordinación de las protecciones**, lo cual se logra regulando los distintos tipos de relés de protección entre los cuales se deben considerar a los **ID**.

Los **ID** deberán poder regular los tiempos de actuación (**Ta**) y la corriente eléctrica diferencial (**I$_d$**); para lograr esto se requiere de accesorios auxiliares o interruptores especialmente preparados para ello.

También es necesario destacar que en los circuitos más complejos, si apreciamos el circuito unifilar del mismo, veremos de manera que nos acercamos a la fuente de la energía eléctrica el calibre o corriente eléctrica nominal de los interruptores automáticos va en aumento, lo que hace también que haya que considerar la corriente eléctrica nominal de estos (**In**).

Es decir entonces que, para lograr la coordinación de los **ID** que quedan en el camino de la corriente eléctrica de falla, se deberá considerar: corriente eléctrica nominal (**In**), la corriente eléctrica diferencial (**Id**) y el tiempo de actuación (**Ta**). La Figura N° 9.13 muestra el esquema unifilar de una instalación eléctrica relativamente compleja en donde es posible ver a los los ID instalados en los distintos tableros.

9.14. INCONVENIENTES DERIVADOS DEL USO DE LOS ID

La inclusión de los **ID** en los circuitos como un elemento de protección hace que por determinadas situaciones que no son exactamente su función específica (como se había dicho

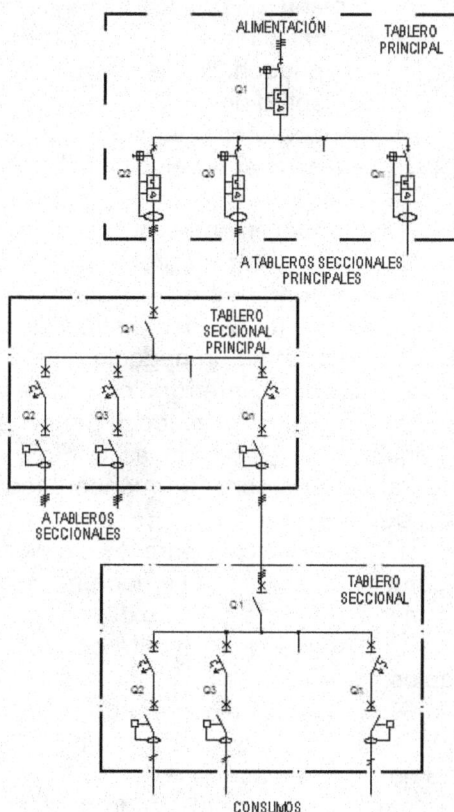

Figura N° 9.13 Esquema unifilar de una instalación eléctrica

en la introducción de este capítulo), este dispositivo actúe desconectando la carga. Si bien es lo que debe hacer un elemento de protección, no es menos cierto que en determinado momento o situación puede provocar algún inconveniente a los usuarios.

La actuación no deseada o en forma intempestiva se puede deber a varias razones, a saber:

- sobre-tensión que se pueden producir en el sistema de distribución de la energía eléctrica;
- sobre-tensión debida a maniobras en la red de distribución;
- cargas tales como computadoras, sistemas telefónicos o fax que cuentan con fuentes de alimentación internas con corrientes eléctricas de fuga o a tierra elevada, que dependiendo de la cantidad de aparatos que se encuentren conectadas a un mismo circuito al sumarse hacen que se llegue al punto de disparo;
- los balastos electrónicos funcionan en base a altas frecuencias que pueden bloquear al ID y las frecuencias bajas pueden provocar el disparo del mismo;
- idéntico efecto también puede ser debido a los equipos destinados a variar la velocidad de los motores eléctricos.

Los inconvenientes provocados por la actuación intempestiva de los ID puede no ser un problema cuando se trata de viviendas o ciertos locales, en donde es de esperar la presencia permanente de personas que de inmediato puedan instalar una nueva conexión, pero no siempre es así; por ejemplo un negocio en el cual hay mercadería perecedera en las heladeras y la interrupción ocurre durante la noche cuando el personal ya se ha retirado de local. Similar situación puede darse en una casa durante un fin de semana, así como en dependencias de servicios que no cuentan con personal permanente (centrales de telefonía móvil, transmisión de datos, etc.).

Específicamente para los casos en que no haya personal que pueda efectuar la reconexión se hace necesario la utilización de ID que tengan un mecanismo de **reconexión** automática. Estos dispositivos cuentan con un sistema que permite controlar el estado del aislamiento de los cables.

Producido el disparo, el dispositivo efectúa varios ciclos de control del aislamiento, luego de los cuales y si encuentra valores aceptables del mismo, procede a reconectar, dejando señalizada esta actuación. En caso contrario permanece el estado de desconexión.

Cuando las cargas sean equipos electrónicos como se mencionó, se deberá recurrir a dos posibles soluciones:

- subdividir los circuitos en donde están estos tipos de cargas a fin de reducir las corrientes eléctricas de fuga, de modo que la suma no haga actuar el ID;
- instalar ID diseñados para estos circuitos que cuentan con filtros especialmente calculados.

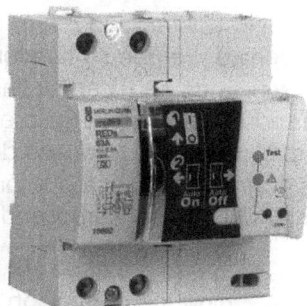

Figura N° 9.14 ID con rearme

9.15. PROTECCIÓN DE LAS PERSONAS

Como primera regla para su utilización debe comprenderse que es **una protección complementaria o adicional contra los contactos directos e indirectos**. La forma de la protección contra contactos directos se hace empleando al menos dos medios de protección de los citados en **Protección contra los contactos directos** (Capítulo N° 7).

La utilización de estos dispositivos no está reconocida como una medida de protección completa contra los contactos directos o indirectos, sino que está destinada solo a aumentar o complementar otras medidas de protección durante el servicio normal y, por lo tanto, no exime en modo alguno del empleo del resto de las medidas de seguridad, pues, por ejemplo, este método no evita los accidentes provocados por el contacto simultáneo de dos partes conductoras activas de potenciales diferentes.

Este último comentario es de fundamental importancia ya que desmitifica el uso de este tipo de aparatos como una protección total, ya que habitualmente se lo muestra como el único y maravilloso elemento que protege vidas y bienes, cuando, y tal como hemos visto más arriba, no es tan así.

La no difusión de este pequeño párrafo o su inserción al final de los escritos y con letras más chicas, hace aumentar la creencia popular (incluyendo a ciertos electricistas también) de que el **ID** basta para que el usuario común olvide por completo otras precauciones que debe tener cuando utiliza la energía eléctrica.

La forma de realizar la conexión a tierra (ECT) de la alimentación y de la instalación eléctrica, tiene una relación directa desde el punto de vista funcional con los interruptores diferenciales que es de extrema importancia, por lo cual este tema será tratado oportunamente en particular.

Con respecto a su utilización, podemos decir que todo circuito terminal o línea de circuito deberá estar protegido por un **ID** con sensibilidad de **30 mA**, de actuación instantánea.

No obstante lo dicho, en el caso de que ciertos equipos en los que se demuestre que su funcionamiento normal puede estar perturbado por la presencia de un **ID** en su línea de alimentación (por ejemplo: un sistema de arranque estrella-triángulo en motores de potencias medias y elevadas, en el cual, durante el proceso de conmutación, pueden existir picos transitorios de corriente eléctrica que provoquen la actuación del **ID**), se admitirá prescindir del mismo, cumpliendo estrictamente las siguientes condiciones.

- El circuito debe ser para alimentar esa única carga, y no debe tener ninguna derivación.
- Se garantizará la protección contra contactos directos empleando alguna de las siguientes protecciones:
  - aislamiento de las partes activas,
  - mediante barreras o por medio de envolturas.
- Se garantizará la protección contra el riesgo de contacto indirecto de acuerdo con:
  - la utilización de equipos, dispositivos y canalizaciones de doble aislamiento (clase II),
  - por corte automático de la alimentación.

Los ID cuya corriente eléctrica diferencial de funcionamiento (I_d) es inferior a los 30 mA, se reconocen como aptos para la protección contra los contactos directos accidentales producidos por la falla de otras medidas de protección contra contactos directos.

9.16. PROTECCIÓN DE LOS BIENES

Como lo señalara al principio del capítulo, los **ID** basan su funcionamiento en el desequilibrio entre las corrientes eléctricas, propiedad esta utilizada para su construcción. Ese desequilibrio se produce cuando aparece una corriente eléctrica diferencial de fuga, que puede ser que circule por el cuerpo de un ser vivo o bien que lo haga directamente a tierra a través de las masas de la instalación eléctrica o de los equipos conectados a ella.

Esta circulación de corriente eléctrica puede ser de un valor elevado, con lo cual se produce un arco voltaico con el consiguiente desprendimiento de calor y luz, o sea que se produce un fenómeno violento. Otra situación podría ser si esa corriente eléctrica no adquiere las proporciones anteriores pero se mantiene en el tiempo sin que las protecciones la puedan detectar; en ese caso tendremos como resultado generación de calor, que será acumulativa y puede llegar a producir la combustión de los elementos circundantes.

En ambos casos estamos refiriéndonos a calor y fuego que puede propagarse, con las consecuencias que ello podría acarrear según el tipo de material del entorno.

Otra situación podría ser la que se puede encontrar en algunos establecimientos en donde mediante la utilización de ciertos equipos se llevan a cabo procedimientos que utilizan líquidos conductores. Los mismos podrían facilitar la circulación de las corrientes eléctricas de fuga a tierra a través de las personas o bien de las masas. En un caso con las consecuencias explicadas y en el otro con el deterioro de los equipos y la paralización de las tareas.

Situaciones parecidas a estas pueden darse en ambientes, en donde puede haber gases o vapores combustibles.

Naturalmente las corrientes eléctricas de fuga que se derivan de los diversos equipos utilizados o maquinarias de los sistemas productivos presentan valores más elevados que los admitidos por los **ID** de utilización en los inmuebles destinados a viviendas o locales, que pueden tener como corriente eléctrica nominal **In** = 63 A e **Id** = 300 mA, lo cual hace imposible su utilización en equipos de servicios tales como agua, aire, etc. o bien de transporte (rampas, ascensores, etc.) o producción (equipos diversos).

CAPÍTULO N° 10

TABLERO ELÉCTRICO

OBJETIVOS

- *El tablero eléctrico como parte esencial de los distintos tipos de sistemas eléctricos.*

- *Tipos y características constructivas. Su montaje.*

10.1 INTRODUCCIÓN

El tablero eléctrico es un equipo perteneciente a los sistemas eléctricos y está destinado a cumplir con algunas de las siguientes funciones: medición, control, maniobra y protección.

Constituyen uno de los componentes más importantes de las instalaciones eléctricas y por ende están siempre presentes en ellas, independientemente de su nivel de tensión, su tipo o su tamaño.

Los tableros eléctricos adquieren las más variadas formas y dimensiones de acuerdo con la función específica que les toque desempeñar, como pueden ser aquellos que se emplean en los distintos tipos de edificios (viviendas, sanatorios, escuelas, estadios deportivos, etc.) o bien los que lo hacen en las industrias o servicios.

Se puede afirmar que no es posible la ejecución y funcionamiento de ningún tipo de instalación eléctrica sin la utilización de alguna clase de tablero eléctrico. En consecuencia es necesario que cumpla con determinados requisitos y algunos de ellos están relacionados con el riesgo que naturalmente implica su inserción en un medio.

A continuación se verán aspectos de su construcción y funcionamiento sobre todo lo que se relaciona con la seguridad constructiva y funcional de los mismos.

10.2. REQUERIMIENTOS

Los aspectos fundamentales que definen y califican un tablero eléctrico para uso en una instalación eléctrica son:

- seguridad de quien lo opera,
- continuidad del servicio,
- funcionalidad eléctrica y mecánica,
- solidez estructural,
- intercambiabilidad de sus componentes,
- terminación superficial,
- grado de protección.

Estas son las características más importantes, cualquiera sea la clasificación dentro de la que se encuadre el tablero eléctrico. En cada caso las normas respectivas recomiendan o especifican las pautas de diseño y ensayo para garantizar niveles satisfactorios de seguridad y calidad.

10.3. CLASIFICACIÓN

Una clasificación bastante elemental es la que podría surgir de la función que deben cumplir, así podríamos decir que pueden estar destinados a: distribución, medición, control, comando y protección así, como también para usos especiales o particulares.

Si aceptamos estas funciones, se debería pensar que las mismas pueden no ser exclusivas o puras, es decir, que en un mismo tablero se puede encontrar más de una función o una combinación de ellas.

10.4. NORMA

La norma que trata o rige el tema es la IRAM 2 181-1, a la que se deben sumar las disposiciones incluidas en la RIEI.

Es también de aplicación las normas IEC 61 439 Parte 1 y 2. Titled LV Switchgear and Controlgear Assemblies.

10.5. TABLERO ELÉCTRICO PARA BAJA TENSIÓN

En este caso es posible encontrar los siguientes tipos: medición de la energía eléctrica, que puede ser simple o múltiple dependiendo del número de usuarios o viviendas, tablero principal, tablero seccional y tablero de fuerza motriz.

10.5.1. Tablero de medición. Es el que aloja al medidor de la energía eléctrica ("contador"), que en el caso de una vivienda unitaria contiene uno solo de estos instrumentos. Cuando se trata de un edificio con múltiples viviendas, por ejemplo un edificio en propiedad horizontal, contiene la misma cantidad de medidores que de unidades habitacionales más los destinados a los servicios generales como pueden ser: ascensores, luces de los pasillos, bombas del sistema de agua, rampas para automóviles, etc.

Es necesario destacar que en los edificios destinados a múltiples viviendas este tipo de tablero puede contener el tablero principal o ser parte de él.

Los medidores de la energía eléctricas cuentan con gabinetes especiales para su montaje. Estos pueden ser metálicos o de material plástico. Al respecto es necesario destacar que las diversas empresas distribuidoras de la energía eléctrica tienen distintas exigencias en cuanto a la disposición de los elementos componentes y dimensiones mínimas.

La Figura N° 10.1 muestra un gabinete para un medidor de energía eléctrica individual de energía eléctrica tipo monofásico y la Figura N° 10.2 para uno trifásico.

Figura Nº 10.1 Gabinete para medidor monofásico

Figura Nº 10.2 Gabinete para medidor trifásico

En estos dos últimos casos, se construyen con material plástico y tienen un grado de protección que les permite soportar las inclemencias del tiempo, con lo cual se pueden montar a la intemperie. El material con que están construidos es auto-extinguible.

Estos gabinetes se fabrican para montar un solo medidor, como sería el caso de una vivienda individual o bien mediante una composición de los mismos para armar un tablero de medidores en un edificio de múltiples viviendas como el mostrado en la Figura Nº 10.3.

Figura Nº 10.3 Gabinete para múltiples medidores

Figura Nº 10.4 Gabinete para interruptores termo magnéticos

10.5.2. Tablero principal (TP). Es el que recibe la alimentación de la energía eléctrica directamente desde los bornes del medidor, alimentando las líneas seccionales y de los circuitos. Valen las consideraciones hechas para los de medición en cuanto a cantidades y tipos de componentes.

10.5.3. Tablero seccional (TS). Es el que, siendo alimentado por las líneas seccionales, puede derivar en otras líneas también seccionales o de circuito. Estos tableros pueden estar separados o bien integrados, dependiendo de las características constructivas del inmueble.

10.6. FORMA CONSTRUCTIVA

La forma constructiva de los tableros eléctricos está dada fundamentalmente por su funcionalidad, el montaje y las condiciones ambientales del lugar en donde se va a montar.

A los fines de ir centrándonos en nuestro tema podemos decir sin lugar a dudas que un tablero eléctrico está compuesto de dos partes.

- Gabinete, armario, caja o envolvente. Nombres dados indistintamente a la estructura.
- Componentes. Pueden ser: los aparatos de maniobra (llaves, interruptores, interruptores de escalera, etc.), los aparatos de protección (fusibles e interruptores automáticos) y los aparatos de medición (medidores de energía eléctrica, amperímetros, voltímetros, transformadores de intensidad, etc.).

10.6.1. Gabinete. Los gabinetes a su vez pueden tener los siguientes componentes: el gabinete propiamente dicho, puertas, sistema de cierre, bisagras y la placa de montaje. Sobre esta última se montan los elementos componentes del tablero tales como el medidor de la energía eléctrica, los interruptores, los fusibles, etc.

Desde el punto de vista constructivo propiamente dicho los gabinetes se pueden fabricar empleando chapa de acero laminada o bien material plástico. En ambos casos se construyen en forma estándar (en series de distintas medidas) o a medida, sobre todo los tableros combinados, de la medición y como principales en los edificios destinados a las múltiples viviendas.

Existen fábricas de gabinetes estándar, las cuales presentan líneas de gabinete modulares, es decir, tienen distintas dimensiones y aplicaciones (permiten el montaje en su interior de distintos tipos de equipamiento), así como las otras partes de los tableros como ser conducto para barras, conducto para cables, zócalos. Según las necesidades se ensamblan las distintas partes para formar el conjunto que funcionalmente se necesite.

En la Figura N° 10.1 se muestra un gabinete para alojar un medidor de la energía eléctrica como el que se utiliza en un inmueble destinado a una vivienda. En la figura siguiente o sea en la N° 10.2 en cambio se muestra otro destinado a un consumo trifásico. Ambos tipos se montan empotrados en la mampostería.

Cuando se trata de edificios con múltiples viviendas, locales u oficinas se utiliza un tipo de tablero construido de material plástico modular que permite mediante la composición de módulos alojar a los medidores, la forma se puede apreciar en la Figura N° 10.3.

La Figura N° 10.4 muestra un clásico gabinete construido con chapa de acero que se utiliza para armar el tablero general o seccional de acuerdo con el tipo de edificio o instalación eléctrica. Es muy común verlo como tablero eléctrico de entrada a una vivienda que utiliza fusibles tipo domiciliarios ("tapón") o bien con los dos interruptores automáticos termo-magnéticos automáticos (PIA) y el interruptor diferencial (ID).

En cambio en las Figuras N° 10.5, 10.6 y 10.7 permiten apreciar gabinetes de material plástico de fabricación estándar, destinados a tableros eléctricos del tipo principal o de iluminación, los cuales se componen con elementos (interruptores automáticos termo-magnéticos automáticos, disyuntores diferenciales, relojes, etc.) los que se montan sobre un riel del tipo DIN fijado en el fondo de los mismos. Estos gabinetes permiten ser empotrados en la mampostería.

Figura N° 10.5 Gabinete para PIA sin puertas

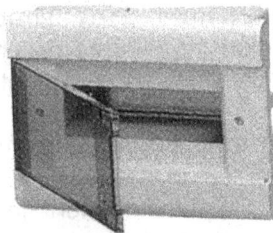

Figura N° 10.6 Gabinete para PIA con puertas

Para ser empleados en tableros eléctricos destinados a fuerza motriz, control o iluminación son los gabinetes metálicos, como el que se muestra en la Figura N° 10.8, son de fabricación estándar de chapa de acero que se montan sobre la mampostería o estructura del edificio.

Figura N° 10.7 Gabinete para PIA con puertas

Figura N° 10.8 Gabinete metálico

En la Figura N° 10.9 se muestra un tablero para tomacorrientes múltiples de uso en establecimientos industriales.

La Figura N° 10.10 permite tener una idea de un tablero general, por ejemplo de un sistema de iluminación de relativa importancia y la siguiente Figura N° 10.11, muestra lo que sería la placa de montaje del mismo.

Otro tipo de tablero puede apreciarse en la Figura N° 10.12; el mismo es un tablero de comando y control destinado a un sistema productivo. Dentro de este tipo de tablero la Figura N° 10.13 muestra un compartimiento de un tablero modular.

Figura N° 10.9 Tablero de tomacorrientes

Figura N° 10.10 Tablero

Figura N° 10.11 Placa de montaje de un tablero

10.6.2. Componentes. Los componentes de los distintos tipos de tableros eléctricos están relacionados con la función a la que están destinados, por lo cual la variedad que se puede presentar es muy amplia. Los más comunes e importantes se han tratado en el capítulo destinado a materiales y protecciones.

Los componentes se montan en los gabinetes sobre la denominada placa de montaje como la mostrada en la anterior Figura N° 10.11 o bien sobre la o las puertas, nunca sobre los laterales de los mismos. Con respecto al montaje sobre la o las puertas, es necesario señalar que los elementos deben estar alimentados con una tensión que no presente diferencia de potencial con respecto a tierra.

En lo que se refiere a cómo hacerlo sobre esta placa de montaje, existen dos posibilidades: fijando el o los elementos mediante tornillos con tuercas y arandelas (haciendo previas perforaciones a la placa de montaje) o bien sobre un riel tipo DIN, el cual a su vez fue previamente fijado a la placa de montaje.

Este sistema de riel permite un rápido montaje y desmontaje de los distintos elementos, los cuales ya vienen preparados para disponerlos de esta manera y también para fijarlos a las placas de montaje.

Figura. Nº 10.12 Compartimiento de un tablero

Figura Nº 10.13 Tablero de un equipo industrial

10.6.3. Puesta a tierra. Los tableros eléctricos deberán contar con un borne o una barra para la puesta a tierra, dependiendo del tamaño del mismo. A ellos se conectan los cables de protección PE de los distintos circuitos y a la puesta a tierra propiamente dicha del edificio.

10.6.4. Montaje. El diseño del tablero determinará la forma de montaje, siendo posible que la misma sea: embutida cuando se trata de los más pequeños, sobre la superficie de la pared o estructura o bien directamente sobre el piso cuando son de mayor tamaño. En estos dos últimos casos se lo debe hacer en forma rígida.

10.6.5. Identificación. Todos los tableros eléctricos deben estar claramente identificados en su frente mediante las señalizaciones normalizadas, tanto en la forma como con los colores correspondientes.

10.7. GRADO DE PROTECCIÓN DE LOS TABLEROS ELÉCTRICOS

Las condiciones ambientales de los lugares donde se montan los tableros de las instalaciones eléctricas tienen fundamental influencia sobre las formas constructivas de los mismos, entendiendo en este caso como tales a: temperatura, humedad, polvo en suspensión, presencia de agua y gases.

El grado de protección mecánica se identifica con un número al cual se le anteponen las letras IP (International Protection) y dos dígitos, que significan:

- el primero: protección contra la entrada de cuerpos sólidos,
- el segundo: protección contra la entrada de agua.
  Ejemplo: un equipo o tablero señalado con IP45
- Primera cifra: protegido contra cuerpos sólidos superiores a 1 mm.
- Segunda cifra: protegido contra los chorros de agua en todas las direcciones.

Existen tablas en las cuales se dan los números que corresponden a las distintas condiciones permitidas.

10.8. UBICACIÓN DE LOS TABLEROS

Por su constitución y construcción, los tableros eléctricos deben ser montados naturalmente en lugares preferiblemente secos, con cierto grado de ventilación, de fácil acceso, bien iluminados y que permitan la realización de las tareas de mantenimiento y reparación en forma segura y cómoda. En determinados edificios se les destina un local para este fin.

En uno u otro caso, la ubicación debe hacerse de modo que se pueda tener facilidad para operar sobre los distintos elementos componentes y debe tener en cuenta la seguridad de quien debe llevar adelante estas tareas. Un lugar lo suficientemente amplio permite una mayor libertad de movimiento de quien hace estas tareas.

En cuanto a las distancias mínimas, se puede decir en general que si el tablero tiene acceso solo por el frente se deberá dejar un espacio mínimo de un metro. En cambio sí tiene ingreso por el frente y en la parte posterior, se deberá dejar para esta última una distancia mínima de 0,7 metros. De existir pasillos en los laterales la distancia mínima será también de 0,7 metro.

En cuanto a las salas exclusivas para alojar el tablero, si el gabinete tiene un largo de menos de dos metros, pueden tener una sola abertura de entrada-salida; si se supera ese largo se hace necesario que tenga dos entradas-salidas ubicadas en diagonal con respecto al local.

10.9 EFECTOS TÉRMICOS

Entre los parámetros nominales o asignados de los aparatos utilizados en las instalaciones eléctricas uno que resulta de extrema importancia es la temperatura de funcionamiento. La misma a su vez es de referencia para otras magnitudes, tal como la corriente eléctrica nominal o asignada por ejemplo. Por otro lado todos estos aparatos y sus conexiones generan distintas cantidades de calor.

Cuando estos elementos se encuentran montados dentro de un gabinete cerrado se producirá una acumulación de ese calor disipado, lo cual hará que la temperatura se eleve, por eso también se debe considerar la influencia del medio ambiente en el cual está montado el tablero eléctrico. No descartándose el hecho que en determinados casos se deba calefaccionar.

Por lo cual se considera importante hacer una consideración especial a este tema cuando se diseña un tablero eléctrico, más allá del diseño funcional del mismo.

A los fines de poder resolver las distintas y variadas situaciones existe una gran variedad de recursos tecnológicos para afrontar este tema que van desde un simple ventilador hasta equipos refrigeradores.

En el orden de las instalaciones eléctricas de las destinadas a: viviendas, oficinas y locales se emplean gabinetes de material plástico en donde la temperatura adquiere una importancia fundamental por las características de este material y así es como vemos que los fabricantes indican la capacidad térmica de los mismos, la cual está relacionada con la corriente eléctrica nominal de los interruptores automáticos y la cantidad que permiten alojar.

CAPÍTULO Nº 11

VERIFICACIÓN DE LAS INSTALACIONES ELÉCTRICAS

OBJETIVOS

- *Reconocer la necesidad de la realización de verificaciones en las instalaciones eléctricas.*

- *Describir los ensayos y comprobaciones a realizar en las distintas situaciones. Instrumentación necesaria. Tipos.*

11.1. INTRODUCCIÓN

Durante la ejecución de una obra destinada a dotar de una instalación eléctrica de cualquier tipo se hace necesario hacer verificaciones y antes de su puesta en funcionamiento definitivo, así como también cuando se hacen modificaciones o reparaciones importantes. Luego de cual en forma periódica también se deben realizar.

A continuación se explicarán las técnicas de algunas metodologías para realizar determinadas verificaciones, pero se deberá consultar a las autoridades de aplicación en qué forma y tiempo se requieren, así como las respectivas documentaciones que se deben emitir.

En primera instancia haremos referencia al instrumental necesario para luego seguir con las técnicas propiamente dichas.

11.2. INSTRUMENTOS

La necesidad de verificar el estado de una instalación eléctrica requiere de la realización de ciertas pruebas a los fines de poder asegurar que tiene una ejecución segura y es funcionalmente adecuada.

Es así que se puede tener que verificar que esto se cumpla luego de finalizada la obra de montaje o bien que se tenga que encontrar una falla, para lo cual se hace necesario la realización de ciertas y determinadas verificaciones y mediciones, las cuales responden a metodologías que necesariamente incluyen algunos instrumentos.

La realización de estos trabajos requiere de una programación previa de los mismos a los fines de evitar daños a los componentes de la instalación eléctrica o accidentes a quienes la realizan.

Los instrumentos necesarios a emplear son de bajo costo ya que emplean la técnica digital o electrónica y se encuentran fácilmente en el mercado. Son los considerados de *"mano"*, o sea que se pueden trasladar al lugar en que sean necesarios. Presentan cierta robustez, como puede exigir el ambiente de cualquier trabajo de este tipo.

A continuación se irán describiendo cada uno de ellos y su forma de empleo.

11.2.1. Instrumento del tipo pinza. Es un instrumento de mano, de manejo sencillo y fundamentalmente seguro al operar, por ejemplo en el caso de querer hacer una medición de corriente eléctrica no se requiere cortar los conductores o cables.

Habitualmente tienen un amplio rango de alcances escalonados, los cuales se cambian mediante el empleo de un interruptor tipo conmutador rotativo o del tipo a teclas mientras se está haciendo la medición.

La indicación o resultado de la medición puede ser analógica o digital y permite retener el valor máximo de la magnitud bajo medida. Son instrumentos robustos que se adaptan muy bien a las condiciones que impone este tipo de trabajo. En la Figura N° 11.1 puede verse un instrumento tipo pinza genérico.

Existen distintos tipos constructivos de acuerdo con las magnitudes a medir. Pueden ser para corriente eléctrica, tensión, potencia y factor de potencia; en algunos casos son combinadas, por ejemplo: tensión y corriente eléctrica.

**Figura 11.1
Instrumento tipo
pinza**

11.2.2. Pinza amperométrica. Se utiliza para medir la corriente eléctrica. Con este instrumento la medición se puede efectuar sin tener que cortar el conductor o cable.

Existen dos tipos: las que hacen mediciones denominadas "TrueRMS", o sea que contemplan el valor eficaz del parámetro bajo medida, y las comunes. Esto adquiere importancia cuando la corriente eléctrica bajo medición contiene armónicas.

11.2.3. Pinza amperovoltimétrica. Permite medir corriente eléctrica al igual que la anterior pero también puede medir tensión mediante el empleo de cables adicionales, los cuales tienen incorporado en uno de sus extremos las puntas de prueba. La cantidad de estos depende del tipo de circuito de la instalación eléctrica (bifilar, trifilar o tetrafilar). Uno de los extremos se conecta al instrumento propiamente dicho y con el otro extremo (punta) se hace contacto con los puntos en los que se quiere medir la tensión.

11.2.4. Otros tipos de instrumentos de pinza. Existen otros tipos constructivos de acuerdo con otras magnitudes de los sistemas eléctricos, como ser: potencias, factor de potencia, etc. También existen accesorios que permiten la medición de temperaturas.

11.2.5. Probador de tensión y continuidad. Es un aparato de mano que no tiene partes móviles. Cuenta con un cuerpo principal que tiene incorporada una de las puntas de prueba, la cual sirve para hacer contacto con una de las partes de la instalación eléctrica o elementos a verificar. Desde el cuerpo propiamente dicho del aparato, sale un cable que tiene conectada la otra punta de prueba que se utiliza para hacer contacto con el otro punto en que se quiere hacer la verificación correspondiente. La Figura N° 11.2 permite apreciar el aspecto de uno y la Figura N° 11.3 el de un probador de tensión para usar en BT.

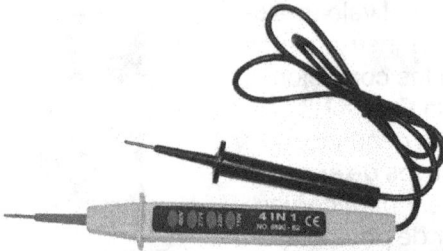

Figura N° 11.2 Probador

Figura N° 11.3 Detector de tensión

Mediante estas dos puntas se pueden determinar niveles de tensión y continuidad de los circuitos eléctricos. La primera de las funciones la realiza encendiendo diminutas lámparas (diodos emisores de luz o led), las cuales corresponden a cada nivel de tensión el cual se indica en una leyenda grabada en el cuerpo del aparato.

Los niveles de tensión que se pueden detectar pueden variar, pero en general son: 12, 24, 48, 120, 220 y 400 V en corriente eléctrica alterna o continua.

Las pruebas de continuidad se hacen utilizando las mismas puntas de pruebas, solo que la existencia de la misma se indica mediante un sonido. A esta función se accede mediante la utilización de un interruptor conmutador tipo tecla.

Se trata de aparatos muy robustos ya que no tienen partes móviles y sus indicaciones se hacen mediante la indicación de una luz o de un sonido.

Este dispositivo reemplaza a las clásicas "lámpara de pruebas", ya que es más seguro para el operador, tiene mejores y más variadas prestaciones.

11.2.6. Multímetros. En el lenguaje corriente eléctrica se lo conoce con el nombre de **"tester"**, palabra del idioma inglés que significa *probador*. Es un instrumento que permite efectuar la medición de varios parámetros de los circuitos eléctricos, como ser: resistencia, frecuencia, corriente eléctrica (muy bajas, para una instalación eléctrica), tensión, etc. Algunos modelos pueden hacerlo con otros parámetros como capacidad, inductancia, etc. También permiten determinar la continuidad de un circuito empleando una señal acústica. En la Figura N° 11.3 se muestra un instrumento digital y en la Figura N° 11.4 uno analógico.

Mediante accesorios también pueden llegar a medir temperatura.

11.2.7. Óhmetro. Son instrumentos destinados a la medición de resistencias eléctricas, de acuerdo con el valor de la misma será el método y por ende el equipo.

Las resistencias que se deberán medir en el caso de las verificaciones en las instalaciones eléctricas son de un valor elevado (aislamientos), en consecuencia definen el tipo de aparato a utilizar. Se emplea un método directo y se descartan los métodos indirectos por ser poco prácticos, ya que las mediciones propuestas se deberán realizar en el sitio en que surge el problema –la obra–.

Figura N° 11.4
Multímetro

Los instrumentos destinados a la medición de resistencias de valores elevados como los que presentan los aislamientos de los distintos elementos de una instalación eléctrica se conocen popularmente como **"megóhmetros"**.

Son instrumentos que se conectan a la resistencia a medir, y una aguja o en un display indica en forma directa el valor de esta expresados en ohm o en Mega-ohm. Existen distintos **tipos**, pero paulatinamente los electromecánicos son superados por los de estado sólido o electrónico; estos últimos tienen, entre otras, la particularidad de poder hacer las mediciones a distintas tensiones, como ser a 1 000 ó 5 000 volt.

11.2.8. Dispositivos para verificaciones de los ID. Oportunamente se ha tratado la forma constructiva y funcional de los ID lo cual incluía la forma de verificar su funcionamiento mediante un pulsador que al accionarlo introducía en el conductor vivo y el de protección (PE) una resistencia de un valor acorde con la corriente eléctrica diferencial para el cual había sido diseñado (10, 30 o 300 mA). Los mismos fabricantes sugieren la realización una prueba cada determinado período de tiempo.

Se puede hacer una verificación en forma externa al propio ID. La misma consiste en insertar una resistencia también de valor acorde a la corriente eléctrica diferencial entre un punto vivo de algún componente

de la instalación eléctrica y un borne de tierra. El punto vivo puede ser un punto de una base tomacorriente eléctrica. Verificación este que debe ser hecha por una persona capacitada.

Más allá de lo reciente expresado al respecto de la forma de verificar el funcionamiento de un ID, la RIEI *"...recomienda el empleo de instrumentos que determinen la corriente eléctrica y el tiempo de actuación...".*

Basado en esto es posible encontrar en el mercado diversos equipos que puedan realizar estas determinaciones, desde aquellos que hacen solo algunas elementales que son de bajos costos, a otros que pueden hacer algunas que son más importantes con un precio razonable a los más sofisticados que por lo tanto tienen precios muy elevados y cuyas determinaciones no son totalmente aprovechables en el tipo de instalaciones eléctricas que estamos tratando.

Figura N° 11.5 Multímetro digital analógico

La Figura N° 11.5 muestra el aspecto de dispositivo llamado Ficha de testeo que se emplea para hacer algunas determinaciones como la existencia de tensión en la línea, si el ID tiene una corriente eléctrica diferencial de 30 mA y está bien calibrado, si está conectado el borne PE a la puesta a tierra y si la polaridad es la correcta.

Se trata de un dispositivo sencillo y robusto que puede hacer las determinaciones más elementales, cuyo circuito se puede ver en la Figura N° 11.6.

La Figura N° 11.7 muestra el aspecto que adquiere un tipo de instrumento que permite la realización de determinaciones de varios parámetros de una instalación eléctrica.

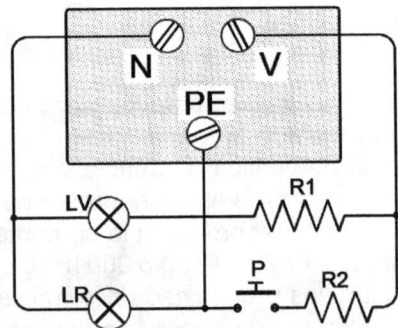

Figura N° 11.6 Ficha de testeo

Figura N° 11.7 Circuito de la ficha de testeo

11.3. VERIFICACIONES

11.3.1. Introducción. La verificación de una instalación eléctrica conlleva la necesidad de conocer su estructura y la de los distintos componentes, así como sus características fundamentales, por ello se hace necesario realizar las tareas que se indicarán a continuación.

Para el caso de tener que hacer tareas de mantenimiento o reparaciones valen las mismas premisas.

11.3.2. Ubicación de los elementos. La verificación de la ubicación de los elementos componentes de las instalaciones eléctricas se hace en forma visual, con lo cual se establecerá si los mismos se encuentran correctamente ubicados. Esta verificación puede comprender, por ejemplo, si los tableros están en lugares adecuados, si las cañerías corren por lugares permitidos, etc.

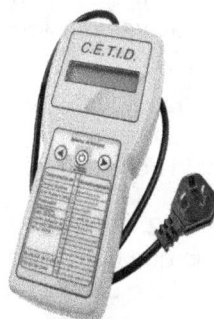

**Figura Nº 11.8
Instrumento para
verificaciones varias en
una instalación
eléctrica**

También es importante ver si los interruptores y tomacorriente están en lugares y alturas adecuados y si corresponden en su forma constructiva al lugar en que se han colocado.

Deberá verificarse si los circuitos de muy baja tensión están debidamente separados de los otros.

11.3.3. Verificación del material empleado. Consiste en verificar las medidas de los caños, secciones de los cables, intensidades nominales de los aparatos de maniobra, etc., así como que todo el material haya sido fabricado y ensayado según las normas IRAM o IEC correspondiente.

11.3.4. Verificación de las conexiones. Con ayuda de los planos generales y unifilares se comprueba si los cables y los elementos de maniobra y protección están debidamente conectados, y si su capacidad está de acuerdo con las corrientes eléctricas consumidas y las tensiones de los circuitos.

11.3.5. Verificaciones de funcionamiento. Se trata de verificar mecánicamente el funcionamiento de los distintos tipos de interruptores (automáticos, seccionadores, etc.) así como también los enclavamientos entre ellos.

En el caso de los ID, que el pulsador de prueba no accione al mismo en forma mecánica sino eléctrica.

Se deberá verificar el funcionamiento de las puertas de los distintos tipos de tableros, sobre todo el mecanismo de cierre de las mismas y su conexión con el cuerpo del gabinete para asegurar la puesta a tierra.

11.4. VERIFICACIÓN DE LAS PROPIEDADES ELÉCTRICAS

11.4.1. Introducción. Con estas pruebas sabremos si todo ha sido ejecutado con los materiales adecuados, y si la mano de obra ha sido cuidadosa en la ejecución del montaje y conexionado.

Estas verificaciones comprenden tres tipos de ensayos y verificaciones, a saber:

- continuidad,
- aislamiento,
- caída de tensión.

11.4.2. Prueba de continuidad. En general se hace para averiguar si un cable que comienza en una determinada caja llega a la que se estableció, y si tiene continuidad o se ha cortado durante su colocación, o bien si el cable que sale de una caja, es efectivamente el que se supone aparece en otra. La Figura Nº 11.5 nos indica un caso común.

En esta última figura se pueden apreciar dos cajas de una instalación eléctrica embutida que dejan ver los dos extremos de cada uno de los tres cables.

El probador descrito anteriormente se conecta a un cable cualquiera, por ejemplo el de la izquierda, el **A**, mientras con la punta del probador **P** se hace contacto con todos los de la derecha **B**, y cuando se escuche la señal o se encienda alguna de las luces del probador sabremos que se ha cerrado el circuito y por lo tanto ha quedado identificado el otro extremo del cable **A**.

Si las distancias son grandes pueden usarse la cañería, en caso de que sea metálica, como cable de unión o bien recurriendo a un tramo adicional de cable. Los aparatos para probar aislamiento y los llamados "tester" también sirven para hacer esta identificación de los cables. Descartamos la clásica "lámpara de prueba" por no ser segura para el operador.

11.4.3. Prueba de aislamiento. Es el ensayo más importante desde el punto de vista de la seguridad. Una instalación eléctrica compuesta por elementos que tengan un mal aislamiento es peligrosa para las personas y los bienes. Un mal aislamiento trae aparejado la circulación de una corriente eléctrica hacia tierra o masa, que se denomina **corriente eléctrica de fuga**, la cual al circular provoca calentamientos que de acuerdo con la situación del entorno puede derivar en un incendio.

Por otra parte, el medidor de la energía eléctrica registrará esta corriente eléctrica de fuga como una de consumo y como tal será facturada.

La corriente eléctrica de fuga mencionada es la que puede electrizar algún componente del edificio, por ejemplo paredes –hecho este bastante conocido o común en los viejos edificios–.

Interesa saber con exactitud el valor de la resistencia de aislamiento; el valor mínimo debe ser de **1 000 ohm por cada volt de servicio**. Por ejemplo, una instalación eléctrica de **220 V** debe tener como mínimo **220 000 ohm** de resistencia contra tierra.

Las resistencias de aislamiento dependen de la humedad ambiente, la temperatura y la tensión. Por esta causa los ensayos deben hacerse en las condiciones de servicio reales, sobre todo en lo que respecta a la tensión, que es un factor definitivo.

No deben aceptarse medidas efectuadas con métodos que utilicen tensiones muy bajas, como las de los multímetros comunes –tester–, o los puentes de medida que se alimentan con pilas. Lo más frecuente y más seguro es el empleo de los aparatos de medición directa para comprobar el aislamiento de los elementos que forman la instalación eléctrica **(megóhmetros)**.

Cuando la instalación eléctrica tiene una falla por deterioro del aislamiento se debe proceder a determinar el tramo de cable o el elemento que la origina.

Primero se debe dejar la instalación eléctrica sin tensión, para lo cual se debe abrir el interruptor que alimenta el circuito que tiene la falla, luego se deben quitar todos los consumos. A continuación se cierran todos los interruptores o llaves. Desde el tablero general se procede a verificar el estado del aislamiento de cada uno de los cables, primero con respecto a tierra como lo muestra la Figura N° 11.9 y luego entre los cables como indica la Figura N° 11.10.

En la instalación eléctrica que se está verificando este proceso se deberá realizar en cada uno de los circuitos que parten del tablero principal y de los seccionales según corresponda. De esta manera se localizará el tramo de cable o la ubicación del elemento fallado.

11.4.4. Determinación de la caída de tensión. Para llevar a cabo esta determinación es necesario contar con un voltímetro, el cual puede ser el que tienen los multímetros (tester), una pinza ampero-voltimétrica, si no se dispone de un voltímetro propiamente dicho. Recordemos que el probador solo nos indica la presencia de tensión y su nivel, y por ende no será de utilidad en este caso.

Se comienza verificar la tensión en los bornes de entrada del interruptor general y luego, con todas las cargas conectadas y funcionando, y finalmente se debe medir la tensión en el punto más alejado de donde se encuentra el interruptor general.

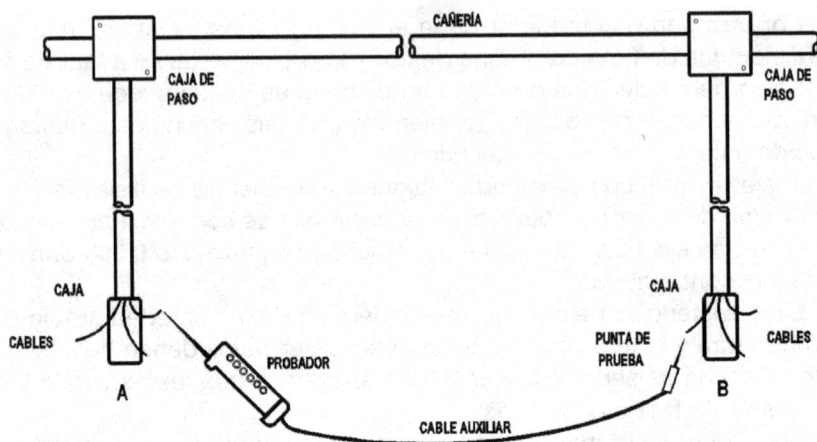

Figura N° 11.9 Comprobación de la continuidad del conductor de un cable

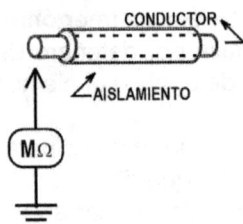

Figura N° 11.10 Verificación del aislamiento de un cable con respecto a tierra

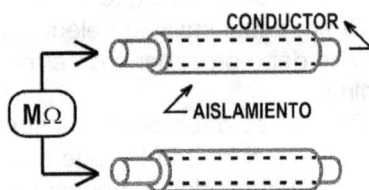

Figura N° 11.11 Verificación del aislamiento entre cables

La diferencia entre ambos valores es la caída de tensión, y la caída porcentual se obtiene refiriendo este valor al nominal final. Se admite para los circuitos de iluminación el **3%** (6,6 V); en el caso de que sea monofásico la tensión deberá ser **213,4 V** como mínimo. Cuando se trata de circuitos de fuerza motriz, el **10%** (38 V) como máximo o sea para el caso en que la tensión nominal es **380 V**, la mínima será de **342 V**.

11.5. ENSAYO A PLENA CARGA

Una vez alimentados la totalidad de los circuitos, se conectan todos los aparatos eléctricos de consumo y mediante la utilización de un amperímetro (se puede utilizar la pinza amperométrica) se verifica el valor de la corriente eléctrica del circuito principal y la de los otros que componen la instalación eléctrica. En esas condiciones deben recorrerse todos los tableros y demás elementos principales (cables, interruptores, etc.), verificando que el calentamiento de los mismos no sea excesivo. Si existe un calentamiento que se considere inadmisible, puede deberse a una capacidad inadecuada del elemento, o a un falso contacto.

Una persona experta haciendo contacto con los elementos básicos y los cables, puede determinar en forma aproximada si la temperatura adquirida es admisible. Se considera que si la mano puede tolerarla, el cable está en condiciones satisfactorias de funcionamiento. Existen otros medios que seguramente escapan a un instalador común.

Cualquier parpadeo en las luces generalmente es motivado por un contacto defectuoso, el circuito debe investigarse para evitar graves daños. Los falsos contactos son fáciles de solucionar mediante la desconexión y revisión de las conexiones o de los empalmes, pero la falta de capacidad de un cable, llave o tomacorriente, es un problema que sólo puede repararse cambiándolo por otro adecuado.

11.6. SECUENCIA DE FASES

Los motores eléctricos trifásicos son alimentados con las tres fases que componen el sistema de distribución de la energía eléctrica, que se denominan **L1 (R)**, **L2 (S)** y **L3 (T)**. De acuerdo con el orden en que se conecten será el sentido de giro del motor.

Esto adquiere importancia según sea el equipo al cual está acoplado; en el caso de los edificios que cuentan con bombas para impulsar el agua es necesario que las mismas giren de acuerdo con lo indicado por el fabricante (generalmente está indicado con una flecha en la carcasa de la bomba). Es por ello que se hace necesario determinar qué fase corresponde a cada uno de los cables que se pretenden conectar a la bornera de la caja de conexiones de un motor.

Para hacer la identificación de cada una de las fases se debe recurrir a un aparato denominado **secuencímetro** (Figura Nº 11.12), un sencillo dispositivo de estado sólido que se vincula a los cables a los cuales se les quiere determinar la identidad; mediante el encendido de las tres lámparas en un cierto orden se puede determinar cuál es el que cable que corresponde a cada fase.

**Figura Nº 11.12
Secuencímetro**

11.7. MEDICIÓN DE LA PUESTA A TIERRA

A lo largo del Capítulo Nº 7 se ha resaltado la importancia de la puesta a tierra, y en el ítem anterior se ha recomendado la verificación periódica de la misma, para lo cual se hace necesario realizar mediciones.

Existen diversos métodos para la determinación del valor de la resistencia de puesta a tierra, como ser: de los dos electrodos, de los tres electrodos, de las pinzas y el sugerido por RIEI de más abajo.

El término *"electrodo"* se emplea para designar a las varillas de hierro que hincan en el suelo como elemento auxiliar de la medición.

Los dos primeros métodos mencionados utilizan un instrumento denominado telurómetro o telurímetro, cuyos principios y forma de empleo se encuentran o bien en la literatura específica de las mediciones o en el manual del equipo.

De no contar con alguno de estos instrumentos es posible hacer la medición empleando –**con ciertas precauciones y la limitación explicada más abajo**– el método sugerido por la RIEI que se reproduce a continuación.

La Figura Nº 11.13 muestra el esquema de los elementos necesarios y su forma de conectarlos. En el mismo es posible distinguir:

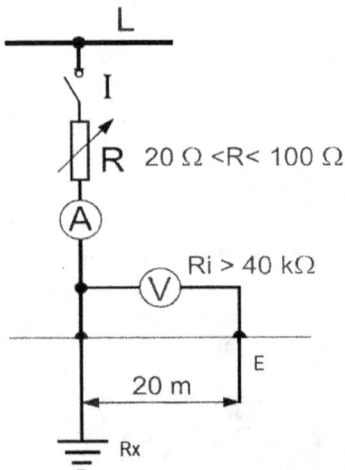

- **I:** interruptor (preferiblemente uno termo-magnético de 4 o 6 A).
- **Rx:** resistencia a medir.
- **R:** resistencia variable entre 20 y 100 ohm.
- **A:** amperímetro.
- **V:** voltímetro con una resistencia interna superior a 40 kilo-ohm, que permita medir entre 0 y 5 volt.
- **E:** electrodo enterrado 0,5 m a una distancia mayor de 20 m de la resistencia a medir **Rx**.

Figura Nº 11.13 Circuito para medición de una puesta a tierra

El valor de **Rx**, en ohm, está dado por el cociente entre el valor leído en volt en el voltímetro **V** y la intensidad de corriente eléctrica en amperes medida por el amperímetro **A**.

Una vez hecha la lectura debe abrirse el interruptor **I** y luego verificar que el voltímetro no indique nada o muy poco, ya que si no es así este método no es aplicable. La lectura de una tensión se realiza mediante un complejo fenómeno derivado de la circulación de corriente eléctricas vaga-bundas por el terreno, derivadas de otros sistemas eléctricos.

Muy importante: este procedimiento requiere tomar la tensión antes del interruptor diferencial, lo cual implica que esta medición **solo deberá ser hecha por una persona que tenga práctica o experiencia en insta-laciones eléctricas y que tome las precauciones del caso**.

11.8. INSPECCIONES PERIÓDICAS

Hasta aquí se han tratado las verificaciones y ensayos de la instala-ción eléctrica que pueden hacerse antes de su puesta en servicio o tam-bién si se ha suscitado algún problema, pero también se deben tener en cuenta las inspecciones periódicas que se deben efectuar cada cinco años cuando se trata de viviendas, oficinas y locales unitarios.

Las mismas consisten en una inspección visual de todos los com-ponentes, la realización de mediciones de los aislamientos de los cables, verificación de la continuidad del cable de protección (**PE**) y fundamental-mente del valor de la puesta a tierra.

CAPÍTULO N° 12

TRABAJOS EN LAS INSTALACIONES ELÉCTRICAS

OBJETIVOS

- *Reseñar la normativa específica sobre la realización de trabajos sobre las instalaciones eléctricas.*
- *Puntualizar sobre los tipos de ejecución de los trabajos en los sistemas eléctricos. Tecnologías de los elementos necesarios y de las realizaciones.*

12.1. INTRODUCCIÓN

Es una cuestión natural que se deban hacer trabajos no solo de montaje sino también tareas relacionadas con el mantenimiento o bien de nuevas obras relacionadas con el aumento de la capacidad de las instalaciones eléctricas o de los sistema de distribución de la energía eléctrica, por lo cual habrá que trabajar en sus partes componentes, ello significa que en algún momento del accionar profesional haya necesidad que involucrarse con estas técnicas.

Este capítulo, en realidad constituye una guía del tema y está dispuesto de forma tal que se considera que para acceder al mismo previamente se hayan visto los temas que están relacionados con este, lo cual hace que se comprenda la necesidad de resaltar algunas de estas cuestiones o sus consecuencias.

La realización de trabajos en las instalaciones eléctricas sea con tensión o no requiere del conocimiento de la técnica a emplear, o sea de capacitación y equipamiento. **No se admiten las improvisaciones**, ya que los errores seguramente serán el origen de daños insalvables en la mayoría de los casos.

12.2. NORMATIVA

12.2.1. Ley de Higiene y Seguridad en el Trabajo N° 19 587 y su respectivo Decreto reglamentario N° 351/79. La misma en su **Capítulo N° 14 titulado: Instalaciones Eléctricas,** trata los aspectos relacionados en lo que hacen a estas, sus componentes y los trabajos a realizar sobre las mismas. Debiéndose remitir al texto completo del mismo para profundizar los temas, a continuación haremos una breve referencia a algunos de los títulos de los ítems más importantes.

1.1.1. Niveles de tensión.
1.1.2. Tensión de seguridad.
1.1.3. Bloqueo de un aparato de corte o de seccionamiento.
1.1.4. Consignación de una instalación, línea o aparato.
1.1.5 Distancias de seguridad.
1.1.6. Trabajos con tensión.
1.2. Capacitación del personal.
2.0. Trabajos y maniobras en instalaciones eléctricas.
2.1. Trabajos y maniobras en instalaciones de BT.
2.2. Trabajos y maniobras en instalaciones de MT y AT.
2.3. Disposiciones complementarias referentes a las canalizaciones eléctricas.
2.4. Trabajos y maniobras en dispositivos y locales eléctricos.
3.0. Condiciones de seguridad de las instalaciones eléctricas

Cada uno de estos artículos a su vez está subdivido en otros.

12.2.2. Decreto N° 911/97. Este tema está comprendido entre los artículos N° 75 al 85.

12.2.3. AEA 95 702. Norma emitida por la AEA en el 2 013 titulada: Reglamentación para la ejecución de trabajos con tensión en instalaciones eléctricas mayores a 1 kV.

12.2.4. AEA 95 705. Norma emitida por la AEA en el 2 013 titulada: Reglamentación para la ejecución de trabajos con tensión en instalaciones eléctricas de baja tensión en C.C. y C. A.

12.2.5. Otras. Las distintas empresas de distribución de la energía eléctrica, servicios o de producción, de acuerdo a sus características funcionales y constructivas, elaboran procedimientos o normas para la realización de este tipo de trabajo.

12.3. TRABAJOS

Por su relación con los trabajadores, es necesario resaltar algunos aspectos de los contenidos en los artículos de la ley anteriormente mencionada, aunque de alguna manera todos están involucrado con el temas seguridad.

Es así como se puede apreciar lo expresado en el ítem 1.1.4 titulado **Consignación de una instalación eléctrica, línea o aparato**, por la importancia que tiene. En este ítem se expresa:

> *"Se denomina así al conjunto de operaciones destinadas a:*
> a) *Separar mediante corte visible la instalación, línea o aparato de toda fuente de tensión.*
> b) *Bloquear en posición de apertura los aparatos de corte o seccionamiento necesarios.*
> c) *Verificar la ausencia de tensión con los elementos adecuados.*
> d) *Efectuar las puestas a tierra y en cortocircuito necesarias, en todos los puntos por donde pudiera llegar tensión a la instalación como consecuencia de una maniobra o falla del sistema.*
> e) *Colocar la señalización necesaria y delimitar la zona de trabajo."*

Son un conjunto de acciones de impostergable realización, a los fines de eliminar los riesgos que puede traer aparejado algunos trabajos.

12.4. ÁMBITOS DE LOS TRABAJOS

Los trabajos en los sistemas eléctricos se pueden hacer para mantenimiento o bien en la ejecución de nuevas obras, ambas en el terreno de la generación, transmisión y distribución de la energía eléctrica, pero también se da en las instalaciones productivas y de servicio.

Una situación que también trae aparejado riesgo eléctrico es la ejecución de otros tipos de obras, como pueden ser las civiles, mecánicas, cañerías, etc. en cualquier terreno, en virtud de que se pueden encontrar cables subterráneos o por el contrario líneas aéreas. Al final del capítulo se abordará el tema.

12.5. FORMA DE EJECUTAR LOS TRABAJOS

La forma básica en que se pueden desarrollar los trabajos en los sistemas eléctricos o los equipos pertenecientes o conectados a las instalaciones eléctricas o redes, también contemplados por la ley mencionada anteriormente pueden ser los que se enumeran a continuación.

12.5.1. Sin tensión.

12.5.2. Con tensión, los cuales a su vez pueden ser:
- a contacto, usado en instalaciones de baja y media tensión,
- a distancia, empleado en líneas de 132 kV,
- a potencial, usado en las líneas de transmisión e instalaciones con tensiones mayores de 132 kV.

La Superintendencia de riesgos del trabajo, mediante una resolución aprobó el *Reglamento para la ejecución de trabajos con tensión en instalaciones eléctricas mayores a un kilovolt* que fuese elaborado por la AEA en el año 2 004.

Este reglamento fue desarrollado en base a las exigencias de: la legislación nacional y de distintas normas IEC relacionadas.

12.6. CINCO REGLAS DE ORO

Denominación popular que se le da a cinco acciones que se deben tomar para realizar en forma segura los trabajos en sistemas eléctricos **sin tensión**.

12.6.1. Corte efectivo de las fuentes de energía. Para poder realizar los trabajos sin tensión es necesario desconectar la parte o zona de la instalación eléctrica, red o bien el componente sobre el cual se quiere hacer el trabajo. Ello se logra abriendo el o los elementos de maniobra (seccionador, interruptor o seccionador-fusible) que alimenta la zona en donde se realizará los trabajos.

Esta desconexión o **corte debe ser visible** a simple vista, de no ser así habrá que colocar algún otro tipo de señal.

Deberá prestarse atención a que en la zona delimitada no pueda recibir alimentación por otro lado así como no hayan quedado condensadores cargados, los cuales deberán ser descargados o bien esperar un tiempo prudencial luego que se les ha quitado la alimentación.

12.6.2. Bloqueo de los aparatos de maniobra. El bloqueo de los aparatos de maniobra, está destinado a evitar que por error o negligencia se conecte la zona, equipo o instalación eléctrica en donde se está trabajando.

Para poder realizar la maniobra anterior (corte efectivo) es necesario operar algún tipo de aparato de maniobra, que, dependiendo del nivel de tensión en que se está operando (BT, MT, AT o EAT) será la característica constructiva del mismo.

Los aparatos de maniobra de por sí o como un accesorio incorporan un dispositivo que permite mediante la utilización de un candado, para bloquear al mismo o sea para que no se pueda realizar ninguna maniobra ya sea de cierre o apertura, según se pre-establezca.

Otros aparatos de maniobra, sobre todo en media o alta o extra alta tensión, las maniobras de apertura o cierre se hacen mediante dispositivos electromecánicos, los cuales funcionan con una tensión denominada de control, la cual proviene de una fuente auxiliar. En ese caso se debe proceder a desconectarla, abriendo el interruptor correspondiente o quitando los fusibles.

En los sitios en donde se efectúa el bloqueo se deberá colocar una tarjeta, indicando quién efectuó el bloqueo y que a su vez quién tiene en su poder la llave del candado utilizado. Dependiendo del tipo de trabajo se suelen colocar más de un candado, correspondiendo los mismos a las distintas funciones y responsabilidades del Personal involucrado.

12.6.3. Verificación de la ausencia de tensión. La verificación de la ausencia de tensión deberá hacerse en la propia zona donde se van a realizar los trabajos y en cada uno de los conductores o cables. La misma se lleva a cabo con el dispositivo adecuado para esta tarea, el cual a su vez deberá ser verificado antes y después de hacer cada determinación.

De acuerdo al nivel de tensión en el cual se va a realizar la determinación será el equipo a utilizar.

Los tipos de probadores o detectores emiten señales por la presencia de tensión en forma: acústica o luminosa o ambas a la vez. En las Figuras N° 12.1, 12.2 y 12.3 se muestra el aspecto de estos elementos.

Figura N° 12.1.
Detector de media
tensión

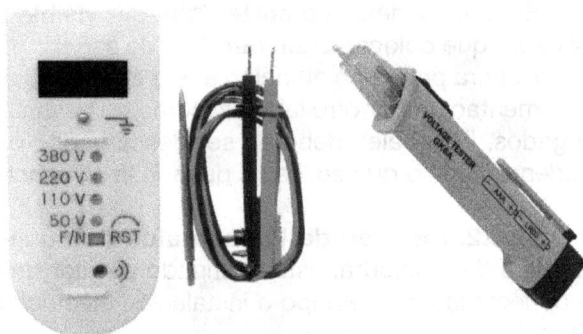

Figuras N° 12.2 y 12.3 Detectores
de baja tensión

12.6.4. Puesta a tierra y en cortocircuito. Las instalaciones eléctricas o redes de todos los niveles de tensión deben ser puestas a tierra y cortocircuitadas en las proximidades de la zona o equipo en donde se vaya a realizar las tareas. Debido a la inducción electromagnética un conductor que se encuentre desconectado puede llegar a tener un potencial considerable.

La acción consiste en tener un punto que se considere fehacientemente como "tierra" y desde él proceder a conectar cada uno de los cables involucrados y luego a unirlos entre sí.

Para ejecutar la conexión de la "tierra" a cada punto en que se deba hacer, se debe emplear el accesorio o morseto adecuado y el conductor empleado deberá tener la sección suficiente de acuerdo a las características de la instalación o red que se trate. Las Figuras N° 12.4 y 12.5 muestran: en el primer caso elementos componentes de un sistema de puesta a tierra de un tipo y en la segunda uno de otro tipo. La Figura N° 12.6 muestra un morsetos fijado a un conductor para hacer su puesta a tierra.

12.6.5. Señalización de la zona de trabajo. La zona en donde se van a llevar a cabo las tareas correspondientes debe ser claramente identificada a los fines de evitar que la misma pueda ser confundida con otra que se encuentre bajo tensión.

Figura N° 12.5 Conjunto para puesta a tierra

Figura N° 12.4 Conjunto de elementos para puesta a tierra

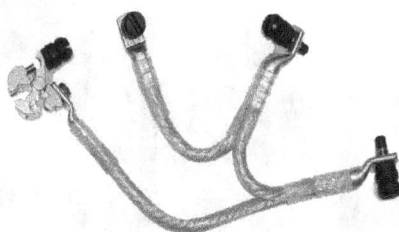

Figura N° 12.6 Morseto para puesta a tierra

El material empleado deberá ser lo suficientemente robusto y estar fijado de modo que ningún factor ambiental lo desplace o destruya. El mismo deberá ser de fabricación estándar, con los colores correspondientes, evitándose la utilización de elementos que no lo sean o bien improvisados. Existen carteles con indicaciones fabricados en forma estándar con los colores y forma normalizados.

12.7 TECNOLOGÍA

La implementación de los tipos de trabajos antes mencionados, así como las distintas técnicas a emplear en cada caso hacen que se requieran varios tipos de herramientas o dispositivos, los cuales son diseñados especialmente para que se puedan realizar en forma eficiente y segura.

La Figura N° 12.7 muestra una pértiga que se utiliza en los trabajos que se realizan en MT. Las siguientes figuras (12.8, 12.9, 12.10 y 12.11) permiten tomar idea de las distintas herramientas empleadas en un caso con la ayuda de pértigas y otra con ella para realizar los distintos trabajos que se realizan sobre las líneas aéreas de MT.

Figuras N° 12.8 y 12.9. Accesorios para pértiga

**Figura N° 12.7.
Pértiga y su
prolongación**

El alto grado de desarrollo que se ha logrado en nuestro país en este tema a través de las experiencias adquiridas hasta el momento hace que se pueda considerar a estos trabajos como una verdadera especialidad.

Para cada una de las acciones que constituyen estos trabajos se han diseñado y fabricado una variedad de elementos o dispositivos que son apropiados para cada una de ellas.

Las formas y los tamaños están íntimamente ligados con el nivel de tensión de la instalación y el tipo de acción que se trate (puesta a tierra, apertura de un seccionador, etcétera).

Figura N° 12.10 Morseto para puesta a tierra mediante el uso de pértigas

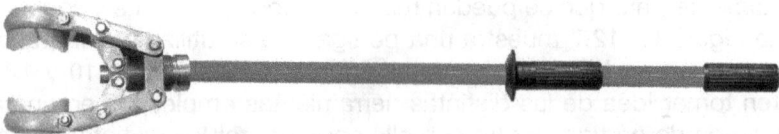

Figura N° 12.11 Dispositivo para el cambio de fusibles

Así es como para los trabajos con tensión en baja tensión se utilizan: detectores de tensión, guantes, alfombras y herramientas de mano especialmente aisladas con determinadas características constructivas.

En los trabajos con tensión que se hacen en los sistemas de media tensión (13,8 y 33 kV) evidentemente se requieren de otros tipos de elementos, que por el grado de aislamiento requerido presentan otras dimensiones y formas constructivas. Es en estos niveles de tensión es donde podemos encontrar: detectores de tensión los cuales están soportados con pértigas aislantes, pértigas a las cuales se le pueden adosar herramientas, equipos de puesta a tierra y cortocircuito, taburetes (como el mostrado en la Figura Nº 12.12), vainas aislante para los conductores y otros tipos de mantas aislantes. En las Figuras Nº 12.13 y 12.14 se muestran un tipo de cubierta aislante para un conductor.

Figura Nº 12.13 Conductor con cubierta aislante

Figura Nº 12.12 Taburete aislante

Figura Nº 12.14 Corte de una aislante de conductor

Es necesario destacar que estos trabajos con tensión en media tensión se llevan a cabo en las líneas aéreas y subestaciones transformadoras y de distribución.

Situación que se repite para los sistemas de 132 kV, en donde el nivel de aislamiento es mucho mayor y por ende los equipos utilizados requieren de un cuidadoso diseño y mantenimiento.

La mayor complejidad en cuanto a trabajos con tensión se pueden encontrar en los sistemas de 220 y 500 kV. En estos dos últimos casos la realización de estos está reservada a Personal altamente calificado que cuenta con un equipamiento acorde. La capacitación es rigurosa e incluye la práctica constante en centros especialmente diseñados a esos efectos. Este equipamiento es sometido a ensayos dieléctrico y su verificación periódica es rigurosa y permanente.

En la Figura Nº 12.15 se muestra un conjunto de herramientas aisladas para realizar trabajos con tensión en BT.

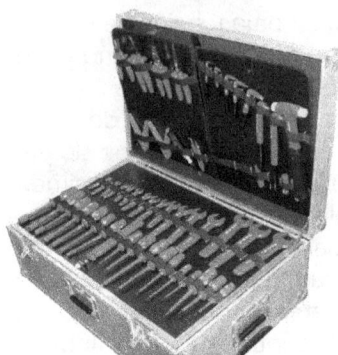

Figura N° 12.15
Herramientas para trabajo
en baja tensión

Todos los materiales de estar fabricados y ensayos por las nomas y cada uno de ello debe contar con una **Ficha técnica**, en donde debe constar: las condiciones de empleo, características mecánicas y eléctricas, ensayos y controles a efectuar, así como el período en el cual se deben hacer estos últimos.

En todo este capítulo no se hizo referencia al equipo de protección personal de los trabajadores, el cual: a partir del básico los que sean necesario de acuerdo a las tarea específicas que tenga que hacer (por ejemplo en el trabajo a potencial: la ropa conductora).

12.8. EQUIPOS PARA CASO DE ACCIDENTES

En el ítem Tecnología se han mencionado los elementos necesarios para llevar a cabo las tareas normales y definidas en los ítems anteriores, así como se ha mencionado en el Capítulo N° 4 el conjunto de elementos necesario para actuar en caso de accidentes.

12.9. EJECUCIÓN DE OBRAS EN GENERAL

Decía más arriba que no todos los trabajos que entrañan un riesgo eléctrico se realizan en los sistemas relacionados con la generación, transmisión y distribución de la energía eléctrica, en los cuales se desempeñan personal con conocimientos y entrenamiento relativos. La ejecución de otros tipos de obras también acarrear riesgos eléctricos debido a la realización de excavaciones o por el empleo de grúas en proximidades de las líneas aéreas, las cuales pueden estar conducida y ejecutada por personal que no es de la especialidad.

Básicamente se puede decir que antes de la ejecución de cualquier trabajo como los anteriores es necesario que se recaude información al respecto.

Las situaciones riesgosas que puedan derivar de:

• tendidos de cables subterráneos. En caso afirmativo es necesario conocer la tensión del mismo, la traza y fundamentalmente la profundidad a la cual está enterrado.

- presencia de líneas aéreas. En este caso se debe conocer la tensión de la misma y la altura mínima sobre el nivel del terreno. Con estos datos la Ley de Higiene y Seguridad en el Trabajo establece las distancias mínimas de seguridad.

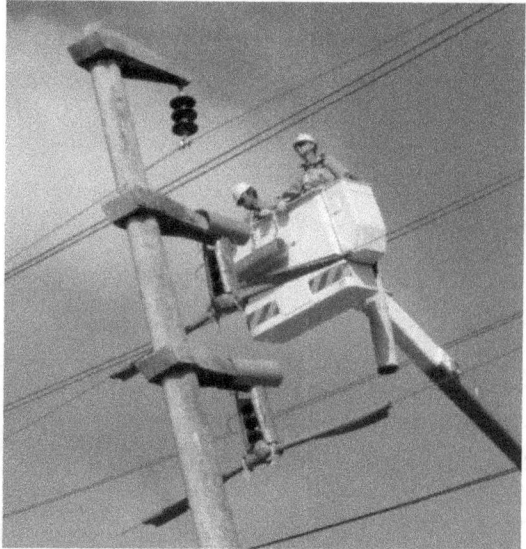

Figura Nº 12.16 Trabajos sobre una línea aérea con tensión

Figura Nº 12.17 Trabajos sobre los fusibles de una línea aérea a distancia

CAPÍTULO N° 13

TRANSFORMACIÓN DE LA ENERGÍA ELÉCTRICA

OBJETIVOS

- *Exponer sobre la necesidad de realizar la transformación de los niveles de tensión de la energía eléctrica.*

- *Describir las disposiciones típicas de las subestaciones y sus equipamientos típicos.*

13.1. INTRODUCCIÓN

Tal como se expusiera en el primer capítulo las demandas de ciertos tipos de edificios hace que el suministro de la energía eléctrica por parte de la empresa distribuidora se haga en media tensión o sea en 13,2 kV o bien en 33 kV, hecho este que llevo a la proliferación de las subestaciones transformadoras (SET) o sea que ya es común este tipo de instalaciones, por lo cual merece este tratamiento general.

La tecnología constructivas de las mismas es variada y su proyecto así como la ejecución de las obras correspondientes es tema de especialistas, mucho más crítico es el mantenimiento de las mismas ambas acciones deben estar hechas por personal capacitado y experimentado.

La inclusión de este capítulo tiene como fin hacer conocer las disposiciones constructivas y elementos clásicos de este tipo de instalaciones, lo cual será de suma utilidad en las situaciones personales y profesionales que se les puedan presentar; dejando el proyecto, construcción y mantenimiento a los especialistas de estos temas.

13.2 NECESIDAD DE LA SUBESTACIÓN TRANSFORMADORA

La SET surge de la necesidad de hacer llegar la energía eléctrica necesaria, según se requiera en potencia y nivel de tensión a determinados usuarios.

En la Figura N° 1.1 del primer capítulo se muestra en forma esquemática la forma en que se va distribuyendo y transformando la energía eléctrica a partir de su generación hasta llegar a los usuarios, en algunos casos son los denominados muy grandes usuarios que se alimentan en 132 o 220 kV, mientras otros que requieren menos potencia lo hacen en 13,2 o 33 kV. Finalmente están los usuarios de baja tensión que se alimentan con 380/220 V y en 220 V.

El interés de este capítulo está centrado en los usuarios que reciben la energía eléctrica en media tensión o sea en 13,2 o 33 kV para su utilización directa o bien la transforman a otras tensiones menores como lo es 380/220 V.

Vemos en la parte derecha inferior del esquema citado se ha representado una SET que está alimentada en 13,2 o 33 kV y tiene una tensión de salida de 380/220 V con la cual se distribuye a los usuarios denominados de baja tensión. La forma de hacer esta distribución se esquematiza en la Figura N° 1.2.

13.3. DISPOSICIÓN TÍPICA DE UNA SUBESTACIÓN TRANSFORMADORA

Para comenzar a adentrarnos en el tema recurriremos a la Figura N° 1.3 en donde apreciamos el "Esquema unifilar de una SET". En el mismo podemos observar que se encuentra conectada a una determinada "Red pública de media tensión (13,2 kV)"; se hace necesario destacar que en determinadas localidades esta red pública puede ser de 33 kV con lo cual no cambia significativamente (en cuanto a tipo y disposición de elementos) a los fines de esta descripción como la que trataremos ahora. En la Figura N° 13.1 se muestra mediante la representación del tipo unifilar un esquema unifilar típico de una SET. En la Figura N° 1.5 se mostró un esquema con la alimentación de una SET.

13.3.1. Tipos. De acuerdo a las ubicaciones de una SET podemos decir que se pueden encontrar en:

- **exteriores o intemperie**. Que a su vez puede estar a nivel de piso, bajo el nivel del mismo o sea subterráneo o sobre-elevada (aéreas). Mostrada en la Figura N° 13.2 corresponde al tipo MT/BT;

- **interior**. En una sala, las que a su vez pueden estar a nivel o bien bajo nivel (subterráneas).

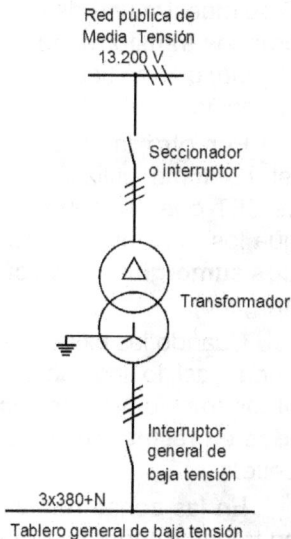

Red pública de
Media Tensión
13.200 V

Seccionador
o interruptor

Transformador

Interruptor
general de
baja tensión

3x380+N

Tablero general de baja tensión

Figura N° 13.1 Esquema unifilar típico de una SET

Figura N° 13.2 SET aérea MT/BT

13.3.2. Alimentación. La forma de alimentar una SET depende de la disposición y tipo de red que tenga la empresa distribuidora del lugar, pudiendo ser:

- mediante un cable tendido en forma subterránea,
- con una línea aérea.

13.3.3. Potencia del transformador. La potencia del transformador queda determina por el Comitente o la empresa distribuidora de acuerdo a las necesidades o un acuerdo previo, para lo cual se debe realizar una estimación de la carga eléctrica total que se conectara al mismo en función de las potencias parciales y modalidad del proceso productivo en un caso o bien del número de viviendas que se deban alimentar.

Los valores de potencia aparente de los transformadores es expresada en kilo-volt-ampere [kVA] con que se fabrican de acuerdo con la Norma IRAM 2 250, para una tensión primaria de 13,2 kV la serie de potencia va desde los 25 a los 3 000 kVA.

El tratamiento de las SET que se hace en este capítulo es considerando que se trata de potencias del orden de los 1 000 kVA por ser los que más comúnmente se puedan encontrar, sin desestimar instalaciones que requieran potencias mayores a esta última.

13.3.4. Tecnología constructiva de los transformadores. La forma más común de encontrar son los denominados con **Tanque de expansión**, aunque no los únicos. En la Figura N° 13.3 se muestra uno de este tipo.

Existen otros tipos constructivos, como los transformadores de **Llenado integral** (sin cámara superior de nitrógeno) que no tienen tanques de expansión.

Figura N° 13.3 Transformador con tanque de expansión

Por otro lado las empresas distribuidoras utilizan para aquellas SET que pueden quedar bajo agua los transformadores **Herméticos sumergibles** (con cámara de nitrógeno).

Cuando las exigencias de seguridad así lo indican se pueden utilizar transformadores **Encapsulados en resina**, que no contienen aceite.

En las zonas rurales se utilizan transformadores llamados **Rurales**, los cuales pueden ser monofásico o bien trifásicos.

Estas distintas formas constructivas, a su vez determinan los elementos de maniobra para conectarlo a la red y de protección.

13.3.5. Protección de los transformadores. La forma de hacerlo puede ser:

- Básicamente los elementos con que cuenta un transformador para protegerse a sí mismo, son: relé de Buchholtz, termómetro y nivel de aceite. Siendo necesario destacar que no todos los usuarios los emplean; lo cual obedece a distintos criterios. Para transformadores de más de 5 000 kVA existen otros elementos.
- El elemento clásico usado hasta potencias de 1 000 kVA son los fusibles, aunque se pueden utilizar relé del tipo primarios o secundarios, los cuales necesariamente deben comandar interruptores, esta disposición en general no se la emplea cuando la potencia es menor o igual a esta última.

En la Figura N° 13.4 se muestra un seccionador bajo carga con los fusibles asociados.

13.3.6. Forma de conexionado a la red de distribución. En general y salvo algún requerimiento particular hasta una potencia de 1 000 kVA se utilizan seccionadores manuales. De ese valor o más (según la característica de la instalación) se emplean interruptores asociados a relés de protección que requieren de transformadores de intensidad.

En la Figura N° 13.5 se esquematiza la forma en se conecta un usuario a la red de distribución de MT.

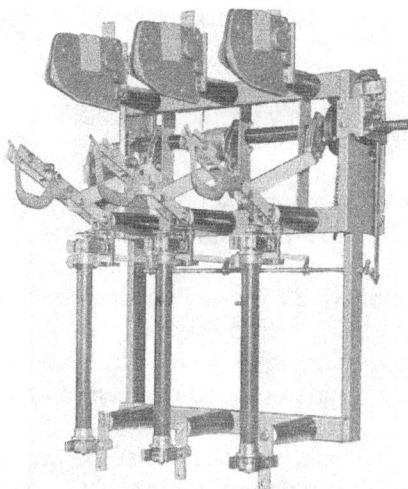

Figura N° 13.4 Seccionador bajo carga con fusibles

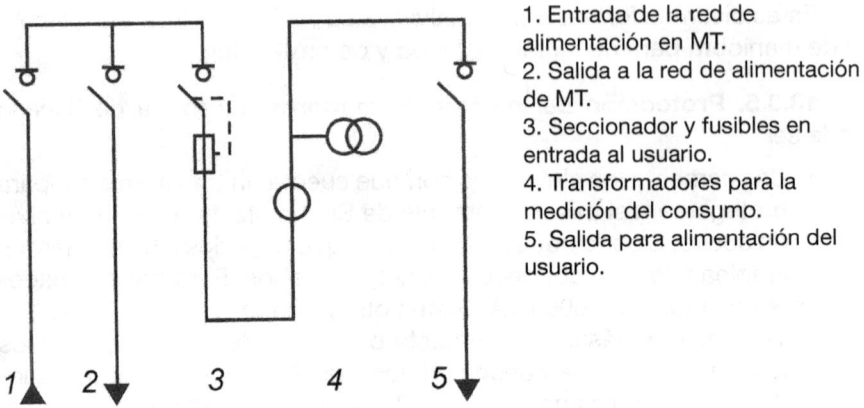

1. Entrada de la red de alimentación en MT.
2. Salida a la red de alimentación de MT.
3. Seccionador y fusibles en entrada al usuario.
4. Transformadores para la medición del consumo.
5. Salida para alimentación del usuario.

Figura N° 13.5 Esquema unifilar de la conexión de un usuario de MT a la red

13.4. COMPOSICIÓN DE UNA SUB-ESTACIÓN TRANSFORMADORA

Una SET es una disposición constructiva para suministrar energía eléctrica con cierta potencia en una determinada tensión a distintos tipos de usuarios, y está formada por:

- alimentación en media tensión,
- elementos de maniobra y protección para conectar y desconectar el transformador,
- transformador de MT/BT,
- dispositivo de maniobra y protección en BT.

A su vez:
- Los elementos de maniobra y protección del transformador están contenidos en un tablero eléctrico denominado Celda.
- Los dispositivos de maniobra y protección en BT se disponen en otro tablero denominado Tablero general de baja tensión (TGBT).
- En ambos casos los mismos tienen determinadas formas constructivas características que dependen de la ubicación de la SET, de la tecnología de los equipos de maniobra y del transformador adoptadas.
- La conexión entre los distintos elementos componentes se realiza mediante el empleo de conductores tipo barra (cilíndricas o planas) o bien mediante cables.

13.5 UBICACIÓN DE LAS SUB-ESTACIONES TRANSFORMADORAS

A las SET es posible encontrarlas en los lugares que se mencionan a continuación.

13.5.1. Exteriores o de intemperie elevadas. Son las pertenecientes al sistema público de distribución de la energía eléctrica, la mismas se monta sobre una plataforma soportada por dos o cuatro columnas de hormigón armado según el peso del transformador y en general se las encuentra ubicadas fuera del radio céntrico de las localidades.

La alimentación se hace desde una línea aérea de MT y las salidas en baja tensión mediante el tendido de cables también en forma aérea.

Este tipo de SET no es empleada en el ámbito de los usuarios privados.

13.5.2. Exteriores o de intemperie a nivel de piso. Son aquellas que se utilizan cuando los usuarios son propietarios de la SET y se encuentran construidas dentro de los límites del predio de los mismos. Se montan a nivel de piso dentro de un cercado hecho con caños de acero y tejido o bien mediante paredes. En general la alimentación se hace desde una cabina de medición y maniobra de la empresa distribuidora mediante un cable tendido en forma subterránea, aunque también es posible verla alimentadas mediante un línea aérea, tendencia que se va eliminando por razones de seguridad, ya que este tipo de tendido dentro de un predio en donde se desarrollan procesos productivos o de servicios, siempre entraña riesgos.

La sala o recinto destinado a una SET, puede ser construido con la tecnología común de la mampostería convencional o bien utilizar el sistema de pre-moldeadas denominadas como compactas construidas en fábrica y luego trasladas al lugar. En la Figura N° 13.6 se muestra el aspecto exterior de una de este tipo y la Figura N° 13.7 la misma con las puertas abiertas lo cual permite apreciar los componentes (celdas y transformador).

13.5.3. Exteriores subterráneas. Las emplean las empresas distribuidoras de la energía eléctrica. Se las suele ubicar en las veredas de las calles.

13.5.4. Interiores a nivel de piso. Se emplean tanto en los sistemas de distribución de la energía eléctrica como en los ámbitos privados. Se instalan en una sala exclusiva, especialmente construida para alojar a los componentes sobre todo cuando se emplean transformadores del tipo con tanque de expansión.

En este tipo constructivo, el transformador se monta sobre una base que tiene un foso cuyo volumen libre es suficiente como para alojar el aceite contenido en la cuba del mismo.

Dentro de las de este tipo, se pueden encontrar las que emplean transformadores secos encapsulados en resina, en cuyo caso, como los mismos se alojan en gabinetes metálicos. Ello permite ubicar a la SET en el interior de las plantas cerca de los grandes consumos de energía eléctrica.

13.5.5. Interiores subterráneas. No es el montaje más difundido.

13.6. APARATOS DE MANIOBRA EN MEDIA TENSIÓN

Las SET alimentadas por medio de cables tendidos en forma subterránea son las más comunes o más ampliamente usadas, aunque es preciso señalar que también pueden estar alimentadas por medio de una línea aérea.

En el primer caso la punta del cable que ingresa al recinto de la SET, tiene un **terminal** que lo sella herméticamente y a su vez permite la conexión mecánica al aparato de maniobra mediante el uso de terminales a compresión.

Las disposiciones de las SET más antigua eran las que se denominan abiertas, porque el seccionador, fusibles, transformadores de medida (si los hubiese) se montan en una celda del tipo "abierta". La misma tiene las tres paredes (una en el fondo y dos laterales) de mampostería y en el frente a modo de cerramiento un panel metálico con tejido que es desmontable con lo cual se facilita el acceso a los componentes de la misma.

Figura Nº 13.6 SET Compacta vista exterior

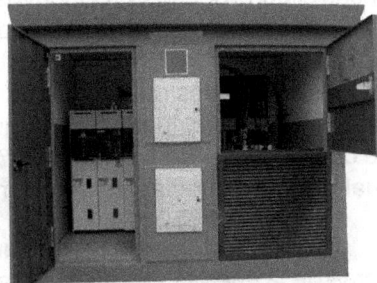

Figura Nº 13.7 SET Compacta vista interior

Esta configuración abierta presenta riesgos para los operadores derivados del caso de cortocircuitos o explosión de algunos de los componentes, lo cual hace que la llamas, el calor y la posible proyección de elementos se esparzan por las inmediaciones de las mismas con lo que ello puede significar para para quien se encuentre en las proximidades de las mismas.

En este último tipo de celdas abierta se suele montar los que se denomina "seccionador bajo carga" y fusibles como el que se mostró en la Figura N° 13.4. En este caso cuando se cierra el seccionador se carga un resorte el cual hará abrir a este último si unos de los fusibles actúan. El indicador de fusión mediante un mecanismo hace accionar al mecanismo de apertura. El seccionador tiene una pequeña cámara apaga-chispa y todo el conjunto está montado en un bastidor, el cual se fija en la pared de la celda.

El avance de la tecnología y la imposición de mayores demandas relacionadas con la seguridad han hecho que toda esa disposición sea reemplazada por tableros denominados **celdas**, las cuales han sido diseñados especialmente para alojar a los elementos de maniobra y protección del transformador. Las mismas se construyen en forma estándar en fábricas y sometidas a ensayos normalizados.

En la actualidad las que se emplean son denominadas a **prueba de arco interno**, en las cuales cualquier cortocircuito que ocurra en el interior de las mismas hace que las manifestaciones que se producen (calor, fuegos, gases calientes y partículas) no se proyecten al exterior de las mismas lo cual se trasunta en una gran seguridad para los operadores y las instalaciones en general.

En la Figura N° 13.8 se muestra el aspecto exterior de una celda de MT equipada con un seccionador, en cambio la Figura N° 13.9 muestra la composición interna de una que cuenta con interruptor y relé de protección así como otros elementos auxiliares de estos últimos.

En la Figura N° 13.10 se puede apreciar un conjunto de celdas como para implementar la conexión de un usuario como se ve en la Figura N° 13.5.

Estos tipos de celdas tienen un sistema de maniobra que evita la realización de las prohibidas, para lo cual cuenta con los enclavamientos adecuados. En el frente de las mismas hay un esquema en donde está representado el circuito eléctrico de MT así como la señalización de los estados de los elementos de maniobra (abierto o cerrado) el cual se denomina mímico y se muestra en la Figura N° 13.11.

**Figura N° 13.8
Celda de MT con
seccionador**

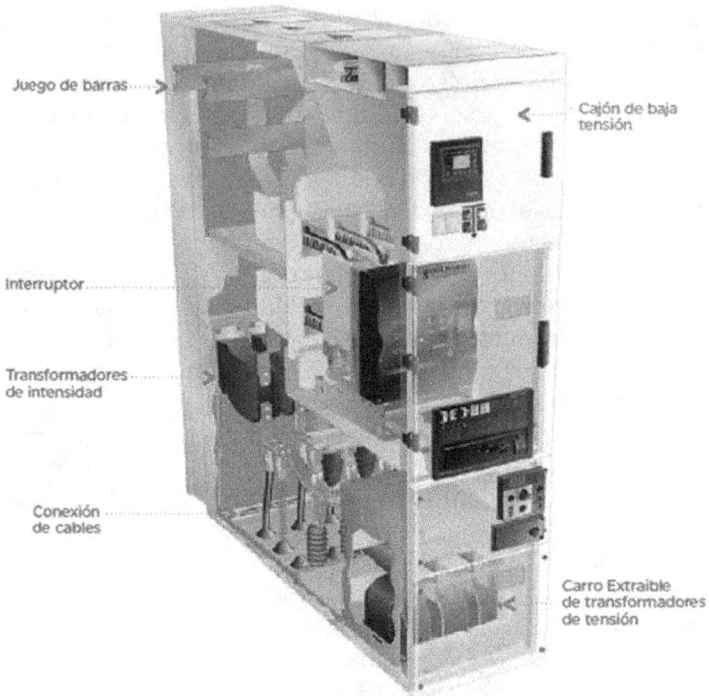

Figura Nº 13.9 Celda de MT con interruptor

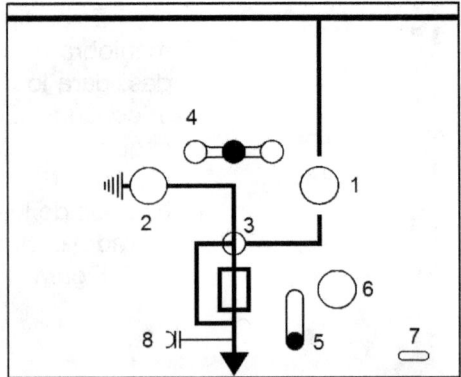

**Figura Nº 13.10 Agrupamiento de
celdas de MT**

**Fig. Nº 13.11 Mímico de una celda
de MT**

13.7. PROTECCIÓN EN MEDIA TENSIÓN

En la alimentación del transformador, luego del seccionamiento de entrada se colocan los fusibles, destinados a interrumpir la corriente de cortocircuito que se pudiese establecer de manera que se evita la propagación de esta corriente eléctrica a la línea de alimentación y detener la acción en el interior de la SET.

En la primera disposición antes mencionada, las bases porta-fusible se fijaban a la pared del fondo y desde los bornes de salida mediante el uso de cables o barras se conecta el transformador.

También se emplean los denominados "seccionadores bajo carga".

En el caso de las celdas metálicas los fusibles se disponen en el interior de las mismas, constructivamente se hacen de modo que no se pueda acceder a los mismos si el seccionador está cerrado (enclavamiento). O sea que se opera sobre los fusibles sin tensión.

13.8. TABLEROS A PRUEBA DE ARCOS INTERNOS

Con este nombre se identifica a una forma constructiva normalizada de los tableros eléctricos. Básicamente, se basa en hacer que los distintos compartimientos sean estancos entre sí y cuenten con una salida de los gases derivados de una explosión se canalicen hacia donde no puedan alcanzar a los operadores, esta característica viene acompañado también de otras como que no se abran las puertas y que permanezca efectiva la conexión a tierra de todo el gabinete. La norma también impone otras exigencias que exceden el tratamiento de esta obra.

En la Figura N° 13.12 se muestra en corte una celda en donde se pueden apreciar los distintos compartimientos que la componen y la forma en que se conectan cada uno con la parte superior para la evacuación de los gases producidos por los arcos. El compartimiento de auxiliares no cuenta con esta disposición en virtud de que en su interior se controlan justamente los circuitos auxiliares de baja tensión. Estas "chimeneas" están cerradas en su

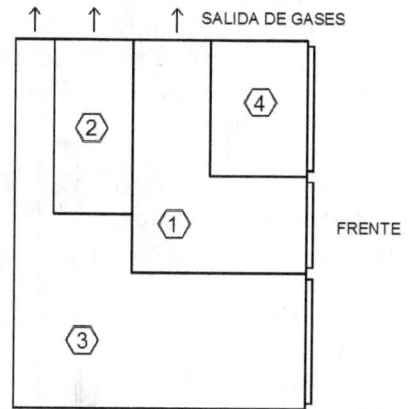

REFER.
1. COMPARTIMIENTO DEL INTERRUPTOR
2. COMPARTIMIENTO DE BARRAS
3. COMPARTIMIENTO DE CABLES
4. COMPARTIMIENTO DE AUXILIARES

Fig. N° 13.12 Corte de una celda de MT

parte superior con una chapa denominada "flap", la cual, en el momento de la explosión se deforma permitiendo la salida de los gases hacia al exterior de la misma.

Esta descripción se ha hecho para los tableros tipo celdas, pero también se emplean en los de baja tensión para distintos tipos constructivos de este nivel de tensión.

13.9. TABLERO GENERAL DE BAJA TENSIÓN (TGBT)

Como su nombre lo está indicando este tablero está destinado a comandar y controlar las cargas que se deben alimentar con la baja tensión proveniente del secundario del transformador, o sea que se conecta directamente con los bornes del secundario del mismo, lo cual se puede materializar con barras de cobre o bien con cables. Esta alimentación llega a los bornes del interruptor general desde el cual se alimentan las barras principales (ubicadas en la parte superior del tablero), las que a su vez alimentan los distintos circuitos de las cargas. Circuitos estos que pueden tener como elementos de maniobra y protección a: interruptores automáticos termo-magnéticos automáticos, los denominados seccionadores-fusibles o seccionadores + fusibles en general de alta capacidad de ruptura (NH).

Estos tableros también cuentan con elementos destinados a medir la tensión y la corriente eléctrica que suministra el transformador.

Todos los componentes se encuentran alojados en un gabinete metálico compartimentado, cuya disposición constructiva varía de acuerdo a la cantidad de cargas que se conectan y la potencia de cada una de ellas. La Figura Nº 13.13 muestra uno de cierta importancia.

Con respecto a la seguridad en la operación de los distintos circuitos, se brinda al tener que realizar la maniobra de cierre o apertura de los interruptores de las cargas con las puertas de los compartimientos cerradas, lo cual se verifica al tener un enclavamiento mecánico que impide la maniobra si la puerta del compartimiento está abierta.

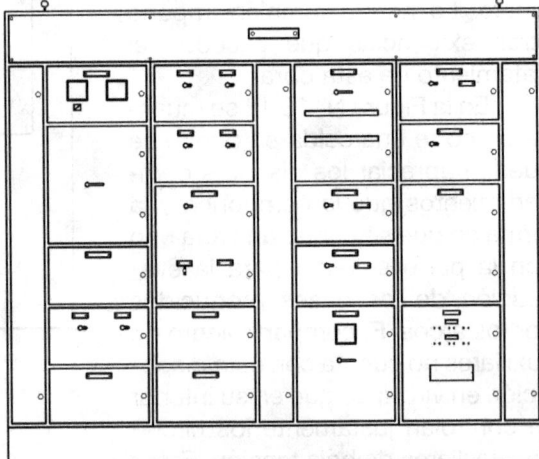

Fig. Nº 13.13 Esquema del frente de un TGBT

CAPÍTULO N° 14

INSTALACIÓN ELÉCTRICA HOSPITALARIA

OBJETIVOS

- *Presentar este tipo de instalaciones eléctricas, dando las pautas fundamentales de su composición y funcionalidad.*

- *Detallar la clasificación de los distintos ámbitos de un establecimiento hospitalario, así* como sus alimentaciones y las protecciones necesarias.

14.1. INTRODUCCIÓN

Se inicia el capítulo utilizando el término **hospitalarias** por considerarlo que comprende a todos los establecimientos destinados a las prácticas relacionadas con la medicina abarcando a: los propios hospitales, sanatorios, clínicas, policlínicas, dispensarios y consultorios.

Los distintos tipos de establecimientos destinados a las cuestiones relacionadas con la salud de los seres humanos, cuentan para poder cumplir con sus funciones con edificios o locales y diversos tipos de equipos y servicios centrales entre estos últimos se encuentran necesariamente el sistema eléctrico.

14.2. ORIGEN Y NECESIDAD

En la actualidad las prácticas médicas se realizan utilizando una considerable cantidad de equipos especialmente diseñados para tales fines y es así como día tras día se van incorporando más nuevos y modernos para el diagnóstico así como para el tratamiento de las enfermedades; los mismos emplean los últimos avances de la tecnología electrónica.

En muchos de los casos estos equipos son verdaderos guardianes de la vida del ser humano.

Todos estos equipos necesariamente deben ser conectados a instalaciones eléctricas, las cuales deben estar acordes a la funcionalidad de los mismos y sobre todo en lo que hace a la seguridad de las personas involucradas, no solo del paciente sino también de quienes deben controlar su aplicación y funcionamiento.

14.3. ALCANCE

Las instalaciones eléctricas hospitalarias constituyen una verdadera especialidad dentro de la ingeniería eléctrica y de hecho que existen publicaciones completas dedicadas, así como también normas nacionales e internaciones y naturalmente reglamentaciones.

Es así como en nuestro país se cuenta con la RIEI Nª 90 364-7-710 titulada *"Reglas particulares para las instalaciones en lugares y locales especiales. Sección N° 710: Locales para usos médicos y Salas externas a los mismos."*

Las cuales no hacen descartar directivas o disposiciones provenientes de otras normas internacionales (IEEE, UL, NFPA, etc.), inclusive con lo establecido en las distintas RIEI.

La inserción de este capítulo en esta obra lleva el propósito de alertar a quienes no son especialistas sobre las implicancias que entrañan las instalaciones eléctricas en los ámbitos hospitalarios y resaltar el hecho de que las mismas deben ser proyectadas, montadas, puestas en marcha, operadas y mantenidas por especialistas del tema.

Es muy importante comprender que estas instalaciones eléctricas se diferencian de las utilizadas en otros ámbitos en que en este caso están relacionadas con personas que no se encuentran en la plenitud de sus aptitudes físicas y mentales.

14.4. ACTIVIDAD

El desarrollo de la actividad propia de la atención médica se realiza en edificios especialmente construidos o adaptados, los cuales a su vez están formados por distintos locales en los cuales se llevan a cabo las diversas actividades relacionadas con el desenvolvimiento propio de las prácticas médicas y sus actividades conexas. Por lo cual se definen diversas disposiciones de los circuitos eléctricos así como sus características: funcionales, disposiciones constructivas y hasta los materiales a emplear en cada caso.

Podemos decir a modo de anticipo que es necesario que estas instalaciones eléctricas funcionen provocando con la mínima probabilidad de producir el riesgo de choque eléctrico, asegurando en forma simultánea la continuidad el suministro de la energía eléctrica.

14.5. RECINTO Y SALA

Las actividades desarrolladas en el interior de los edificios hospitalarios son de diversos tipos, en donde es fácilmente ver que están relacionadas directamente con la práctica de la medicina en sus diversas facetas y las otras donde eso no ocurre. Para hacer una diferenciación de los ámbitos a las primeras las denominaremos como **Salas** y para el resto se utilizan las denominaciones de uso corriente tales como: administración, sanitarios, etc.

O sea que las denominadas Salas son recintos destinados al diagnóstico y tratamiento de las personas exclusivamente y **no** se encuentran comprendidas en el resto de las dependencias (baños, pasillos, Salas de espera, etc.).

14.6. EMPLEO DE LAS SALAS PARA USO MÉDICO

A los fines de establecer las disposiciones relacionadas con la protección contra los riesgos originados por la electricidad y la funcionalidad, es que se han establecidos, los grupos de aplicación siguientes.

* Grupo de aplicación 0.
* Grupo de aplicación 1.
* Grupo de aplicación 2 (2a y 2b).

Estos grupos se han determinado en función de los tipos de equipos, su fuente de alimentación y su vinculación física con los pacientes (electrodos, catéter, etc.), y la continuidad de las prácticas empleadas en las prácticas médicas,

14.7. SALAS DE USO MÉDICO

A continuación se listarán los distintos tipos de Salas empleadas para el diagnóstico y tratamiento de los pacientes por parte de los médicos y sus auxiliares. Su sola denominación indica aproximadamente las actividades que se desarrollan en las mismas.

- Sala de recuperación.
- Sala de internación.
- Ambulatorios quirúrgicos.
- Sala para diálisis.
- Sala para endoscopias.
- Sala para cateterismos cardíacos.
- Sala de cuidados intensivos.
- Sala para yesos.
- Sala de operaciones.
- Sala para preparación de las operaciones.
- Consultorios de medicina humana y dental.
- Sala para diálisis domiciliarias.
- Sala de hidroterapia.
- Sala para terapia física.
- Sala para diagnostico radiológico y tratamiento.

14.8. INSTALACIÓN ELÉCTRICA

14.8.1. Introducción. Visto la cantidad de Salas destinadas a las distintas prácticas de orden médico, las cuales a su vez deben estar comprendidas en cada uno de los grupos antes mencionado, resulta imposible abordar en un solo capítulo todos los aspectos constructivos de cada una de ellas, por lo cual y atento a que se trata de un tema de especialistas a continuación se mencionaran los aspectos esenciales que hacen a los distintos tipo de circuitos y componentes que forman una instalación eléctrica de esta naturaleza.

14.8.2. Suministro de la energía eléctrica al edificio. Derivado de las dimensiones del edificio y su equipamiento será la potencia total instalada y el consumo de energía eléctrica, en consecuencia el suministro puede ser en BT o en MT. La disposición del arribo será determinada por la empresa distribuidora de la energía eléctrica de acuerdo al tipo que corresponda (BT o MT).

En el caso de recibir el suministro en MT se deberá construir una subestación transformadora en un recinto independiente con ciertas características particulares a lo cual deberá sumarse las disposiciones exigidas por: la empresa distribuidora, las normas, reglamentaciones vigentes y disposiciones municipales.

El tema: transformación de la energía eléctrica se abordó en el Capítulo Nª 13.

14.8.3. Tableros eléctricos. En este tipo de instalaciones eléctricas deberán considerarse la existencia de los siguientes tipos de tableros.

- Tablero principal de distribución de la energía eléctrica (TPBT).
- Tablero principal de la alimentación de la energía de emergencia (TPEE).
- Tablero seccional general y Tablero seccional.

14.8.3.1. *Tablero principal de distribución de la energía eléctrica (TPBT).* Es el que recibe la alimentación de la energía eléctrica y debe estar montado en un local independiente de las instalaciones de MT, si existiesen.

14.8.3.2. *Tablero principal de la alimentación de emergencia (TPEE).* Debe estar montado en una sala propia, aunque puede compartirla con el TPBT siempre y cuando haya un tabique o pared resistentes al fuego que los separe. La idea es evitar la propagación del fuego entre los mismos.

14.8.3.3. *Tablero secciona general y Tablero seccional.* Se instalan fuera de los recintos de uso médico y deben ser operados por personal instruido al respecto. De contar con dispositivos de alarmas, las mismas deben ser conocidas por el personal.

14.8.4. Alimentación de emergencia

14.8.4.1. *ECT.* Para estos edificios está prohibido el denominado TN-C, excepto para el caso en que se recibiese la alimentación desde un transformador, entre los bornes de este último y los bornes de entrada del TPBT.

14.8.4.2. *Alimentación de emergencia.* Puede ser:

- No automática: o sea operada por personal habilitado.
- Automática: donde no es necesaria la intervención de un Operador.

14.8.4.3. *Clasificación de las fuentes de energía de emergencia según los tiempos máximos de conmutación.*

- Sin interrupción: 0 s.
- Muy corta interrupción: 0,15 s.
- Corta interrupción: 0,5 s.
- Media interrupción 15 s.
- Larga interrupción: 15 s.

14.8.4.4. *Tipos de fuentes de energía eléctrica de emergencia.* Pueden ser: un Grupo electrógeno (EEGE) o bien un Sistema de alimentación ininterrumpible (SAI) también conocido como UPS, tema que se tratará en el Capítulo N° 16 (Fuente segura de energía eléctrica).

Cada uno de estos sistemas deberá contar con su tablero de transferencia en el cual la maniobra se puede realizar en forma automática o no.

Debiéndose señalar que en cada caso el tiempo de conmutación está establecido y lo cual es de fundamental importancia para la funcionalidad del establecimiento. Es así que en determinado sector la alimentación no puede interrumpirse por lo cual se recurre a los sistemas denominados on-line.

14.8.5.5. Alimentación de energía eléctrica a las distintos tipos de Salas. Se establece según la calificación de las Salas (Grupo 0, 1, 2a y 2b) y como tal será las características de sus componentes.

14.8.6. Esquema de conexión a tierra (ECT) de la instalación eléctrica. En el Capítulo N° 6 (Puesta a tierra) se han tratado los diversos tipos normalizados de los ECT y sus características funcionales.

El esquema a emplear es el **TN-S** en general, pero en determinados sectores se debe emplear obligatoriamente el **IT**. Debiéndose tener en cuenta las consideraciones hechas sobre el funcionamiento y protecciones para este tipo de ECT.

Asimismo deberán tenerse en cuenta las implicancias en estas configuraciones de las conmutaciones con las distintas fuentes de alimentación para emergencias.

14.8.7. Líneas con ECT del tipo IT. Los circuitos con este esquema de conexión pueden ser trifásicos o monofásicos. Siendo estos últimos los más empleados debido al hecho que sirven a los equipos utilizado en cada tipo de sala.

El empleo de líneas monofásicas IT lleva a la necesidad de utilizar los denominados **transformadores de aislación** cuya tensión secundaria no deberá exceder los 230 V 50 Hz.

Para estos tipos de transformadores, existen especificaciones muy concretas en lo que hace a su forma constructiva, aislamientos empleados, potencia máxima, ruido, protección, etc. así como para los parámetros eléctricos de funcionamiento.

14.8. Iluminación de emergencia. Es un sistema esencial para este tipo de edificios su importancia adquiere una verdadera y fundamental relevancia no solo en lo que corresponde a las vías de escape sino también la que corresponde a las actividades que se desarrollan en cada uno de los tipos de Salas. Siendo el ámbito correspondiente a cirugía el más crítico, aunque hay otros que también lo son aunque en menor medida.

14.8.9. Salas eléctricas de baja tensión. Las mismas son las que albergan a los tableros, grupos electrógenos y baterías, que deben estar construidas de acuerdo a las directivas generales para este tipo de sala, en relación con las exigencias que presentan cada uno de los equipos, tales como ventilación, puertas de acceso, iluminación de emergencia, puesta a tierra, etc.

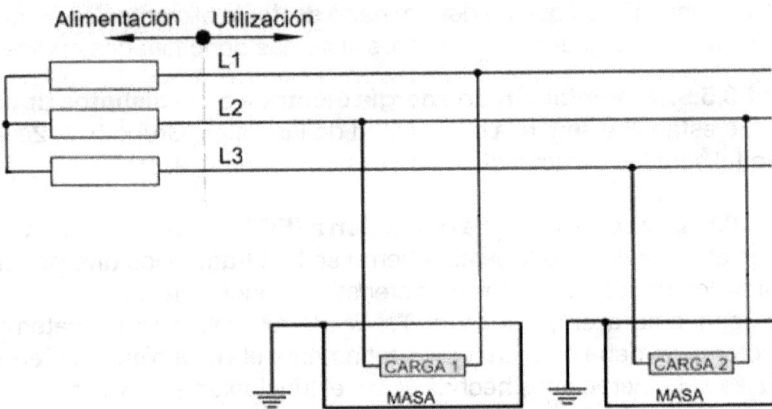

Figura N° 14.1 ECT tipo IT básico

14.8.10. Tableros eléctricos. En el Capítulo N° 10 (Tablero eléctrico) se puso de relieve la importancia que tienen estos equipos en las instalaciones eléctricas en general; para este caso se suman directivas particulares en virtud de lo que hace a este tema.

Las disposiciones constructivas de los mismos deberán estar acordes con la clasificación que tenga el personal que lo debe operar (BA1, BA4, etc.) y deberán responder a la normas y reglamentaciones específicas.

La ubicación de los mismos debe ser tal que se encuentre fuera de las Salas para uso médico y su cerramiento debe ser tal que solo puedan acceder al interior o a los elemento de maniobra del mismo el personal autorizado.

Es de extrema importancia la correcta identificación de los componentes y sobre todo de los aparatos de maniobra de cada uno de los distintos circuitos.

14.9. PROTECCIÓN CONTRA EL CHOQUE ELÉCTRICO

En lo visto hasta ahora referente al contacto de un ser humano con una parte activa de una instalación eléctrica, la corriente eléctrica circulaba por diversas partes del cuerpo de acuerdo a cómo se hiciese el mismo (mano-mano, mano-pie, etc.) a este tipo choque se lo define como **Macro-choque**.

Otra es la situación cuando un paciente es intervenido mediante la introducción de algún elemento específico en su cuerpo, por ejemplo un catéter para estudiar el corazón, en este caso el choque eléctrico puede ser directo sobre el torrente sanguíneo o el corazón mismo y se denomina como **Micro-choque.**

El primer caso ya se ha visto en el Capítulo N° 7 (Protecciones contra contactos), ahora para el segundo caso también se definen las protecciones contra los contactos directos e indirectos, las disposiciones de los circuitos y los equipos o dispositivos necesarios que estarán en función del Grupo al cual pertenece cada una de las Salas.

14.9.1. Protección contra el contacto directo en las Salas del Grupo 0 y 1. Salas de uso no médico y del Grupo 0, se aplican las medidas establecidas en la RIEI de viviendas, oficinas y locales unitarios (90 364-7-771).

Todos y cada uno de los circuitos terminales deberán estar protegidos por un ID.

Podría utilizarse para la protección contra directo MBTS o sea muy baja tensión sin puesta a tierra, para lo cual el transformador reductor debe reunir las condiciones constructivas y funcionales ya expuestas.

14.9.2. Protección contra contacto indirecto fuera de las Salas para uso médico y en las Salas del Grupo 0. Valen los criterios establecidos en la RIEI de viviendas, oficinas y locales unitarios (90 364-7-771) en los casos de que el suministro de la energía eléctrica provenga de la Red General o bien del de Emergencias.

Para este último caso se deben implementar otras medidas de protección.

14.9.3. Protección contra contacto indirecto en las Salas del Grupo 1 y 2. Para la protección de las corrientes eléctricas peligrosas para el cuerpo humano deben aplicarse únicamente las medidas siguientes:

- Protección por aislamiento reforzado.
- Muy baja tensión, sin puesta a tierra.
- Protección mediante la separación con un equipo consumidor.
- Protección por indicación y alarma en un sistema IT. Existiendo otras disposiciones complementarias para este caso.

14.9.4. Conexiones equipotenciales suplementarias en las Salas de aplicación 1 y 2. Para estas situaciones se deben tener en cuenta:

- cubierta de los equipos eléctricos y partes conductoras extraña a la instalación eléctrica,
- conexiones a las barras colectoras equipotencial,
- conexiones equipotenciales suplementarias en las Salas del grupo de aplicación dos,
- conexiones equipotenciales de las Salas con equipos de medición o de control.

14.10. CARGA ELECTRO-ESTÁTICA

La generación de cargas electro-estáticas (triboelectricidad) es un fenómeno físico en general no deseado, salvo en muy determinados procesos de fabricación, producido por el roce entre distintos materiales, estas cargas se transfieren a otros elementos que se encuentren a un diferente potencial, con lo cual se produce una descarga disruptiva que es acompañada con un arco eléctrico.

La elevación del potencial así como el arco eléctrico constituyen un riesgo. En el Capítulo N° 17 (Electricidad estática) se abordará el tema en forma general.

Esa elevación de potencial aplicada al cuerpo humano acarrea los consabidos problemas fisiológicos como hemos visto antes y en el caso de las instalaciones eléctricas hospitalarias la atención se debe centrar en que ese potencial puede producir un micro-choque y en el daño a equipos electrónicos que a su vez puedan generar también este efecto.

En los ámbitos hospitalarios la generación de la electricidad estática está relacionada con los materiales que componen el piso y la influencia que ejerce la humedad ambiente sobre los mismos.

Existen pisos especialmente fabricados para las distintas Salas, basados en una muy baja resistencia eléctrica de modo que puedan conducir a la disposición de puesta a tierra en el lugar, y que se basa en los principios de la equipotencialidad.

14.11. EQUIPOTENCIALIDAD

Los conceptos fundamentales sobre la equipotencialidad de las instalaciones eléctricas fue tratado en los Capítulos N° 6 y 7 (Puesta a tierra y Protecciones contra contactos respectivamente). En el mismo se resaltó la importancia y necesidad de no tener diferencia de potencial entre las masas de los elementos componentes a los fines de evitar el choque eléctrico que en ese caso macro choque por las implicancias que acarreaba. En este caso el tema se agudiza porque se trata de micro choque.

14.12. PUESTA A TIERRA

El sistema de puesta a tierra es un componente fundamental de las instalaciones eléctricas hospitalarias. El mismo debe ser del tipo mallado, el cual estará formado por:

- los cimientos,
- anillo perimetral,
- jabalinas.

Los cuales deben estar perfectamente interconectados a los fines de lograr la equipotencializacion.

La tecnología de la ejecución de las puestas a tierra fue desarrollada en el Capítulo N° 6 (Puesta a tierra).

14.13. SUMINISTRO DE EMERGENCIA

Los establecimientos hospitalarios deben contar con una fuente de energía eléctrica de emergencia, o sea un sistema que suministre esta última en caso de faltar el habitual.

Los requerimientos de cada tipo de área determinarán el tiempo (en segundos) en el cual se debe hacer la conmutación para restablecer la alimentación; a continuación se enumeran.

14.13.1. Conmutación hasta 15 segundos.
- Iluminación de emergencia
- Ascensores para camilleros y bomberos
- Sistemas de ventilación para extracción de humos y para fuentes de energía de emergencia y sus Salas de maniobras
- Equipos de altavoces y buscapersonas
- Sistemas de comunicaciones
- Sistemas de extinción de incendios.
- Otros sistemas que en los se consideren necesarios.

14.13.2. Equipos técnicos de uso médico.
- Los utilizados en Salas del Grupo N° 2.
- Equipos del grupo de aplicación N° 1.
- Alimentación de las SAI utilizados en Salas consideradas críticas.

14.13.3. Conmutación hasta 0,5 segundos. Iluminación en las Salas de operación, en estos casos hay requerimientos respecto del nivel de tensión a de la alimentación normal para que se considere la conmutación, sistema de conmutación, la fuente alternativa, la duración del suministro alternativo, etc.

14.14. PROTECCIÓN CONTRA INCENDIOS

Las cuestiones relacionadas con la protección contra incendios están regidas por disposiciones municipales, provinciales o nacionales.

14.15. INFLUENCIA DE LAS INSTALACIONES ELÉCTRICAS EN LOS EQUIPOS ELECTRO-MÉDICOS

La circulación de la corriente eléctrica por los cables de los circuitos de las instalaciones de potencia genera campos electromagnéticos así como también campos eléctricos, los cuales pueden afectar de varias formas a los equipos denominados electro-médicos.

A estas perturbaciones se pueden sumar las generadas por las fuentes de alta frecuencia de los equipos de comunicaciones, otras pueden ser debidas a equipos utilizados en las distintas técnicas terapéuticas, pudiéndose mencionar a las siguientes Salas: EGG, ECG, EMG, de exámenes intensivos, de cuidados intensivos, cateterismo cardiaco, operaciones, neonatología y resonancia magnética nuclear.

Existen diversas tecnologías para mitigar o eliminar a estos efectos.

14.16. EQUIPOS MÉDICOS FUERA DE LOS HOSPITALES

14.17.1. Consultorios de medicina y dental. Se corresponden las Salas con los grupos de aplicación definidos anteriormente en cuanto a:

- Medidas de protección contra contacto indirecto en las Salas de los Grupos 0, 1 y 2.
- Suministro de energía eléctrica de emergencia.

14.17. DOCUMENTACIÓN TÉCNICA

La funcionalidad de este tipo de instalación eléctrica exige: toda la documentación relativa al conexionado así como a la operación y mantenimiento de los distintos elementos instalados. Otro capítulo es lo concerniente a los planos que contienen los circuitos eléctricos así como los que indican la posición en que se encuentran dentro del edificio.

14.18. ENSAYOS

14.18.1. Puesta en marcha. A través de los párrafos anteriores se han puesto de manifiesto parcialmente algunos de los principales aspectos que hacen a la complejidad de este tipo de instalaciones eléctricas, lo cual nos conduce a que antes de la puesta en servicio se tenga la certeza de la ausencia de fallas en las mismas, por lo cual es imprescindible la realización de los ensayos correspondientes especificados en las normas y reglamentaciones. Los mismos deben comprender a los distintos equipos componentes como al tendido de cables, sus conexiones y el sistema de puesta a tierra.

14.18.2. Periódicos. Siguiendo lo expresado anteriormente en cuanto a lo que significa el funcionamiento de este tipo de instalaciones eléctricas es natural que se imponga la realización de verificaciones periódicas. Las cuales también se encuentran explicitadas en las normas y reglamentaciones. De acuerdo al tipo de aparato o elemento componente serán los intervalos a los cuales se deben realizar.

NOTA: algunos de los procedimientos de verificación se han desarrollado en el Capítulo N° 11 titulado Verificación de las instalaciones eléctricas.

14.19. OPERACIÓN Y MANTENIMIENTO DE LAS INSTALACIONES ELÉCTRICAS HOSPITALARIAS

Luego de lo expresado más arriba referente a los requerimientos particulares de este tipo de instalaciones eléctricas, surge también la necesidad de hacer algunas consideraciones sobre la operación y mantenimiento de las mismas.

Debemos partir de que: quien tenga que operar y mantener, reconozca la importancia que tienen las instalaciones eléctricas en un sistema hospitalario por las implicancias de su funcionamiento.

Quien deba operar, debe reconocer las distintas situaciones de anormalidades que la misma pueda tener y saber responde en consecuencia a cada señal de alarma o falla que se produzca.

El aspecto de mantenimiento a su vez requiere, naturalmente el conocimiento general y particularizado de todo el sistema eléctrico involucrado, evitando hacer cambios de configuraciones que no sean plenamente justificados y acordada das con los proyectistas originales de la instalación eléctrica.

Es necesario el registro pormenorizado de los incidentes o accidentes que se puedan producir a los fines anteriores si correspondiese.

Necesariamente una vez por año se debe hacer una jornada de capacitación, registrándose las asistencias así como las distintas temáticas abordadas.

14.20. COMENTARIO FINAL

A lo largo de este breve capítulo se han indicado características o aspectos esenciales de este tipo de instalación eléctrica, sin entrar en los detalles técnicos y constructivos propiamente de la misma, en virtud de que resulta imposible abordar un tema tecnológico tan específico en un solo capítulo como tampoco necesarios y distintos diagramas explicativos que van asociados.

Para abordar el tema desde el punto de vista de lo que significa el: proyecto, montaje y mantenimiento se debe recurrir ineludiblemente a quienes conozcan las normas y reglamentaciones específicas que se deben aplicar por encima de las habituales y que cuenten con una sólida experiencia en estos temas.

CANALIZACIONES Y EL FUEGO

OBJETIVO

- *Explicitar la importancia de la ubicación de los distintos tipos de canalizaciones eléctricas de los edificios.*

- *Relacionar a las canalizaciones eléctricas y su participación en los casos de incendios,* así como las medidas de precaución.

15.1. INTRODUCCIÓN

En la Adenda del Capítulo N° 5 titulada: LOS CABLES Y EL FUEGO se trató este importante tema, ahora se harán las consideraciones relativas a las canalizaciones de los cables.

Si bien la circulación de la corriente eléctrica genera calor en los cables con las consecuencias apuntadas, no es menos cierto que el medio ambiente en el cual está instalada la canalización puede influir sobre los primeros aportándoles calor. Recordemos que la capacidad de conducir una corriente eléctrica por un cable está condicionada por la temperatura ambiente en el cual se encuentra tendido (lo cual a su vez depende del material del aislamiento).

Otro factor a tener en cuenta y relacionado con lo anterior, es el espacio destinado al tendido de los servicios en los grandes edificios, el cual muchas veces por sus dimensiones lleva al indebido agrupamiento de los cables lo cual hace que cada uno de ellos no tenga el espacio suficiente para disipar el calor generado por sí mismo.

15.2. SELLADO DE LAS CANALIZACIONES

El sellado en la técnica constructiva de edificios es un aspecto muy importante a tener en cuenta; dentro de lo que hace a los mismos, están las canalizaciones eléctricas de todo tipo.

Cuando se trata de los edificios de varias plantas que cuentan con columna montante es imprescindible el sellado entre los distintos pisos a los fines de evitar el efecto chimenea que contribuye a la propagación de los efectos del fuego en sí.

El tema no se agota con esta última disposición, por el contrario a partir de ellas hay otras canalizaciones eléctricas (caños, bandejas portacables, conductos, etc.) y de otros tipos, las cuales interconectan horizontalmente a los distintos locales o ámbitos que forman las plantas, que contribuyen a la propagación. Las Figuras N° 15.1 y 15.2 muestran el sellado de una canalización vertical y otra horizontal respectivamente.

Figuras N° 15.1 y 15.2 Sellado de canalizaciones

Como este no es un tema nuevo en otras latitudes, existen numerosos accesorios y elementos que se utilizan como selladores o barreras que se pueden utilizar según los distintos casos.

Tal vez el término sellador nos remonte al clásico sellador utilizado en las cañerías de las instalaciones eléctricas antiexplosivas, pero el tema no se agota con este, existen numerosas variantes constructivas para los mismos.

Es inevitable mencionar la confusión o desconocimiento en la aplicación de los materiales selladores; la gama de selladores para las distintas situaciones que se dan en un edificio es bastante amplia, pero no todos son aptos para las canalizaciones eléctricas. Antes de emplear un determinado producto hay que cerciorarse de que realmente no sea combustible o bien que el calor no lo derrita. Es muy común ver caños sellados con un producto de fácil colocación de color amarillento, el cual es un aislante térmico combustible.

Los selladores no solo deben evitar el paso de la llama directa sino también la circulación de gases o humos derivados de la combustión.

Materialmente estos elementos pueden ser: masillas, mantas, placas metálicas, tiras envolventes, etc.

15.3. CANALIZACIONES DE LOS SISTEMAS DE EMERGENCIA

Los sistemas de emergencia son:

- alarma de incendio,
- señalizaciones de advertencia e instrucciones a los ocupante,
- iluminación de emergencia,
- bombeo de agua para la extinción de incendio,
- presurización de las cajas de escaleras,
- pasadizo del ascensor para los bomberos y su sala de máquinas,
- ascensor para los bomberos,
- instalaciones para la extracción de humos y calor.

Los períodos de operación mínimo deben ser para los tres primeros de 30 minutos y para el resto 90 minutos.

Debemos resaltar que estas canalizaciones no solo deben ser pensadas desde el punto de vista de la temperara a que estará sometida y de su inflamabilidad sino también del daño mecánico que puedan sufrir en el caso o de generarse un incendio.

Las canalizaciones de estos sistemas tienen que ser independientes de otras y en su traza deberán evitarse zonas de potencial riesgo.

15.4. CABLES PARA SISTEMAS DE EMERGENCIA

En caso de incendios, si bien se procede a la desconexión del sistema eléctrico general, se hace necesario mantener activos los sistemas antes mencionados, para lo cual se hacen canalizaciones especiales las cuales deben mantenerse en funcionamiento. Las mismas estarán dotadas de cables que puedan resistir los períodos de tiempo especificados

Es así como se pueden encontrar cables que durante un tiempo de 90 minutos pueden resistir 800 °C y 20 minutos a 1.000 °C.

Con respecto a la protección mecánica estos cables pueden venir provistos de armadura de flejes o alambres.

CAPÍTULO N° 16

FUENTES SEGURAS
DE ENERGÍA ELÉCTRICA

OBJETIVOS

- *Describir los tipos de fuentes de tensión que se consideran seguras, así como la conexión a las instalaciones eléctricas.*

- *Pormenorizar los distintos tipos de grupos electrógenos y las características de su montaje.*

16.1. FUENTE SEGURA

La necesidad de contar con una fuente segura de energía eléctrica deriva del hecho de que ciertos consumos conectados a la instalación eléctrica, se denominan **cargas críticas**, en razón de tener que estar siempre alimentadas porque de no ser así se producirían inconvenientes muy serios; la gravedad de estos estará en función de la aplicación que se trate en cada caso. Por ejemplo: radar para el control de la aeronavegación, sistemas de defensa, servidores de redes informáticas, etc. También hay ejemplos no tan sofisticados pero sí de extrema importancia, como puede un sistema SCADA de una planta de proceso, el sistema de control de una caldera, sistemas de comunicaciones de voz o datos, computadoras, etc.

Para mantener la alimentación a las cargas críticas se utilizan equipos especialmente diseñados y sin temor a equivocarnos se puede decir que cada vez es más fácil encontrarse con uno de estos, en consecuencia hemos querido tratar este tema a los fines de conocer algunos aspectos de su incorporación a las instalaciones eléctricas y lo que implican en cuanto a la seguridad de su empleo, señalando que, desde el punto de vista de la funcionalidad en sí misma, diseño y la tecnología de sus componentes internos es materia de otras especialidad.

Las proporciones que ha tomado su empleo se pueden apreciar en la variada oferta que se encuentra en el mercado, donde es posible ver proveedores locales así como también de las grandes empresas internacionales.

A continuación se tratarán los equipos del tipo estático por ser los más comunes o populares.

La Figura N° 16.1 muestra el aspecto de un equipo de uso corriente.

Figura N° 16.1 Vista de una SAI

16.2. DENOMINACIÓN

Funcionalmente el tema es: fuentes seguras de energía eléctrica, que en el lenguaje corriente se denominan **Uninterruptible power supply** según el idioma ingles y se las referencia por sus siglas: **UPS; Equipo de alimentación segura (EAS)** o bien **Sistema de alimentación ininterrumpible** cuya sigla es **SAI**, sigla esta que se prefiere utilizar en lo que sigue por ser del idioma español y que es bien indicativa de su función como equipo.

16.3. DESCRIPCIÓN

Partimos de la premisa que un **SAI** está conectado a una instalación eléctrica como una carga más de la misma y que básicamente estará compuesto por:

- conexión a la instalación eléctrica,
- fuente de energía eléctrica autónoma propia como lo son las baterías,
- dispositivo para permitir reponer la energía eléctrica a la fuente anterior, luego que la ha suministrado oportunamente a la misma. Un equipo cargador de baterías,
- equipo para censar el suministro desde la instalación eléctrica a la cual está conectado ya que en caso de no ser así conectar la fuente de energía autónoma o sea las baterías,
- sistemas de control y protección.

16.4. TIPOS

En un párrafo anterior se mencionaron algunas de las cargas típicas que exigen una alimentación segura o ininterrumpida que se pueden encontrar conectadas a una instalación eléctrica. Las mismas pueden requerir que la tensión sea continua o bien alterna, en consecuencia estos **SAI** pueden suministrar corriente eléctrica continua o bien corriente eléctrica alterna según sea la necesidad.

La primera de ellas o sea los **SAI** de tensión continua constan de circuito rectificador y baterías para alimentar la carga. En este tipo de disposición las baterías están conectadas de forma permanente en paralelo con la carga, según lo muestra el esquema de la Figura N° 16.2.

Su utilización está indicada en los sistemas de energía eléctrica (subestaciones, centrales de generación, etc.) y de comunicaciones (centrales telefónicas, equipos de comunicaciones, etc.).

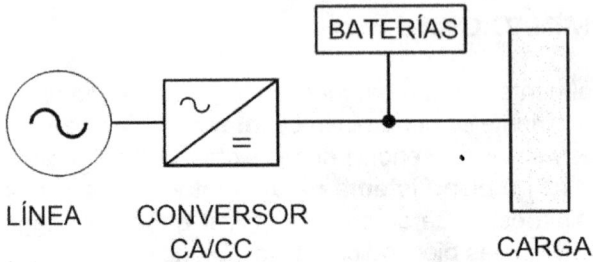

Figura N° 16.2 SAI de tensión continua

En el segundo caso y dado que la carga exige una tensión alterna se hace necesario incorporar un circuito oscilador u ondulador, para transformar la tensión continua, proveniente de las baterías, en una tensión alterna. Las de este último tipo tienen un campo de empleo muy amplio y tal vez el más común sean las empleadas en computadoras o sistemas de vigilancia o monitoreo.

Dentro de este último tipo, existen dos sub-tipos, que se diferencian en la forma de hacer el suministro de la energía eléctrica. Uno de ellos se conoce como en **reserva** o **stand by** y el otro como en **línea** u **on-line.**

En el primer caso el equipo está esperando la ocurrencia de una falta de alimentación normal para entrar en funcionamiento o sea conectarse para proveer la energía eléctrica a la carga que tiene conectada.

En el segundo caso –tipo en línea u on-line– la misma está alimentando permanentemente a la carga, con lo cual la cual la misma no percibe la falta del suministro hecho por la línea de alimentación principal cuyo esquema se ve en la Figura N° 16.2.

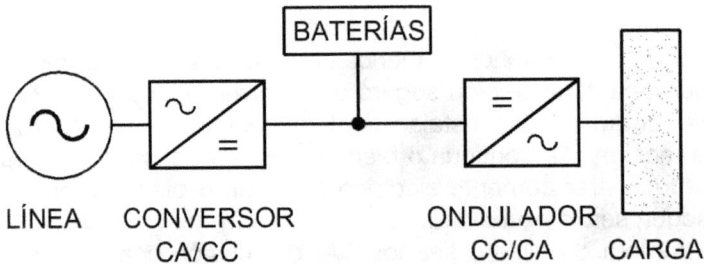

Figura N° 16.3 SAI de tensión alterna

En la Figura N° 16.4 se presenta un circuito más elaborado de estas últimas. Se muestra una SAI alimentada desde un tablero a través del interruptor Q1. También podemos ver un conmutador o by pass para hacer un puente en caso de falla interna conectando la carga directamente a la fuente.

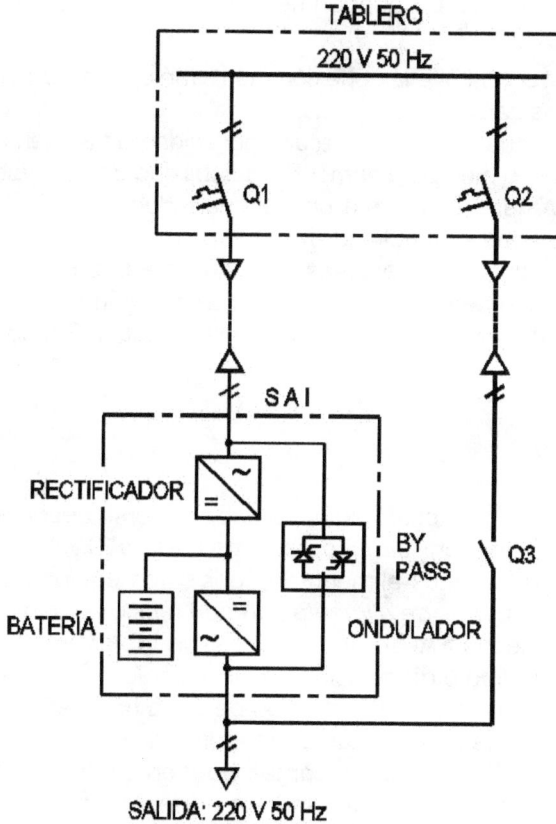

Figura N° 16.4 SAI de tensión alterna con by pass

En el mismo esquema anterior es posible apreciar que desde el tablero parte una línea alimentada desde el interruptor Q2 que llega a otro interruptor, el Q3, el cual se dispone a los efectos de poder hacer un puente para sacar de servicio completamente a la SAI en caso de reparación o recambio.

Estos equipos cuentan con un sistema de control y supervisión de todas las funciones que se implementan a través de un microprocesador el cual a su vez, y mediante un enlace adecuado, está conectado a una computadora, en donde se pueden observar los parámetros funcionales y realizar algunos cambios de configuraciones.

También cuentan con una disposición circuital que les permite actuar también como estabilizadores de la tensión suministrada.

16.5. CONEXIÓN

Los **SAI** como equipo pueden ser conectados de las siguientes maneras:

- **unitario:** constituye la conexión más simple, un solo equipo alimenta a las o las cargas conectadas,
- **paralelo:** puede obedecer a una necesidad de aumentar la potencia disponible o bien para aumentar la fiabilidad de este tipo de fuente,
- **redundante:** se recurre a un sistema redundante cuando se quiere lograr una mayor fiabilidad de este tipo de alimentación. Esta disposición presenta las variantes de redundancia pasiva y redundancia activa, de acuerdo a la forma funcionar según la continuidad de la alimentación a la carga en caso de falla de algún SAI componente del sistema.

16.6. CIRCUITO

La alimentación de estos equipos debe hacerse desde el tablero que corresponda mediante un *"circuito de carga única (ACU)"*.

A su vez los circuitos alimentados por estos equipos son los denominados como *"circuitos de alimentación con tensión estabilizada (ATE)"*.

A la salida de los SAI se debe colocar un tablero destinado exclusivamente a este equipo o disposición de ellos (Tablero SAI) conteniendo los elementos necesarios en cantidad y acorde cada tipo de cada disposición y según los valores asignados que correspondan.

En este tipo de circuito las cargas pueden llegar a conectarse mediante fijas (borneras) o bien utilizando la correspondiente base tomacorriente eléctrica normalizada, solo que de color rojo o bien de color estándar, debiéndose colocar con la siguiente simbología y leyenda:

USO EQUIPAMIENTO INFORMÁTICO

TOMACORRIENTE ELÉCTRICA CON TENSIÓN ININTERRUMPIDA
El número máximo de este tipo de bocas es 15.

16.7. PROTECCIÓN

Deben separarse las consideraciones sobre la o las protecciones. Desde el punto de vista de considerar a los SAI como un equipo en sí mismo, cada tipo constructivo contará con los dispositivos adecuados y necesarios para los casos de sobre-corriente eléctrica, cortocircuito, puesta a tierra, etc. Otras consideraciones merece el circuito que suministra la tensión a las cargas conectadas.

La protección de esta última deberá considerar no solo el valor de la corriente eléctrica suministrada por la disposición adoptada (unitaria, paralelo o redundante).

La búsqueda de la mejor continuidad de la alimentación suministrada exige la selectividad de las protecciones para todos los disparos (por una falla debido a un defecto de aislamiento, cortocircuito).

Al ser reducida la capacidad de sobre-carga del SAI relativamente baja, las protecciones se deben escoger cuidadosamente, debiéndose tener en cuenta que pueden suministrar como corriente eléctrica de cortocircuito hasta 2,5 veces la corriente eléctrica nominal o asignada durante un segundo.

Además, la presencia eventual de filtros antiparásitos, en particular para receptores de tipo informático, deberá considerarse al definir las protecciones; los condensadores situados entre los cables activos y tierra pueden provocar funcionamientos indeseables de las protecciones diferenciales.

16.8. RIESGO ELÉCTRICO

Si bien vemos a los **SAI** asociados con equipos de relativa baja potencia, y el término relativas es para hacer referencia a las aplicaciones más comunes como computadoras, programadores lógicos, sistemas de detección y monitoreo, etc., existen otros con potencias elevadas. En ambos casos no hay que perder de vista que la tensión que suministran puede ser de 110, 220 o 380 V de tensión alterna (50 Hz) u otras de tensión continua como 24, 48 y 220 V.

O sea que, como ya hemos visto, son tensiones que implican riesgos para la vida del ser humano y para sus bienes, en consecuencia su montaje, así como la instalación eléctrica del circuito que alimentan debe hacerse de acuerdo a estas circunstancias o sea teniendo en cuenta que esto puede dar origen a contactos directos e indirectos, o bien una falla a tierra con las consiguientes consecuencias.

Desde el punto de vista de la protección de las personas y sus bienes, las medidas a adoptar, como en todas las instalaciones eléctricas dependerá del esquema de conexión (régimen de neutro) adoptado para estas últimas. O sea cuál es la situación del neutro con respecto a tierra. Recordemos que el esquema de conexión obligatorio es el TT.

Existen algunas alternativas para las conexiones cuando la alimentación de las **SAI** y la de las cargas tienen el mismo esquema de conexión del neutro a tierra.

Cuando tienen diferentes esquemas de conexión del neutro a tierra, habrá que prever transformadores de separación que aseguren el aislamiento galvánico total y permanente entre la instalación eléctrica que alimenta al **SAI** y la que es alimentada por este último.

16.9. PROTECCIÓN CONTRA LOS CONTACTOS DIRECTOS E INDIRECTOS

Las técnicas de protección contra contactos directos e indirectos no escapan a las que se emplean en las instalaciones eléctricas domiciliarias, oficinas y locales unitarios ya vistos en otras entregas.

16.10. GRUPO ELECTRÓGENO

El grupo electrógeno es un equipo electro-mecánico destinado a proveer energía eléctrica la cual puede ser empleada como reserva ante la falta del suministro normal o bien como alimentación normal en determinados casos.

Su empleo obedece a distintas necesidades tales como pueden ser: reemplazar transitoriamente el suministro normal de energía eléctrica (edificios, viviendas, comercios, etc.), en casos de emergencias (equipos de rescates, bombas para sistemas de incendio, etc.), para sistemas de producción o de servicios (lugares alejados de líneas de distribución) o bien para esparcimiento (camping, casas rodantes, espectáculos artísticos, etc.).

En consecuencia estos equipos presentan diversas características constructivas, con un amplio rango de potencias. Para determinar el equipo más adecuado es necesario hacer un análisis de las reales necesidades y características del entorno en donde se pretende instalar.

16.11. UTILIZACIÓN

Su empleo se va difundiendo, y es así como en las ciudades es común su aplicación en los grandes edificios destinados a viviendas, locales u oficinas en donde se hace imprescindible mantener los sistemas de: iluminación de emergencia, ascensores y agua potable, cuando se produce el corte del suministro de la energía eléctrica por parte de las empresas distribuidoras.

Estos equipos se proveen como unidades autónomas en forma de cabinas transportables insonorizadas, de modo que se puedan conectar a la instalación eléctrica a la cual van a suministrar la energía eléctrica.

Su inserción física y funcional puede producir alteraciones en el medio (ruido, gases de escape, depósito de combustible, forma de canalizar los cables, etc.).

En el desarrollo del tema no se abordará el caso de los generadores trabajando en paralelo con la red pública, por considerar que tal disposición exige conocimientos, disposiciones de circuitos y empleo de materiales que deberán ser hechos por especialistas, a lo cual se suma el hecho de ciertas empresas distribuidoras de la energía eléctrica no lo permiten.

También es necesario destacar que los avances en la tecnología de la fabricación han hecho que en los comercios no tradicionales del rubro se encuentren a la venta una gran variedad de equipos de pequeñas potencias a precios razonables por lo que su empleo significa en muchos casos.

La Figura N° 16.5 muestra el esquema del principio funcional de la utilización de un grupo electrógeno como fuente alternativa del suministro de la energía eléctrica.

La disposición tecnológica constructiva de estos componentes es variada y depende del tipo de equipo que se trate.

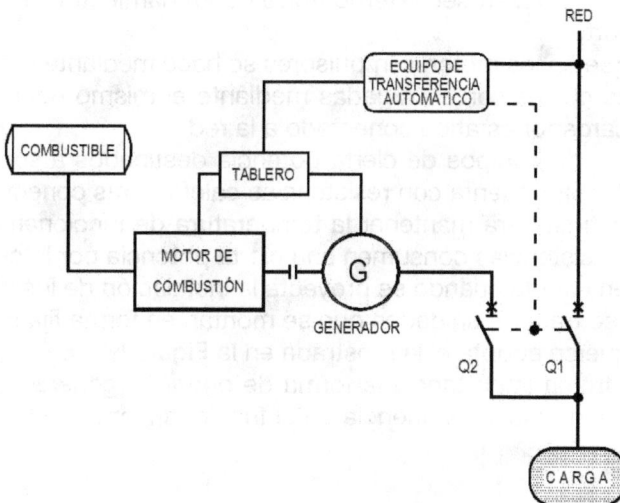

Figura N° 16.5 Esquema funcional de un grupo electrógeno

16.12. CARACTERÍSTICA CONSTRUCTIVA

Básicamente están constituidos por un motor de combustión interna, el cual cuenta a su vez con sistemas de: refrigeración, escape de los gases producidos por la combustión, combustible (tanques, bombas, etc.), baterías de arranque y el generador eléctrico propiamente dicho con su correspondiente tablero de comando y control. El aspecto funcional de un equipo de esta naturaleza se puede apreciar en la Figura N° 16.5.

Una unidad como la mostrada se encuentra comercialmente en forma de bloque sobre una bancada común sobre la cual está montado el motor térmico, el generador eléctrico, el tablero de maniobra, todos los accesorios auxiliares e inclusive el tanque de combustible en el caso de utilizarlo líquido.

Debe señalarse que los motores térmicos se fabrican para funcionar con combustible líquido (nafta o gas oil) o gaseoso (gas natural), aunque no indistintamente.

El generador puede ser monofásico (pequeñas potencias) o bien trifásico (para potencias mayores) y la tensión generada es de 220 V o bien 380 V en ambos casos puede ser a 50 o 60 Hz.

Las potencias van desde 1 kVA para los primeros y hasta los 1 000 kVA (en forma estándar), fabricándose también de mayor potencia.

La refrigeración de los motores térmico impulsores puede ser por aire o mediante líquido refrigerante, en cuyo caso necesitará tener un intercambiador de calor, el cual puede estar montado en el mismo motor como lo son los radiadores o bien ser externo (torre de enfriamiento) y estar montada en otra parte.

El arranque en los motores impulsores se hace mediante baterías estacionarias, las cuales son recargadas mediante el mismo equipo o bien mediante un cargador estático conectado a la red.

En el caso de equipos de cierta potencia destinados a servicios de emergencia el motor cuenta con resistencias calefactoras conectadas a la instalación eléctrica para mantener la temperatura de funcionamiento del mismo. Estas resistencias consumen una cierta potencia por lo cual deberá ser tenida en cuenta cuando se proyecta la instalación de los mismos.

Cuando se trata de unidades que se montan en forma fija la disposición general que se adopta el la mostrada en la Figura N° 16.6.

Es de extrema importancia la forma de onda del generador, porque que la misma tiene mucha influencia en el funcionamiento de los equipos electrónicos.

Figura Nº 16.6 Grupo electrógeno

Figura Nº 16.7 Grupo electrógeno portátil

16.13. POTENCIA

Existen algunas cuestiones de fundamental importancia para la determinación de la potencia que debe tener el grupo electrógeno.

Una vez tomada la decisión de incorporarlo hay que determinar la potencia del mismo, para ello se hace necesario analizar el tipo de carga a la cual le va a suministrar la energía eléctrica. En general las cargas pueden ser debidas a sistemas de iluminación o a motores eléctricos.

Con respecto a la forma de expresar la potencia del equipo, comercialmente se lo hace en kVA. De acuerdo con las normas ISO (International Organization for Standardization), las mismas se definen como potencias: Prime; Stand by Continua y Stand by Máxima. Las diferencias están relacionadas con el régimen de funcionamiento para lo cual fueron construidas.

El análisis y las consideraciones para determinar la potencia son materia de especialistas.

16.14. SISTEMA DE GENERACIÓN

En la Figura N° 16.5 se muestra esquemáticamente, la disposición eléctrica de un grupo electrógeno. El motor térmico impulsa el alternador que puede ser trifásico o monofásico. La salida de este último se conecta a un interruptor termo-magnético automático (I_1) y la salida de este se puede conectar dependiendo de la utilización a la carga directamente o bien a un equipo o interruptor de transferencia (I_2.) Este último puede ser automático o manual.

El equipo de transferencia (manual o automático) se utiliza cuando el grupo electrógeno está destinado a suplantar el suministro normal de la energía eléctrica. Mediante el mismo es posible transferirlo a la carga cuando falta el suministro normal que tenía.

Cuando el equipo de transferencia es automático el mismo controla el conjunto. En líneas de puntos se indica esquemáticamente la vinculación de este con los equipos restantes.

Hay varias soluciones para esta disposición de equipos automáticos, que realizan las maniobras necesarias sin la intervención de personal, ante la falta de tensión de la red pública, en forma segura realizando un ciclo de maniobras para dejar el grupo electrógeno alimentando la carga.

Cuando el sistema se opera en forma manual: en el caso de faltar el suministro normal, se hace necesario la presencia de un operador o encargado de poner en marcha el grupo electrógeno y maniobrar los interruptores, debiéndose abrir el indicado con I_1 y cerrar I_2.

En este último caso se hace necesario contar con algún dispositivo que señale la restitución del suministro de energía eléctrica normal a los fines de realizar la maniobra inversa o sea desconectar el grupo electrógeno y conectar la carga nuevamente a la red.

Es necesario destacar que desde el punto de vista de estas maniobras se deben implementar los denominados enclavamientos (mecánicos, eléctricos o electro-mecánicos) a los fines de impedir cualquier maniobra no permitida.

16.15. MONTAJE

Dependiendo de las características constructivas, derivadas de la potencia del equipo los grupos electrógenos se pueden alojar en el interior de algún recinto o bien a la intemperie. En el primer caso es recomendable que el mismo sea únicamente para este fin. La Figura N° 16.8 muestra un esquema de un local para este fin.

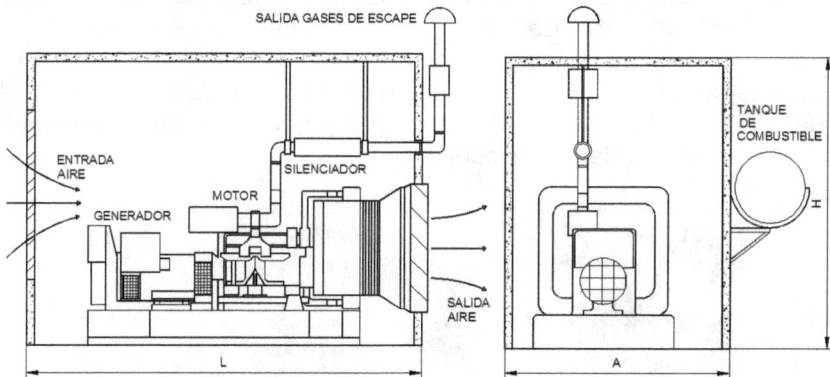

Figura N° 16.8 Esquema de un local para un grupo electrógeno fijo

Estos equipos se proveen en forma abierta o bien con un gabinete o cerramiento metálico con puertas para acceder a los distintos componentes, en el interior pueden llevar un revestimiento interno para evitar la transmisión del ruido generado por el motor al medio en el cual está instalado lo que constituye la insonorización del conjunto.

Con respecto a esto, es necesario tener en cuenta las regulaciones municipales en cuanto al nivel sonoro permitido de acuerdo al lugar de montaje.

Otra cuestión de suma importancia se presenta cuando se trata de los tanques de combustibles líquidos de gran capacidad. Su instalación deberá hacerse teniendo en cuenta las disposiciones de los organismos medioambientales del lugar. Que por cierto son rigurosas sobre todo en los aspectos relacionados con posibles derrames. La Figura N° 16.9 muestra una foto de un tanque de combustible para un grupo electrógeno de cierta potencia.

En el diseño del local es de fundamental importancia el ingreso de aire al mismo. Debe tenerse presente que se necesita al mismo no solo para refrigerar sino también para la combustión del motor. La falta de la cantidad adecuada hará que el motor no pueda desarrollar su potencia nominal.

Existen distancias mínimas recomendadas por los fabricantes para alojar un grupo electrógeno si se trata de un local exclusivo.

La salida de los gases de escape del motor habitualmente se hace por el techo de la sala en donde se monta el silenciador adecuado.

Completando lo expresado en cuanto a detalles de la instalación deberá considerarse que la puerta debe ser dimensionada como para permitir la entrada de la máquina con facilidad, y si se trata de un grupo de dimensiones considerables, la altura de la sala debe permitir instalar un monorriel con un aparejo para poder desarmar o reparar alguno de los componentes.

Las dimensiones del local deberán ser tales que permitan un fácil acceso al tablero del generador, al equipo o interruptor de transferencia, al tanque de combustible, todo ello conducente a facilitar el montaje y posteriormente el mantenimiento del conjunto.

Figura Nº 16.9 Tanque de combustible para un grupo electrógeno fijo

De la misma forma el recinto debe contar con iluminación cuyo nivel de iluminación sea de 200 lux de acuerdo a lo establecido en la ley antes mencionada así como también un sistema de iluminación de emergencia. Este último sistema deberá asegurar un nivel de iluminación de 30 lux a 80 cm del nivel del suelo.

El local debe contar como mínimo con un circuito especial de tomacorrientes eléctricos monofásicos con dos bocas: una que tenga tomacorrientes eléctricas de 2 x 10 A + T y en la otra uno 2 x 20 A + T, o bien de 2 x 16 A + T. En el caso de contar con una distribución trifásica se pueden instalar tomacorrientes eléctricas para 16 y 32 A del tipo industrial también de esta última norma.

Con respecto a la capacidad del tanque de combustibles líquido, la misma se calcula conociendo el consumo en litros o gramos por cada unidad de potencia (CV) por hora del motor. Esa potencia será a la velocidad nominal del mismo. Para lo cual también hace falta determinar la cantidad de horas de posible funcionamiento en forma continua del grupo electrógeno.

En el caso de los que se alimentan con gas natural el caudal consumido determinará la sección de la cañería de alimentación y las características de la válvula reguladora.

16.16. SEGURIDAD

Las protecciones contra contactos directos e indirectos serán las que posea la instalación eléctrica alimentada por el grupo electrógeno.

El neutro del generador debe ser conectado a tierra; la misma debe tener un valor de la resistencia menor a los 40 ohm.

En el caso de los equipos trifásicos el interruptor propio deberá ser tetrapolar.

Se hace muy necesario tener en cuenta que cuando el grupo electrógeno está instalado en un recinto o sala propia, es importante la detección de posibles incendios y el bloqueo del suministro de combustible si se trata de una fuente exterior. Al respecto, el local deberá contar con un matafuego con la capacidad adecuada de la clase y carga de fuego.

16.17. GRUPO ELECTRÓGENO PORTÁTIL

Se trata de equipos generadores de menores potencias, lo cual permite su fácil traslado; se fabrican en una gama de potencia, que van desde 1 kVA a los 10 kVA, siendo su peso del orden de los 30 kg a los 100 kg.

La energía eléctrica generada puede ser con un sistema monofásico o bien trifásico. En la Figura N° 16.7 puede apreciarse la vista exterior de un equipo de estas características.

En cuanto al combustible utilizado por los motores térmicos que impulsan estos generadores pueden ser: gas oil o nafta.

El conjunto formado por el motor, generador y tanque de combustible vienen montados en un armazón o chasis, el cual facilita su traslado.

Entre las consideraciones referidas a la utilización de estos equipos que no son de orden eléctrico es el manipuleo del combustible líquido y la evacuación segura de los gases productos de la combustión. Hay que asegurarse de lograr un venteo eficiente.

ELECTRICIDAD ESTÁTICA

OBJETIVOS

- *Reconocer las fuentes u orígenes de las cargas electroestáticas a los fines de establecer las protecciones acordes.*

- *Describir los efectos de las mismas en los distintos ámbitos. Medidas preventivas.*

17.1. INTRODUCCIÓN

En el Capítulo N° 14 (Instalaciones eléctricas hospitalarias) se explicaba que la generación de cargas electroestáticas es un fenómeno físico y eléctrico natural, que está asociado a la estructura atómica de la materia.

La misma se produce por el roce de cuerpos de distintos materiales, los cuales pueden ser sólidos o líquidos (triboelectricidad); las cargas se almacenan en estos hasta que se aproximan o hacen contacto con otro que tiene carga de signo contrario con lo cual se establece una diferencia de potencial, que puede alcanzar valores importantes.

Entre dos cuerpos cargados con distintos potenciales y bajo determinadas condiciones ambientales se produce una descarga disruptiva en forma de arco eléctrico (chispa), lo cual constituye el riesgo.

La aplicación de una diferencia de potencial a un ser humano puede tener las consecuencias ya vistas en capítulos anteriores (macrochoque o microchoque), ahora bien la producción de un arco eléctrico o chispa dependiendo del medio en el cual se produce entraña riesgos tales como un incendio o bien una explosión de acuerdo a la composición del ambiente en donde se produce.

La cantidad de energía liberada en la chispa en forma de: radiación, ionización y calor puede ser suficiente como para desencadenar la reacción de la combustión (punto de ignición, punto de flamabilidad, temperatura de ignición, etc.)

17.2. GENERACIÓN

La generación de electricidad de la electricidad estática es debida al roce de materiales distintos. Debemos analizar dónde ocurren estas situaciones, principalmente en los ámbitos laborales, aunque no son los únicos; naturalmente existen numerosas formas y variantes por lo cual veremos a las más comunes.

Podemos decir que hay dos tipos de orígenes bien determinados: uno en aquellos donde hay líquidos involucrados y otros con elementos materiales sólidos.

Comenzando por los primeros:

- En los camiones tanques, durante el trayecto, el líquido contenido con la paredes del tanque propiamente dicho.
- Cañerías de los diversos materiales que conducen fluido, que esquemáticamente se muestra en la Figura N° 17.1.

Con materiales sólidos en ámbitos de los sistemas de industriales o de servicio.

- En el trasporte neumático de materias primas.
- Cintras transportadoras. Un esquema de esta situación se puede apreciar en la Figura N° 17.2 y en la fotografía de la Figura N° 17.3 se muestra una transportando cereal.
- Grandes sistemas de pintado.
- Fabricaciones tales como las desarrolladas en la industria textil o del papel.
- Caminar por pisos aislantes: como puede ocurrir en algunas de las salas de un establecimiento hospitalario.

- En determinados procesos productivos adquiere importancia el material con el cual está confeccionada la ropa de los trabajadores, así como el calzado.

Con materiales sólidos en ámbitos particulares.

- Caminar en una vivienda con alfombrado de material sintético.
- Viajar en un vehículo cuyos asientos sean de material plástico y la vestimenta y calzado tengan estos componentes.

Para cada uno de los casos mencionados hay una justificación basada en los principios de las distintas ramas de la física con sus correspondientes justificaciones matemáticas y que no serán expuestas en esa obra por razones obvias.

Seguramente que habrá otras situaciones o ejemplos más que los mencionados más arriba, aunque también es necesario destacar que este fenómeno se emplea en forma controlada para determinados procesos productivos. En la Figura N° 17.4 se muestra un esquema de una disposición de un equipo ionizador.

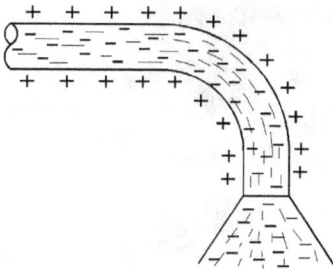

Fig. N° 17.1 Generación de cargas
en una cañería

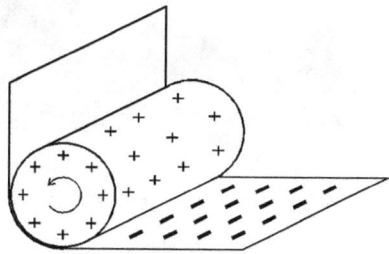

Fig. N° 17.2 Generación de cargas
en un rodillo

17.3. PREVENCIÓN

Como se puede inferir de los ejemplos dados más arriba de situaciones en las cuales se puede llegar a producir electricidad estática, a los fines de tratar de evitar tal generación, minimizarla o bien evitarla para lo cual habrá que aplicar distintas medidas acordes.

Oportunamente reconocíamos que el origen de la electricidad estática era la interacción entre cuerpos sólidos o líquidos o ambos, pero también es necesario reconocer también hay factores que son propios de los materiales y otros ambientales y que dependen de la forma en que estos se dispongan.

Fundamentalmente podemos reconocer los siguientes factores:

- Humedad ambiente. El bajo contenido de humedad media ambiente contribuye a la generación de las cargas estáticas, por lo cual la humidificación puede ser necesaria.

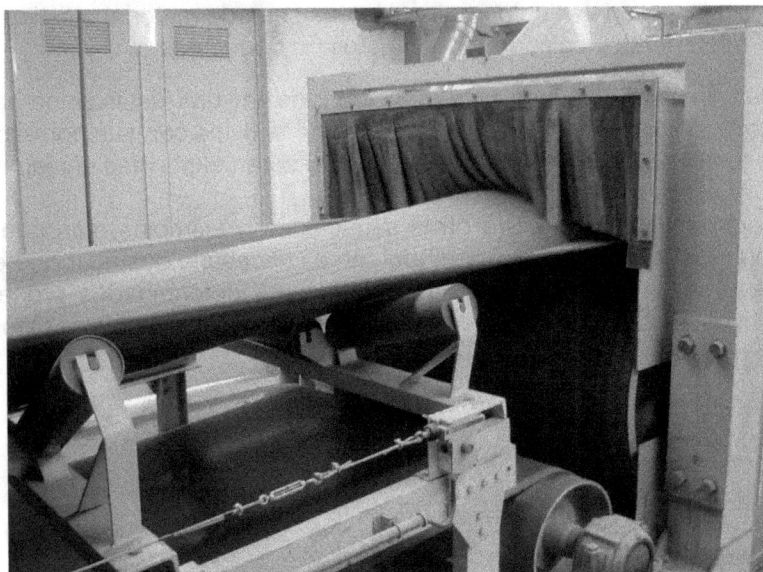

Figura N° 17.3 Cinta transportadora

- Conductibilidad de los materiales que rozan. Los cuerpos aislantes sometidos a fricción presentan una conductibilidad muy baja justamente por ser aislantes, cosa que se debe aumentar.
- Interconexión eléctrica entre los distintos componentes. La otra acción consiste en realizar una interconexión planificada de modo que todas las piezas (masas) puedan ser puestas a tierra.
- Uno de los trabajos en los cuales el control de la electricidad estática es de fundamental importancia y por lo cual se le dedica la mayor de las atenciones es en la industria del petróleo y sus derivados. Un trabajo habitual es la carga y descarga de los camiones tanques. Ello hace que cuando el camión se disponga a cargar se realice una verificación de la tensión estática mediante la correspondiente instrumentación y luego se lo conecta a la puesta a tierra del cargadero.

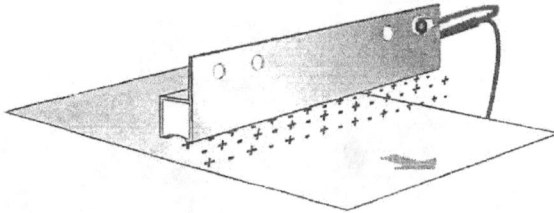

Figura N° 17.4. Equipo ionizador

La conducción de los distintos líquidos en caños de diversos materiales hace que también se produzca electricidad estática por lo cual es imperioso que los distintos tramos de estos últimos se conecten a la puesta a tierra. Debe tenerse en cuenta que las uniones de los mismos mediante bridas puede incluir juntas de material aislante.

En el caso del llenado de tambores se debe tomar la precaución que el mismo se haga vertiendo el líquido desde el fondo hacia la parte superior, evitando de este modo la fricción del mismo con las paredes.

17.4. NORMATIVA

En la ley de Higiene y Seguridad en el Trabajo N° 19 587 en su Capítulo N° 14, Ítem N° 3 titulado *"Condiciones de seguridad en las instalaciones eléctricas"* y en sub-ítem 3.6 titulado *"Electricidad estática"* trata este tema dando algunas recomendaciones de orden general.

La ley N° 13 660 titulada: *"Seguridad de las instalaciones de elaboración, transformación y almacenamiento de combustibles sólidos, minerales, líquidos y gaseosos"* a través de su Decreto reglamentario 10 877/60 establece las directivas relacionadas con la electricidad estática en los distintos aspectos que se mencionan en su título y que son comprendidas por esta ley.

Para el caso de las condiciones ambientales de los lugares de trabajo existen normas internacionales que establecen las condiciones climáticas, lo que involucra a las influencias combinadas de la Temperatura y la Humedad. Mediante tablas se vinculan la Temperatura del aire, Humedad relativa y Humedad absoluta, tanto sea para interiores como para exteriores.

CAPÍTULO N° 18

AMBIENTE Y SISTEMA ELÉCTRICO

OBJETIVOS

- *Catalogar características ambientales los distintos tipos de entornos en donde se tienen que construir sistemas eléctricos.*

- *Determinar las características constructivas de los sistemas eléctricos y sus componentes en cada caso. Esquemas típicos.*

18.1. INTRODUCCIÓN

Las instalaciones eléctricas son esenciales para cualquier actividad del ser humano: desde el confort y bienestar en su vivienda a los distintos tipos de servicios públicos de los que se vale, así como para los muy diversos procesos productivos los cuales participan del desarrollo de los sistemas económicos y financieros del país.

Se han visto hasta aquí los distintos aspectos referentes a la ejecución y funcionamiento de las instalaciones eléctricas, ahora en cambio veremos que las mismas pueden estar insertas en ambientes o áreas cuyas atmósferas presentan ciertas particularidades que pueden derivar en situaciones en las que se involucra la seguridad de las personas y las instalaciones.

Estas situaciones están relacionadas con las instalaciones de servicio o bien de producción.

En las mismas se pueden obtener, procesar, transferir, manipular, almacenar los más distintos elementos, los cuales pueden ser por ejemplo: líquidos volátiles, gases inflamables, polvos o determinados materiales, que bajo determinadas condiciones naturales o extraordinarias al combinarse con el aire o entre sí en la proporción adecuada pueden formar mezclas inflamables o explosivas.

Con el objeto de evitar que algunos de los equipos conectados a las instalaciones eléctricas o bien alguno de los diversos componentes de la misma existentes dentro de esas áreas constituyan una fuente de ignición, debe hacerse la selección de estos de modo que no entrañen ese riesgo.

La ignición, o bajo ciertas circunstancias, la explosión de la mezcla inflamable, puede ocurrir si el calentamiento, chispas o arco debido al equipamiento del sistema eléctrico alcanza la temperatura necesaria.

La clasificación de las áreas en los sistemas de servicio o producción, tiene como objeto definir las características constructivas y funcionales de los diversos elementos componentes para que estén en consonancia con las exigencias ambientales impuesta por las actividades que se desarrollan en las mismas.

El tipo constructivo de los equipos y componentes de las instalaciones eléctricas deben tener características constructivas que sean congruentes con el riesgo involucrado; por lo tanto, la clasificación de estos debe hacerse tomando en cuenta las condiciones normales de operación, ya que los casos extremos que excepcionalmente puede ocurrir como una liberación apreciable de gases,vapores inflamables o polvos no deben considerarse determinantes al clasificar el área.

En el Decreto reglamentario de la Ley de H. y S. T. en su Capítulo N° 14 (Instalaciones eléctricas) en el ítem N° 3.4 titulado Locales con riesgos eléctricos especiales establece la necesidad de adoptar medidas especiales en la instalación eléctrica si se trata de locales en los cuales pueda haber presencia o acumulación de sustancias o materiales inflamables. En este último ítem también se mencionan requerimientos generales para los equipos y componentes del sistema eléctrico que se deben utilizar en estos casos.

Al respecto es necesario señalar que el citado decreto fue publicado en el Boletín Oficial el 22 de mayo de 1 979 y que si bien sigue teniendo vigencia, en el lapso de tiempo trascurrido hasta nuestros días se han implementado distintos tipos de normas nacionales e internacionales a la cual se suman los avances tecnológicos en materia de fabricación.

18.2. AMBIENTE

Las condiciones ambientales de donde se montan los equipos y componentes de los sistemas eléctricos tienen fundamental influencia sobre las formas constructivas de los mismos.

Esta influencia no solo está dada por la naturaleza de los materiales existentes con respecto a su características como combustible sino también a otras como: influencia combinada de temperatura y humedad ambiente, altitud sobre el nivel del mar, presencia e agua (y la forma que actúa sobre el elemento), presencia de cuerpos sólidos extraños (su granulometría), presencia de sustancias corrosivas o contaminantes, solicitaciones mecánicas (impacto o vibraciones), presencia de flora o fauna, influencia electromagnética, electroestática o ionizante, radiación solar, efectos sísmicos, descargas atmosféricas, movimiento del aire o viento.

18.3. AMBIENTE Y SISTEMA ELÉCTRICO

Los contenidos de los ambientes en los cuales se inserta un sistema eléctrico (fuerza motriz, iluminación, control, comunicación, etc.), desde el punto de vista de la seguridad presenta dos aspectos fundamentales: uno es el hecho de que algún componente no genere una ignición y el otro es la agresión que el medio ambiente pueda hacer sobre estos.

Agua, humedad, temperatura, salinidad, acidez, alcalinidad, etc. en determinadas proporciones y combinaciones son factores que inciden sobre los componentes de los sistemas eléctricos y su accionar sobre los mismos acarreará también condiciones inseguras no solo de funcionalidad sino también para quien lo opere y lógicamente para las instalaciones en general.

Los componentes de los sistemas eléctricos deben tener características constructivas y funcionales acordes con las condiciones ambientales de las áreas en las cuales estarán insertos.

18.4. GRADO DE PROTECCIÓN MECÁNICA

A los fines de estandarizar las disposiciones constructivas de los distintos componentes de los sistemas eléctricos (motores, tableros, etc.) se recurre a lo indicado en la Norma IRAM 2 444 titulada: Grados de protección mecánica proporcionada por las envolturas de equipos eléctricos.

Esta norma identifica a las distintas protecciones mecánicas mediante el empleo de un número que lleva antepuesto las letras **IP** (international protection) y tres dígitos. Los cuales significan:

- **primero**: protección contra la entrada de cuerpos sólidos,
- **segundo**: protección contra la entrada de líquidos,
- **tercero**: protección contra choques. Salvo condiciones especiales no se la indica.

Ejemplo: un motor eléctrico o un tablero eléctrico indicado como: IP45, significa.

- Primera cifra: protegido contra cuerpos sólidos superiores a 1 mm.
- Segunda cifra: protegido contra los chorros de agua en todas las direcciones.

La citada norma da las tablas con el significado de los números y no proporciona directivas sobre la naturaleza combustible o explosiva de los cuerpos sólidos y de la entrada de líquidos.

18.5. CLASIFICACIÓN AMBIENTAL

Cuando se debe proyectar una instalación eléctrica, entre las primeras consideraciones que se deben hacer, es proceder a la clasificación del ambiente en el cual estará inserta ya que es una acción directamente relacionada con la seguridad de las personas y de las instalaciones en general.

La justeza de esta clasificación es de extrema importancia ya que de ello dependerán los elementos a utilizar en su construcción e invariablemente tiene una relación directa sobre el costo final de la obra correspondiente, y está relacionado con el tamaño de la misma.

Básicamente se pueden encontrar en forma general o parcial los siguientes ambientes:

- Sin ningún requerimiento particular, se trata de áreas corrientes.
- Con presencia de agua, humedad y polvo (no explosivo).
- En donde sea posible encontrar materiales inflamables tales como sólidos, líquidos, gases, polvos, fibras o vapores en estado puro

o bien combinaciones de ellos o combinados con el aire. Sea en forma permanente o eventual.

Es importante señalar que en plantas de servicios o productivas puede haber determinadas áreas que tengan algún requerimiento especial y no así todo el resto. Por ejemplo el área de pintado y del almacenamiento de la pintura. En ese caso la zona debe quedar perfectamente delimitada con la correspondiente señalización. En el interior de la misma se procederá conforme a las exigencias que imponga la misma.

18.6. INSTALACIONES ELÉCTRICAS ACORDE A LOS AMBIENTES

18.6.1. Instalaciones eléctricas corrientes. Son las que se montan en ambientes que no están sometidos a exigencias particulares derivadas de las condiciones ambientales imperantes en ellos.

18.6.2. Instalaciones eléctricas estancas. Bajo esta denominación se encuadran las instalaciones eléctricas que se ejecutan en el segundo de los tipos de condiciones ambientales antes nombradas.

Se trata en general de instalaciones eléctricas ejecutadas a la intemperie o en determinados ámbitos donde se llevan a cabo algunos tipos de procesos (por ejemplo: lavaderos, plantas de teñidos, etc.)

Para este tipo de construcción se fabrican los distintos componentes de la instalación eléctrica (caja de paso de variadas formas y tamaños, accesorios para cañerías etc.) los cuales tienen características constructivas especialmente adecuadas. Los aspectos de los mismos es posible observarlos en las Figuras Nº 18.1, 18.2, 18.3 y 18.4.

La construcción de estos elementos se realiza y por lo tanto se clasifican de acuerdo al *grado de protección mecánica* establecido por la norma IRAM 2 444 (antes comentada).

Cuando se trata de elementos compuestos a su vez por otros (caños, tornillos, etc.) o que requieren algún tipo de procedimiento (pintado, galvanizado, etc.) seguirán siendo de aplicación las normas correspondiente a cada uno de ellos.

En general las cajas se construyen de aluminio fundido y sus tapas se atornillan, la hermeticidad se obtiene colocando una junta de material sintético entre el cuerpo y la tapa.

La terminación superficial es de caucho clorado o pintura epoxi. La rosca estándar es BSP. Aunque los fabricantes ofrecen alternativas de materiales (fundición de hierro), pinturas y roscas.

Figura N° 18.1
Cajas de paso estancas

Figura N° 18.2
Caja estanca

Es necesario señalar que este tipo de accesorios a primera vista guarda cierta similitud con los utilizados para instalaciones antiexplosivas.

18.6.3. Instalaciones eléctricas antiexplosivas. Son las que se deben ejecutar para el tercer grupo de ambientes antes mencionado. Pero antes de comenzar el desarrollo de este tema es preciso señalar que la importancia del mismo ha hecho que la ejecución del proyecto de este tipo de instalaciones eléctrica está reservada a especialistas, de igual modo para quienes hacen el montaje y el mantenimiento de las mismas. A continuación se darán las pautas básicas del tema que hacen a las mismas.

Figura N° 18.3
Caja estanca

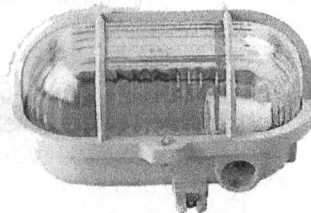

Figura N° 18.4
Luminaria estanca

El primer paso, es la determinación lo más exacta posible de las condiciones ambientales del lugar o local.

Tipo de material producido, manipulado o almacenado. En el caso de los gases o vapores si su presencia es permanente o transitoria; lo mismo para el polvo (previa identificación).

A partir de ello hay que determinar los parámetros característicos de los componentes presentes en el ambiente y que están relacionados con el incendio o explosión. A continuación se mencionan algunos a modo de ejemplo, en determinados casos podrá haber otros.

- Temperatura de ignición.
- Energía de ignición.
- Punto de vaporización.
- Concentración de aire.
- Límite inferior de explosividad.
- Límite superior de explosividad.

A estos últimos es necesario e imprescindible sumarle el conocimiento de la operatoria de la Planta, porque ello también impone condiciones.

Con los parámetros anteriores y la forma de operar se podrá hacer la clasificación ambiental de las áreas de acuerdo a la norma a emplear.

Las Figuras N° 18.5, 18.6, 18.7 y 18.8 muestran el aspecto que adquieren estos tipos de elementos.

Figura N° 18.5
Caja de paso
antiexplosiva

Figura N° 18.6
Caja antiexplosiva

18.7. NORMAS

Hay distintas normas, las cuales provienen de diversos orígenes entre las cuales se encuentran el nacional y los internacionales para la clasificación del ambiente, para la fabricación y ensayo de los diversos elementos componentes de las instalaciones eléctricas.

Debe tenerse en cuenta que las normas sufren cambios continuos, esto se debe por un lado al avance de la tecnología y por otro al aumento de la rigurosidad impuesta por la sociedad en busca de mayores condiciones de seguridad. También hay que agregar la tendencia, en el orden internacional, a homogeneizar las normas de seguridad, lo cual favorece al comercio involucrado.

Figura N° 18.7
Caja de pulsadores
antiexplosivos

Figura N° 18.8
Luminaria
antiexplosiva

Veremos a continuación distintas normas, lugares de aplicación y las características generales de sus imposiciones de las que se pueden emplear en nuestro país, existiendo muchísimas más que corresponden a otros que no tienen injerencia en el nuestro.

- IRAM. Las normas relacionadas con el tema son IRAM-IAP A-20 a A-20-5, las cuales fueron elaboradas en forma conjunta con el Instituto Argentino del Petróleo (IAP). Si bien son las de aplicación en nuestro país, también se lo hace junto a las IEC, CENELEC y NEC (Artículo N° 500). Esta última para la clasificación de los ambientes y las UL (Underwriter's Laboratories) para la fabricación y ensayo de los materiales.

- IEC/CEI. Comisión Electrotécnica Internacional. Es un sistema de normas de carácter internacional. Muchos países del mundo la utilizan, a veces en forma exclusiva o bien en combinación con otras normas, como es el caso de nuestro país.

- CENELEC. Comité Europeo para las Normas Electrotécnicas. Sistema de normas de la comunidad europea. Como se anunció se aplica en los países de la comunidad europea.

- NEC (National Electric Code). Esta norma se aplica en los Estados Unidos y Canadá, pero como se anticipó hay otros países o regiones donde también se lo hace. Esto obedece a que empresas de esos orígenes se instalan en otros y mantienen sus equipamientos.

Siguiendo lo expresado más arriba respecto de la uniformidad es necesario señalar que hay tablas de equivalencia de las distintas clasificaciones hechas por estas normas.

18.8. EJEMPLO DE CLASIFICACIÓN

A los fines de dar una ilustración orientadora al lector se hará una mención simplificada de cómo considera las áreas o zonas la norma IEC, resaltando que en caso de tener que hacer una aplicación profesional se deberá recurrir al texto completo de la misma (IEC N° 60 079.10) o a otra según sea la exigencia del proyecto. Entonces, de acuerdo a esta norma se pueden distinguir tres tipos de zona.

- ZONA 0. Atmósfera con riesgo de explosión siempre presente. Zona en la cual una mezcla explosiva o gases de vapores está presente en forma permanente (la fase gaseosa en el interior de un recipiente o de un estanque cerrado pertenecen a la Zona "0").

- ZONA 1. Presencia frecuente de atmósfera con riesgo de explosión. Zona en la cual una mezcla explosiva de gases o vapores podría formarse en servicio normal de la instalación.

- ZONA 2. La atmósfera con riesgo de explosión puede presentarse en forma accidental. Zona en la cual una mezcla explosiva de gases o vapores sólo aparece en caso de un funcionamiento anormal de la instalación (fuga o negligencia de uso)

En esta norma continúa la clasificación, por ejemplo en el tipo de gases o vapores y según la temperatura de auto inflamación de los gases.

18.9. CARACTERÍSTICAS FÍSICAS

Hasta acá se han desarrollado distintos aspectos que hacen a la necesidad de las instalaciones eléctricas antiexplosivas, la clasificación de las áreas y las normas que las rigen. A continuación se realizará una descripción general de las características físicas de los elementos componentes de las mismas, de acuerdo a la norma que se aplique serán los detalles.

Comenzaremos por los caños o tubos: se emplean los de acero con recubrimiento de cinc, denominados "caños galvanizados"; las distintas cajas que se emplean, tanto las de paso como la de los pequeños tableros son de aluminio fundido o bien de hierro fundido con una terminación superficial acorde con el ambiente en que se montan.

Existe un elemento empleado que es muy importante: el sellador. El mismo va inserto en los caños antes y después de cada accesorio que pueda desarrollar una chispa, por ejemplo tableros, cajas de bornes, caja porta-balastos, etc. Las distancias varían de acuerdo a la norma a emplear.

Necesariamente se emplean accesorios tales como uniones dobles, cuplas, tapones (para las cajas), caños flexibles, etc. que deben estar fabricados de acuerdo a las exigencias.

Un componente de mucha importancia son las luminarias, las cuales presentan distintas formas según sea la lámpara empleada (led, fluorescentes, sodio, etc.).

Las características constructivas de cada uno de los componentes estará de acuerdo con la clasificación del área que se haya realizado, las mismas se centran en la formas de los cerramientos o sea forma de fijar las tapas de los tableros y fundamentalmente de las cajas de paso que son los elementos más abundantes, en este caso la importancia está dada en el tipo de rosca que se emplea.

18.10. ESQUEMAS TÍPICOS DE DISPOSICIONES ANTIEXPLOSIVAS

A continuación se muestran dos esquemas típicos de instalaciones eléctricas antiexplosivas de dos elementos comunes en sistemas de servicios o producción.

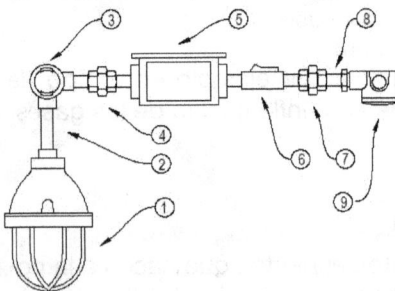

POS.	DESCRIPCIÓN
1	LUMINARIA CON LÁMPARA DE DESCARGA
2	CAÑOS DE ACERO GALVANIZADO
3	CAJA DE PASO REDONDA CON TAPA ROSCADA
4	UNIÓN DOBLE
5	CAJA PORTA-BALASTO
6	SELLADOR
7	UNIÓN DOBLE
8	NIPLE
9	CAJA DE PASO

Figura N° 18.9 Montaje típico de una luminaria

POS.	DESCRIPCION
1	UNION DOBLE
2	CAÑO FLEXIBLE DE ACERO RECUBIERTO EN PVC
3	NIPLE
4	REDUCCIÓN
5	CAJA DE COMANDO LOCAL (MARCHA/PARADA/P.E.)
6	PERFIL Hº UPN8 PARA SOPORTE DE CAJA
7	PERFIL "C"
8	GRAPA PARA SUJECIÓN DE CAÑO A PERFIL "C"
9	CAÑO DE ACERO
11	UNIÓN DOBLE
12	SELLADOR

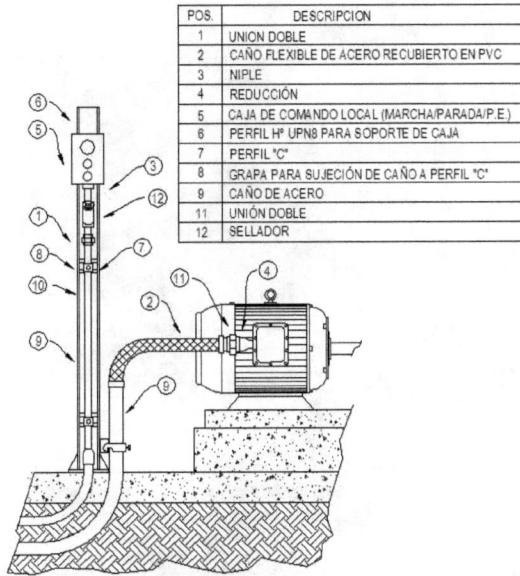

Figura Nº 18.10 Montaje típico de una acometida a un motor eléctrico

www.ingramcontent.com/pod-product-compliance
Lightning Source LLC
Chambersburg PA
CBHW060149280326
41932CB00012B/1697